JN087556

# 経営情報学関連重要イベント年表

| 年代 | 年 | 技術的要因による出来事 | 社会的事件など |
|---|---|---|---|
| '80 | 1987 | | ブラック・マンデー（米ニューヨーク証券取引所） |
| | 1988 | インターネットワーム事件／NTTがディジタル回線サービス（INSネット）の提供開始 | リクルート事件発覚 |
| | 1989 | 東芝　Dynabook J-3100 SS発売（世界初のノートPC）／WWW（World Wide Webの開発） | 天安門事件勃発（中国） |
| '90 | 1990 | クライアント/サーバ　システム概念提唱（IBM）／ARPANET破棄／インターネット協会設立 | 東西ドイツ統一（欧州） |
| | 1991 | Linuxシステム（リーナス・トーバルズ，オープンソース）／「ユビキタス・コンピューティング」という用語登場（ワイザー）／MS-Windows3.1オペレーティングシステム | ソ連消滅 |
| | 1992 | エンタープライズ・リソース・プランニング（SAP）／ポケベル利用拡大 | |
| | 1993 | 米国クリントン政権「情報スーパーハイウェイ構想」／本格的にリモートワーク体制の立ち上げ（シスコシステムズ） | |
| | 1994 | PHS携帯電話登場 | Amazon設立 |
| | 1995 | このころインターネット商用利用普及／Windows-95オペレーティングシステム／Java発表 | 地下鉄サリン事件 |
| | 1996 | 情報処理学会による「情報倫理要綱」の策定 | |
| | 1997 | 検索サービス「Google」登場 | |
| | 1998 | イリジウム稼働（モトローラ）／ICANN設立／Java1.2発表（サンマイクロシステムズ） | サプライチェーン・マネージメント再定義（米国ロジスティクス管理協議会） |
| | 1999 | 携帯電話　i-Mode　サービス開始／セールスフォース・ドットコム社創業 | |

| | | | |
|---|---|---|---|
| 2000 | 2000 | コンピュータ2000年問題／インテルサット衛星通信システム民営化／YahooのサーチエンジンにGoogleが採用される | |
| | 2001 | ３Ｇ携帯電話サービス開始「IT基本法」施行 | 9・11テロ（米） |
| | 2002 | 住民基本台帳ネットワーク稼働 | SNSで多くのユーザを獲得した最初の事例（Friendster） |
| | 2003 | | 文部科学省による「安全・安心」の概念 |
| | 2004 | | Facebook創業 |
| | 2005 | | Youtube創業 |
| | 2006 | Amazon　AWSサービス開始以降クラウドサービス普及 | Twitter創業 |
| | 2007 | アップル　「iPhone」発表 | このころから日本でソーシャルゲーム・オンラインゲームが大きく発展していく |
| | 2009 | ウーバー・テクノロジーズ創業／JSON形式利用拡大 | |
| 2010 | 2010 | ウィキリークスによる大規模な米軍機密漏えい／jQuery等JavaScript利用拡大／Imstagramサービス開始 | はやぶさ小惑星から帰還／東北新幹線全線開通 |
| | 2011 | 計画停電実施／Amazon AWS 利用拡大 | 九州新幹線全線開通／東日本大震災 |
| | 2012 | WebSocket 技術 | ノーベル賞（iPS細胞、山中） |
| | 2014 | iOS、Android アプリ開発隆盛／STAP細胞騒動 | ノーベル賞（青色発光ダイオード、中村） |
| | 2015 | マイナンバー制度開始／LINE利用拡大／深層学習手法の利用拡大 | |
| | 2016 | SNSをきっかけとした座間９遺体事件／ポケモンGOサービス開始 | ノーベル賞（オートファジー、大隅）／ISILによるテロ頻発 |
| | 2017 | Docker等クラウド仮想化技術利用拡大／「インスタ映え」流行語に | |
| | 2018 | 働き方改革関連法案成立 | ノーベル生理学賞（本庶）／日産ゴーン会長逮捕 |
| | 2019 | | ブラックホールの影の撮影に成功／はやぶさ２りゅうぐう着陸 |
| 2020 | 2020 | 5G携帯電話サービス開始 | コロナ禍によりリモートワークが急拡大 |

# 経営情報学入門

（新訂）経営情報学入門（'23）



装丁デザイン：牧野剛士
本文デザイン：畑中　猛

s-32

# まえがき

「経営情報学」の世界へようこそ。この科目は，放送大学では2019年に開設されました。本書は，開設された当時の教科書である『経営情報学入門』(放送大学教育振興会, 2019年) の全体の枠組みを維持しながら，昨今のICTの進展を考慮して現象を見直し，さらに進化させることを試みたものです。

情報通信技術（ICT）が飛躍的に発展し続けている今日，企業をはじめとする様々な組織にとって，いかにICTや多様で大量の情報そのものによって，効率的・効果的に経営活動を行うかが，組織の存続や発展に関わる根幹の課題であることに変わりはありません。しかし，昨今のICTの劇的な進展は，ICTや情報が，もはや，競争優位や収益性を創出する手段であるだけでなく，その取扱いそのものが「経営（マネジメント)」であるという課題も突きつけています。

このように，経営情報学は，「ICTや情報によっていかに経営するか」という基本的な問題意識に加え，「ICTや情報をいかに経営するか」という新たな視角も取り込んで日々進展する学問領域です。しかし，究極的な組織の価値創造の礎となるのは，人間の知性とICTの分析的な能力の統合であり，人とICTをシームレスに協働させる組織の情報処理活動の研究，すなわち経営情報学が求められることになります。

技術と人と組織は複雑な経営現象を産み出し続けています。本書では，こうした現象を「説明する」力の基礎となる理論・モデルや概念について学び，さらに，優れた経営情報システムの事例を通じて，現象を「理解する」力を養うことも試みています。経営情報学は，理論と実践が車の両輪のように相互に支えあい，作用しながら稼働することで発展するという独特の特徴を備えているといえるのです。

また，経営情報学では，経営の視点から，人・組織などの意思決定主体に対する社会科学的な深い洞察と，システム構築に関する理工学的な理解とデザインマインドをシステミックに統合することを考慮しています。そのため，システム思考に基づき，いわゆる文系，理系という枠を超えて，関連する多様な学問分野の知見を総動員して接近する，学際的・領域等価的なアプローチを採っています。本書では，経営情報学の研究領域を，大きく２つに分けて説明しています。第１章で全体を概観したのち，第２章から第６章までは，理論から実践に向かう方向，現象を説明するという研究領域です。第７章から第14章までは，現象から理論に向かう方向，まず現象を理解することを基本にする研究領域です。そして最後に，第15章で全体のまとめとなる提言を行っています。

上述しましたが，経営情報学は理論と実践の両面に焦点をあてます。この点が考慮され，「一般社団法人 経営情報学会」と，「公益社団法人 企業情報化協会」という，理論と実践をリードする２つの組織から本書の推薦をいただくことができました。また，放送教材でのインタビューにおきましても，アカデミアと実務家という両面から，関係者の皆様にご協力いただきました。深く感謝申し上げます。

最後になりましたが，分担協力講師をお引き受け下さった5人の先生方に深く感謝いたします。また，本書の編集では，株式会社研文社の中井陽さんに親身にサポートしていただきました。加えて，放送教材におきましては，放送大学学園制作部の船津貴弘プロデューサー，株式会社NHKエデュケーショナルの渡辺佳哉プロデューサー，同，西谷清治ディレクターをはじめ多くの皆さまに大変お世話になりました。

お世話になりました，すべての関係者，協力者の皆さまに，心から感謝申し上げます。

2022年９月

主任講師　岸　眞理子・佐藤　亮

# 目次

# 1　経営情報学という学問領域[1]

岸　眞理子

**《目標＆ポイント》** 情報通信技術（ICT：Information and Communication Technology）が飛躍的に発展し続けている今日，企業をはじめとする様々な組織にとって，いかにICTやそれがもたらす情報によって，問題を解決し得る経営活動を行えるかは，組織の存続や発展に関わる根幹の課題である。一方，昨今のICTの劇的な進展は，ICTやそれがもたらす情報が，もはや，競争優位や収益性を創出するための経営の手段であるだけでなく，その取扱いそのものが「経営（マネジメント）」であるという課題も突きつけている。

本章では，経営情報学の概要，経営情報学の基本的枠組み，経営情報学への接近方法について学習する。また，第２章以下で展開する各章の位置づけを把握し，本書で検討する経営情報学の全体像を理解する。

**《キーワード》** 経営情報学，システム思考，オープン・システム，情報処理システムとしての組織，目標追求システム・モデル，トランスレーショナル・アプローチ

## 1．経営情報学の概要

経営情報学は，企業をはじめとする様々な組織を対象とし，組織を広い意味での「情報処理システム」として捉え，検討し，考察するものである。

ICTが飛躍的に発展し続けている今日，組織において，いかにICTや

---

1　本書は，木嶋恭一・岸眞理子編著『経営情報学入門』放送大学教育振興会，2019年の続編である。そのため，本書は2019 年版の全体の枠組みを維持しているが、ICTの進展を考慮して現象を見直し、2019年版をさらに進化させたものとなっている。本章は，木嶋恭一・岸眞理子「第１章　経営情報学という学問領域」木嶋恭一・岸眞理子編『経営情報学入門』放送大学教育振興会，2019年，9-23頁に基づき，岸が加筆・修正したものである。

それがもたらす情報によって，効率的・効果的な経営活動を行うかは，企業組織の存続や発展に関わる根幹の課題である。そのために，これまでに構築された理論やモデルを活用して，組織の諸活動や，組織とこれを取り巻く環境との相互作用を分析・解明することは，現象を説明するために不可欠な視角となる。

一方，昨今，ICTの劇的な進展は，ICTやそれがもたらす情報が，もはや経営の手段であるだけでなく，その取扱いそのものが「経営（マネジメント)」であるという現象ももたらしている。今日，このような現象を理解し，その実践的知見から，さらに理論やモデルの構築・再構築を試みることも，この学問領域ならではの重要なもう一つの視角といえる。たとえば，顧客と提供者が価値を共創するAmazonなどのプラットフォーム・ビジネスや，Uberなどのシェアリング・エコノミーと呼ばれるビジネスなどのビジネスモデルには，ICTやそれがもたらす情報の経営が不可欠である。

このように，経営情報学は，「ICTや情報によっていかに経営するか」という基本的な問題意識に加え，「ICTや情報をいかに経営するか」という新たな視角も取り込んで，日々進化している学問領域である。ICTが，組織のイノベーション，成長，そして繁栄を支え，新たな価値創造の基盤として必要不可欠なものであることに疑う余地はない。しかし，究極的な組織の価値創造の礎となるのは，人間の知性とICTの分析的な能力との統合であり，そのため，人とICTをシームレスに協働させる，組織の情報処理活動の研究，すなわち経営情報学が求められることになる。

以上より，本書では，組織が広く「情報で経営する」現象を説明する代表的な理論・モデルを学習するとともに，「情報を経営する」現象を射程に入れ，これを理解することを試みている。これらの視角を循環させることで，さらに新たな理論・モデルの構築・再構築が可能になるとともに，混沌として激しく変化する経営情報を巡る現象を，網羅的にではなく，体系的に捉えることが可能になると考えるからに他ならない。

## 2．経営情報学の基本的枠組み

### 2.1　システム思考

本書では，経営情報学の基本的枠組みとして「システム思考（システム的な見方）」を採用する。その理由は，経営情報学の対象とする研究領域が，先に述べたように広範で，様々な要因が絡み合って複雑で混沌としていることにある。

システム思考とは，複数の要素からなる全体を，特にその相互関係に注目して考察する研究態度であり，最も基本的には，「対象を複数の構成要素が互いに関係し合いながら全体性・一体性をもつ，ひとかたまりを形成しているモノ，すなわちシステムとして認識する態度」[2]を意味する。そこでは，システムを構成する各要素の単なる機能分析やその総計としての全体の把握にとどまらず，要素の相互作用性に着目し，関係全体を説明する全体論的思考が求められる。つまり，システムの相互関係こそがシステムたる性質を生み出していると言える。

システム思考の大きな特徴として，認識論，相対論と境界，全体性と創発特性，複雑性と階層性を挙げることができる[3]。ここでいう認識論とは，対象がシステムであるというより，対象をシステムとして捉えるという態度を意味する。したがって，対象が何であってもシステムとして捉えることが可能となる。

相対論と境界とは，何をシステムとして捉えるか，システムとして認識される対象をどこまでとするかという境界の設定が観察者の認識にゆ

2　木嶋恭一「第４章　問題解決とシステム思考」木嶋恭一・岸眞理子編『経営情報学入門』放送大学教育振興会，2019年，51頁。

3　木嶋恭一「第４章　問題解決とシステム思考」木嶋恭一・岸眞理子編『経営情報学入門』放送大学教育振興会，2019年。

だねられていることをいう。組織と環境との関係を考える場合，組織をオープン・システムとすると，組織は環境との間に相互作用があり，それが自らの維持や発展に必要不可欠であることとなる。一方，組織をクローズド・システムとすると，環境との間に相互作用を考えないものになる。

全体性と創発特性とは，システムは要素の相互関係からなる全体として認識できるが，同時に全体は構成要素の特徴に還元できない特性，すなわち創発特性を有することを意味する。創発特性の具体的なものには，経営におけるシナジー効果がこれに当たる。

最後に，複雑性と階層性とは，システム思考が複雑性の探究であり，複雑性は常に階層のかたちで現れることを指している。複雑なシステムはいくつかの下位システム（サブ・システム）から成り，その下位システムもまたその下位システムからなるというように，システムは「入れ子構造」をなすものである。特に，考察の対象を組織という生存可能システムとすると，階層性の維持にはコミュニケーションとそれによるコントロールが欠かせない。

さらに，システム思考は，一義的な問題状況を扱うか，多義的な問題状況を扱うかで，ハードシステム思考とソフトシステム思考とに分類できる。両者の特性は図表1-1にまとめられている。

システム思考を採用することで，複雑で多岐にわたる経営情報を巡る現象を説明する一つの枠組みを提供することが可能となる。

| | ハードシステム思考 | ソフトシステム思考[4] |
|---|---|---|
| 目的 | 問題解決 | 相互理解，相互学習 |
| 主たる対象 | 定型的・一義的な問題 | 非定型的・多義的な問題 |
| 評価 | 効率性 | 効果性 |
| 方法 | 定量的・体系的 | 定性的・視覚的 |

**図表1-1　ハードシステム思考とソフトシステム思考[5]**

### 2.2　オープン・システムとしての組織

システム思考に基づくと，組織は，相互に関係するサブシステムから構成される階層化された全体であり，資源のやりとりを通じて環境と相互作用を行うオープン・システムであると捉えられる。しかし，経営学では，その歴史の約半分の間，組織と環境との関係について，組織は外界からの影響を受けない閉じた系（クローズド・システム）として扱われてきた。1960年代以降になって，組織と環境との最適な関わり方が模索されるようになり，組織はその編成が環境要因によって強い影響を受けるオープン・システムとして考察されるようになる。

そこでは，組織は，環境との間で，ヒト，モノ，カネ，情報といった経営資源を交換・相互作用させており，そのことが自らの維持や発展に必要不可欠な存在として認識された。組織と環境との関係は，決して二項対立的なものではなく，その境界は非常に曖昧で，常に流動的で，変動的である。たとえば，関連企業を組織の内側と考えるのか，外側として捉えるのか，また，顧客を組織のなかに含めるのか，株主はどうかなど枚挙に暇がない。一般的に，組織を広く捉えれば，その視点は包括的となり，その分析はより複雑になる。考察の目的に応じて，境界を注意深く設定しなければならない。また，組織は環境への適応を余儀なくされる場合もあるが，一方で環境に働きかけ，環境を創造する場合もある。環境も，基本的には，もう一つのシステムであることに留意しなければならない。

昨今注目されているエコシステムは，もともとは生物の生態系を指し，

---

4　ソフトシステム思考の提唱者であるチェックランド（P. Checkland, 1999）は，組織の意思決定においてアコモデーションの達成を強調している。アコモデーションとは，利害や価値観が一点に収束する「合意」とは異なり，様々な価値観が共存・共生し，不安定のなかで安定が達成されている状況をいう。アコモデーションは，コミュニケーションによる相互理解や相互学習によって促進される（Checkland, 1999）。

5　木嶋恭一「第4章　問題解決とシステム思考」木嶋恭一・岸眞理子編『経営情報学入門』放送大学教育振興会，2019年，59頁に一部加筆・修正。

動植物の食物連鎖や物質循環といった生物群の循環系を意味するものであった。そこから転じて，現在では，経済的な依存関係や協調関係，産業構造といった，組織間のネットワーク全体を表すために用いられている。これは，組織と他の組織が，協力，敵対，供給，連携など，様々な関わり合いをもちながら一つのネットワーク，一つの組織を形成している様子を表現するものである。このモデルを用いると，環境の社会的・経済的・技術的・文化的な属性と，エコシステムを構成するサブシステム同士の動的な相互関係を考察し，いかにして新たな価値や持続可能性を獲得することができるかを分析することができる。

## 2.3 情報処理システムとしての組織

情報に着目すると，オープン・システムとしての組織は，広い意味での情報処理システムとして捉えられる。すなわち，組織は，組織目標の達成に向けて，意思決定し，問題解決を行う，情報処理システムである。その際，組織は，情報を取り込み，変換し，貯蔵しなければならない。また，組織が追求する目標は，組織に受動的に与えられるだけでなく，主体的・自律的に組織が形成するものでもあり，そのメカニズムも検討の対象となる。

組織目標を追求するためには，後述する組織の意思決定機能と，これを支援するICTベースの情報システムの相互作用が重要となる。ICTベースの情報システムとは，典型的には，情報技術に支えられたハードウエアやソフトウエアなどの目に見えるかたちで構築される，いわば「機械」としての情報システムを意味する。この機械系情報システムを，本書では単に「情報システム」と呼ぶ。

情報システムについては，そこで用いられる情報技術の性能とそれに与えられる役割や意味が重要となる。歴史的にみても，1960年代には，マネジメント・インフォメーション・システム（MIS：Management Information Systems），1970年代には意思決定支援システム（DSS：Decision Support Systems），1980年代には戦略的情報システム（SIS：Strategic Information Systems）などが開発され，それぞれ一世を風靡した。ネットワーク革命を経て，昨今のICT，特に人工知能（AI：Artificial Intelligence）やビッグデータ・アナリシスの急速な技術進歩は，情報システムが代替・補完・支援する意思決定・問題解決能力の範囲と深さを飛躍的に高めている。このことは同時に，組織がいかにして効率的で効果的な情報システムを設計・構築・運用するかが，きわめて重要な課題であることも改めて想起させる。

ICTの飛躍的発展を背景に，人間系と機械系の情報処理機能の相互作用と相乗効果の解明は，今日の経営情報学の最も重要な課題の一つとなっている。

## 3. 目標追求システム・モデル

情報処理システムとしての企業組織は，主として，目標追求システム・モデルを用いて検討することができる。目標追求システム・モデルは，事象のもたらす活動を何らかの目的・目標を遂行する行為として説明するモデルである。その意味で，因果論の立場にたつ入出力システム・モデルに対して，目的論の立場に立つものとも言える。しかし，これらは理論的に同等であり，研究者・観察者の関心に依存するものといえる（高原，1991）。

目標追求システム・モデルを用いて企業組織を捉えると，組織は競争優位や収益性のみならず新たな価値を創出するために，環境と相互作用し意思決定する情報処理システムとして検討することができる（図表1-2）。

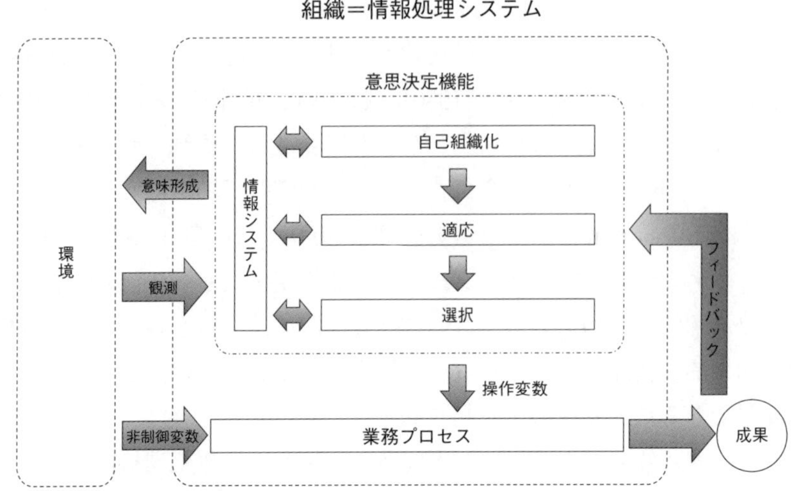


**図表1-2　目標追求システム・モデル**[6]

ここでは，組織は右側の大枠で囲ったものとして示され，その内部に階層的意思決定機能と，その決定の対象となる業務プロセスが設定されている。そして環境は，その外部に置かれる。

業務プロセスには，環境から，たとえば，為替や金利など当該組織が直接的に制御できない変数(非制御変数)が入力されるとともに，投資計画，製品開発プランなど，組織の意思決定から得られた決定変数（操作変数）が投入される。業務プロセスは，この２種類の変数から何らかの成果（結果）を生み出すことを，実際に実行するプロセスである。そして，成果はモニターされ，意思決定機能へとフィードバックされる。フィードバックされたものは評価され，新たな意思決定の素材となる。

意思決定機能は，選択レベル，適応レベル，自己組織化レベルの３つの階層と狭義の情報システムから構成される。第１階層の選択レベルでは，与えられた目的ならびに，事実と価値に関する前提のもとで，「最

6　木嶋恭一・岸眞理子「第１章　経営情報学という学問領域」木嶋恭一・岸眞理子編『経営情報学入門』放送大学教育振興会，2019年，13頁に一部加筆。

も望ましい」選択が行われる。選択された行動プランは，操作変数として業務プロセスで実行され，環境からの影響を受けながら，何らかの成果を生み出す。ここでの基本的課題は，決定の結果の望ましさをどのように定義するか，そして，いかに効率的にそれを達成するかである。このレベルの意思決定は，具体的には，組織メンバーの行動様式を明確に示したルールやプログラムに基づいて行われる。ルールやプログラムが機能することによって，多くの業務をルーティンワーク（定型的業務）として扱うことが可能となり，構成員間のコミュニケーションの量や意思決定の負荷が大幅に減らされる。ただし，ルールやプログラムは，事前に予測可能な環境下で，意思決定の事実と価値に関する前提が変更しない場合にのみ有効となる。

しかし，選択レベルで所与とされる意思決定の目的と前提は，環境の変化やその他の理由から,変更や更新が求められることが一般的である。これに備える機能として，目標追求システム・モデルは，選択レベルの上位に2つのレベルを階層的に想定している。一つは外部環境の認識に基づき，自らの意思決定の前提を受動的に規定する適応レベルであり，もう一つは，その上位にある，自分自身の形態や構造の変化を自律的に試みる自己組織化レベルである。

適応レベルは，環境の変化に応じて自らの構造や目的・前提を変える機能を意味する。このレベルに関連して，アシュビー（W. R. Ashby, 1956）が提唱した「最小有効多様性の法則」は，示唆に富んだ法則である[7]。この法則は，組織と環境との関係に関して，（組織のもつ内部）多様性のみが（環境のもつ外部）多様性を打ち破ると主張している。すなわち,少なくとも環境の多様性と同等の多様性が組織に内在しなければ,組織は環境を制御できないということになる。つまり，環境変化が激しく，その多様性が高いときに，組織がいつも通りの対応をとれば，生き

7　Ashby, W. R. 1956. *An introduction to cybernetics* (1st ed.). London: Chapman and Hall.（篠崎武・山崎英三・銀林浩訳『サイバネティックス入門』宇野書店，1967年）

残ることすら困難になる。組織は，環境状況に応じて，充分に対応する手段（多様性）を備えなければならない。

その手段として２通りが考えられる（第２章参照）。一つは，内部多様性を高めることであり，多様性の増幅と呼ばれる。企業の例をあげるならば，組織内に多様で異質なもの（多様な人材や異質の能力をもった人材）を外部から獲得したり，組織内のコミュニケーションの質的・量的革新により組織内に存在する多様な資源の連結を高めたりすることは，内部多様性の増幅の有効な手段である。もう一つの手段は，外部多様性を下げることであり，多様性の縮減と呼ばれる。企業の例をあげるならば，M &A を通じて，従来は制御できない外部変数であった競争企業やサプライヤー等を内部化することにより，これらの行動を制御可能とすることがこれに相当する。多様性の増幅と縮減により，環境への適応を具体的に考察する方法は，コンサルティング手法の基本的枠組みにもなっている。

最後の自己組織化レベルとは，組織が自律的に自らの構造を変える性質を意味する。自己組織化は，組織が，自己のメカニズムに依処して，自己を変化させることであり，論理的には環境からの影響がなくても，自らを変化させ得ることをいう。したがって，自己組織化レベルは，環境決定的でもなければ環境適応的でもなく，文字どおり自己決定的な性質をもつ。この性質により組織は，環境からの影響を受動的に観測し，受け取る側面だけでなく，環境に対して能動的に働きかけ，意味を形成し，環境を創造する側面も射程に入れ得る。これは，特に問題を探索し，発見し，解決するうえで，きわめて重要な活動となる。

意思決定機能の内部には，さらに，前述した，ICTを前提とする情報システムが想定される。これらは階層的意思決定機能と連携し，また，外的環境や組織と自らの成果をモニターするインタフェースとして機能する。情報システムと選択・適応・自己組織化の各レベルとが高度に相互作用して意思決定機能を果たすことで，組織の維持と発展が可能になる。

## 4. 経営情報学への接近方法

### 4.1　情報の捉え方

経営情報学ではいかに情報を捉えるか，ここで明確にしておきたい。情報の捉え方は，漠然とした側面もあるが，データ，知識とは区別するかたちで捉えることが一般的である。情報は，特定の状況における価値が評価されたデータとして捉えられる。

一方，データとは，人が利用することができる事実，素材で，特定の問題状況に関して未だその価値が評価されていないものである。すなわち，人は問題解決の必要が生じたときに，データの集積の中から問題解決に役立つものを見出す。それは，データを問題と関連づけて評価していることに他ならず，データを情報に変換しているといえる。

また，知識とは，将来起こり得る問題に関して一般的に利用可能なルーティンやプログラムであり，多くの情報から一般的で普遍的な法則を抽出したものである。しかし，このことはすべての知識が形式化されることを意味しない。情報が状況依存・価値依存であるのに対して，知識はより一般性・普遍性があり，条件さえ合えば広い範囲の状況や意思決定主体に利用可能である。

本書では，情報，データ，知識について，この基本的な捉え方に則って検討している。

### 4.2　トランスレーショナル・アプローチ

前述したように，経営情報学では，「ICTや情報で経営する」視点と，「ICTや情報を経営する」視点という２つについて取り上げる。そこで，経営情報学の扱うトピックは，データ，情報，知識，技術，情報システム，意思決定，問題解決，コミュニケーション，戦略など多岐にわたる。そのため，いわゆる文系理系の枠を超え，関連する多様な学問分野の知見を総動員し，融合させながら接近する，学際的で領域透過的なアプローチが不可欠となる。

このようなアプローチにより，経営情報学は，人・組織等の意思決定主体に対する社会科学的な深い洞察，システム構築に関する理工学的な理解とデザインマインド，それらを統合するシステミックな方法論の開発を三位一体として進めることを目指すものとなる。これらの多様な学問領域を横断し関係づけるためには，分野に依存しない中立的な枠組み，すなわちシステム的な見方が不可欠であり，それにより全体を見渡す鳥瞰的な理解が可能となるのである。

本書では，トランスレーショナル・アプローチを採用している。トランスレーショナル・アプローチという発想は，もともと医学分野で，基礎研究と臨床とを相互作用させ，レベルアップを図ろうとする循環的な研究態度として提唱された。基礎研究での知見を臨床レベルでより早くより効果的に実践し，高品質な「健康」を実現すると同時に，臨床現場で得られた発見・知見を基礎レベルへフィードバックし，そこでの知識

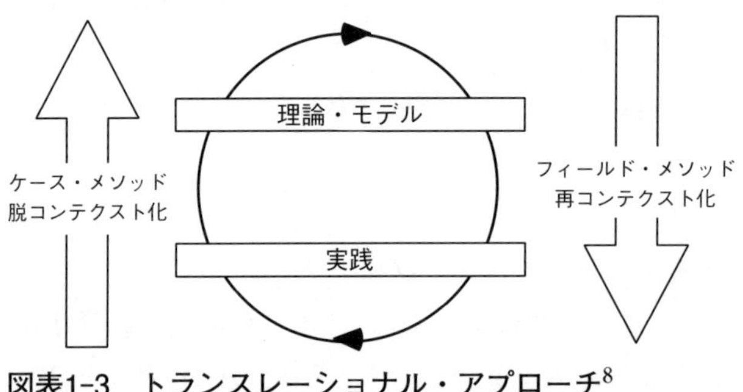


**図表1-3　トランスレーショナル・アプローチ**[8]

---

[8] 木嶋恭一・岸眞理子「第１章　経営情報学という学問領域」木嶋恭一・岸眞理子編『経営情報学入門』放送大学教育振興会，2019年，18頁に一部加筆。

を学習・進化・発展させるというループを循環的に繰り返すことで，学術的知見がより累積されていくことになる。

経営情報学において，トランスレーショナル・アプローチは，図表1-3のような循環的なプロセスとして表現される。理論やモデルの構築の部分では，現実世界あるいは実践を説明する様々なモデルや理論が開発され提唱される。一方，現実世界と実践を理解するためには，あらゆる学問分野が総動員され，新たな社会的・経済的・文化的価値の創出が期待される。

フィールド・メソッドは，「する」という要素に重心を置き，学んだことがどう実践できるのか（再コンテクスト化）の説明を試みることが強調される。一方，ケース・メソッドは，実例を題材に実践を理解し，その現場固有のコンテクストに依存しない（脱コンテクスト化），より一般的な概念・モデルを導こうとするが，ややもすると「知る」にとどまる可能性がある。そしてこの両者は，車の両輪のように経営情報学の進展のために不可欠のものとなるのである。

## 5. 本書の構成

本書では，経営の視点から，人・組織等の意思決定主体に対する社会科学的な深い洞察と，システム構築に関する理工学的な理解とデザインマインドをシステミックに統合することを試みる。そのため，システム思考に基づき，いわゆる「文系」，「理系」という枠を超えて，関連する多様な学問分野の知見を総動員して融合させながら接近する，学際的で領域透過的なアプローチが欠かせないことを示している。その際，理論やモデルと実践とを相互作用させ，レベルアップを図るトランスレーショナル・アプローチを採用している（図表1-4）。

第１章　経営情報学という学問領域

第２章　組織と情報処理

第３章　組織のコミュニケーション

第４章　経営戦略と情報活用

第５章　組織における知識の創造と活用

第６章　情報システムと組織変革

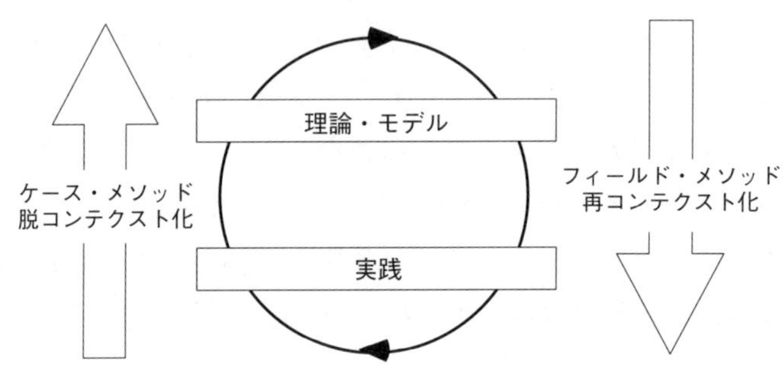


第７章　経営情報システムの基礎

第８章　経営情報システムの進展

第９章　経営情報システムの開発と管理

第10章　経営情報におけるサイバーセキュリティ

第11章　ネットビジネスの展開

第12章　会計情報の入手と利用

第13章　情報活用と社会

第14章　人と技術の融合

第15章　経営情報学入門総括

図表1-4　理論と実践の循環的連携と各章の位置づけ[9]

本書では，上述したアプローチにそって，経営情報学の研究領域を大きく２つに分類する。一つは，トランスレーショナル・アプローチでいう，理論から実践へ向かう方向，現象を「説明する」という研究領域である。

第２章では，情報処理システムとしての組織の根幹となる機能である意思決定について学び，また，組織がなぜ情報を処理しなければならないのかについて，その理論的根拠となるモデルを学習する。意思決定に関しては，環境に対する意思決定としての経営戦略についても，理論の展開と情報システムとの関わりについて考察する（第４章）。情報処理システムとして組織は，環境と相互作用するなかで問題を解決する意思決定を行うために，情報を獲得・伝達し，コミュニケーションを行い，知識を創造・活用する情報処理活動を行っている（第３章，第５章）。さらに，情報システムがイネーブラーとなって組織がどのように変革を実現しているのかについても学習する（第６章）。これらの理論やモデルは，経営における組織の情報処理現象を説明するためのベースとして役割を果たしている。

本書で扱ったもう一つの領域は，トランスレーショナル・アプローチでいう，実践から理論へ向かう方向，まず現象を「理解する」ことを基本にするものである。最初に，経営における情報処理活動として，情報の量的側面を扱う経営情報システムの基本的な仕組みとその進展を把握する（第７章，第８章）。次に，こうした情報システムをいかに開発し管理するか，また経営情報において求められるサイバーセキュリティについて学ぶ（第９章，第10章）。さらに，情報システムを基盤として人・組織が有機的に結合するために，ネットビジネスの展開，会計情報の活用，新たな社会がもたらす価値創造について理解を深める（第11章，第12章，第13章，第14章）。

---

9　岸眞理子・木嶋恭一「第15章　経営情報学入門総括」木嶋恭一・岸眞理子編『経営情報学入門』放送大学教育振興会，2019年，240頁に加筆・修正。

もちろん，この２つの研究領域は巡回し，スパイラルに展開するものである。激変する現象が理解されることから，理論・モデルは構築・再構築され，それによって，つかみどころのない現象が体系的に説明されることになる。本書では，その基本となる２つの領域を展開させる接近方法を用いて，経営情報学を学習するための視座を与えることを試みている。

## 参考文献

木嶋恭一・岸眞理子『経営情報学―理論と現象をつなぐ論理―』（有斐閣，2023年）
木嶋恭一・岸眞理子『経営情報学入門』（放送大学教育振興会，2019年）
高原康彦『システム論の基礎』（日刊工業新聞社，1991年）
Checkland, P. 1999. *Systems thinking, systems practice: Includes a 30-year retrospective.* Chichester: John Wiley & Sons.（高原康彦・中野文平・木嶋恭一・飯島純一・佐藤亮・高井徹雄・出口弘・堀内正博訳）『ソフトシステム方法論の思考と実践―問題認識を共有し組織や仕組みの改善と発展に繫げる―』（パンローリング株式会社，2020年）

## 学習課題

組織を情報処理システムとして捉え，特に意思決定機能と環境との相互作用に焦点を置いて，身近な企業の事例を具体的に考察してみよう。

# 2 組織と情報処理

岸 眞理子

**《目標＆ポイント》** 第1章で述べたように，経営情報学では，組織を，広い意味での情報処理システムとして捉える。そこでは，「組織」の「情報処理」が中心的課題となる。

本章では，まず，情報処理システムとしての組織の根幹の機能である意思決定について，そのプロセスとタイプを学ぶ。その上で，組織における意思決定については，どのように問題状況を扱うのかに応じて，異なった発想のモデルが構築されていることを考察する。

次に，そもそも組織はなぜ情報を処理しなければならないのかについて検討する。これによって，情報処理システムとして組織を捉える根拠を学習することができる。

第1章で検討したように，一つの情報処理システムとしての組織は，何を組織として捉えるかが観察者の認識に委ねられている。つまり，組織は客観的かつ現実的に存在するものとして認識することもできるが，自らの情報処理活動を通じて，随時「組織化」のプロセスを進行させ，自らを社会的に構築する動態的なものとして認識することも可能となる。このような展開を考察することで組織についての捉え方も学ぶ。

**《キーワード》** 意思決定のプロセスとタイプ，組織における意思決定モデル，組織の情報処理モデル，不確実性と多義性，組織と組織化

## 1．組織の意思決定

### 1.1 意思決定と問題解決

経営情報学を理解するうえで重要な論理基盤の一つとなった近代組織

論では，組織の情報処理に関して，組織の意思決定問題が早くから取り上げられてきた。バーナード（C. I. Barnard, 1938）は，組織を，２人以上の人々の意識的に調整された活動や諸力のシステムとして捉え，個人的・組織的意思決定と組織均衡の問題を検討している[1]。また，サイモン（H. A. Simon, 1997）は，意思決定における合理性の問題に着目して，意思決定への科学的接近を試みたうえで，企業における経営活動の核心が意思決定であると指摘している[2]。すなわち経営活動の要は，様々なレベルで行われる多様な意思決定にあり，組織は，常に，目指すべき状況（目標）と現状とのギャップである問題を解決するために，意思決定を行わなければならない。

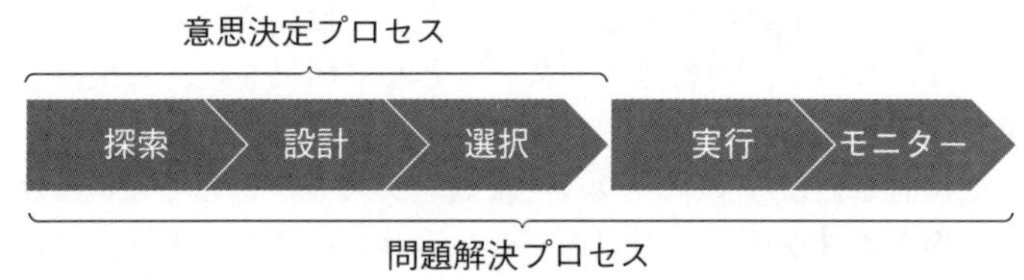


**図表2-1　意思決定と問題解決[3]**

組織が問題を解決するためには，意思決定プロセスで選択された代替案を実際に実行し，結果をモニター（観察）するプロセスが欠かせない。これがまた，新たな探索を導き，継続的で循環的なプロセスとして進行する。

---

[1] Barnard, C. I. 1938. *The functions of the executive*. Cambridge, MA: Harvard University Press.（山本安次郎・田杉競・飯野春樹訳『新訳　経営者の役割』ダイヤモンド社，1968年）

[2] Simon, H. A. 1997. *Administrative behavior* ($4^{th}$ ed.). New York: Free Press.（二村敏子・桑田耕太郎・高尾義明・西脇暢子・高柳美香訳『新版　経営行動―経営組織における意思決定過程の研究―』ダイヤモンド社，2009年）

[3] 木嶋恭一「第３章　組織の意思決定と問題解決」木嶋恭一・岸眞理子編『経営情報学入門』放送大学教育振興会，2019年，40頁を一部修正。

### 1.2　意思決定プロセスとタイプ

意思決定プロセスは，図表2-1に示されているように，探索，設計，選択という３つの段階からなる一連のプロセスである。探索では，問題の詳細を発見して定義し，問題解決のために利用可能な代替案を策定する。設計では，策定された代替案について，事実前提に基づき結果を予想し，価値前提に基づき結果を評価する。そして選択では，評価に基づいて代替案の中から，特定の代替案を選択する[4]。

もし人間が全知全能であれば，最適基準に基づいて完全に合理的な意思決定を行うことができる。しかし，実際には，人間の認知能力や情報処理能力には限界があるので，「限定された合理性（bounded rationality)」のもとで意思決定を行うことになる。限定された合理性とは，代替案の策定能力，代替案の結果に関する予想能力，代替案の評価能力において人間に限界があることを意味している。つまり，現実の意思決定は，選択の結果について一定の受容可能な希求水準を満たす満足基準に従って行わざるを得ない。

限定された合理性しかもち得ない人間は，直面する問題状況を一定の範囲に限定することで，できるだけ合理性を高めるための仕組みを必要とすることになる。組織における，分業による専門化や階層化による活動範囲の限定は，こうした仕組みとして機能している[5]。

意思決定のプロセスでは，対処する問題のタイプによって，注目すべき段階が異なってくる。一般に，意思決定が対処する問題のタイプは，プログラム化される意思決定とプログラム化されない意思決定とに分類される。

プログラム化される意思決定とは，業務的意思決定問題のように，日

---

4　木嶋恭一「第３章　組織の意思決定と問題解決」木嶋恭一・岸眞理子編『経営情報学入門』放送大学教育振興会，2019年。

5　Simon, H. A. 1997. Administrative behavior（4th ed.), New York: Free Press.（二村敏子・桑田耕太郎・高尾義明・西脇暢子・高柳美香訳『新版　経営行動―経営組織における意思決定過程の研究―』ダイヤモンド社，2009年）

常的に繰り返され，その構造が明確にされている定型的な問題を扱う。そこでは，どのようにして効率的な代替案を求めるかという設計段階が，意思決定の主たる関心となる。こうした定型的で構造化可能な意思決定については，最適基準による意思決定が追求され，従来から，コンピュータの活用が促されてきた。

一方，プログラム化されない意思決定とは，戦略的意思決定問題のように，革新的・単発的で，構造化が困難な非定型的な問題を扱う。そこでは，何が問題なのか，その問題の構造はどうなっているのかを定義する探索段階が重要となる。こうした意思決定では，満足基準による意思決定が行われることが多い。この対応には，人間の思考や判断が重要となるが，今日では，ICTの進展により，人とICTの協働で行われる傾向が強くなっている。

| プログラム化される意思決定 | プログラム化されない意思決定 |
| --- | --- |
| 業務的意思決定問題 | 戦略的意思決定問題 |
| 日常的で，繰り返す問題 | 革新的・単発的で一回限りの問題 |
| 構造的・定型的な問題 | 非構造的・非定型的な問題 |
| どのように解くか | 何が問題か |
| 効率的な解の追求 | 効果的な解の追求 |
| 特に設計段階に関連 | 特に探索段階に関連 |

**図表2-2　意思決定のタイプ**[6]

### 1.3　組織における意思決定モデル

組織における意思決定には，通常，複数の人が関与している。

マネジメント・サイエンスは，組織が解決すべき問題が一義的で，変数の特定・測定が可能な場合に有効な意思決定の手法全般を意味する[7]。

6　木嶋恭一「第３章　組織の意思決定と問題解決」木嶋恭一・岸眞理子編『経営情報学入門』放送大学教育振興会，2019年，42頁に加筆・修正。

7　文字通り，経営活動における意思決定を科学的・定量的に分析する手法を指す。主として，OR（Operations Research）などの数理的手法を用いるものを意味することが多い。

マネジメント・サイエンスは，構造的・定型的な問題に適しており，上述した最適基準による意思決定プロセスを志向する。たとえば，この手法を用いると在庫管理や発注量の決定などが効率的に行える。マネジメント・サイエンスは，個々の人間の処理能力を超える膨大な変数を，正確かつ迅速に処理することができる。しかし，定量的データが必ずしも十分でない場合には，組織における管理者の意思決定を支援するにとどまることになる。ICTの進展により，このモデルの活用可能性への期待がより高まっている。

カーネギー・モデルは，組織における意思決定に多くの管理者が関与していることに着目し，最終決定が，多くの管理者の「合同（coalition）」，すなわち組織の目標や問題への優先順位について合意した管理者の連帯によって行われる場合が多いとする[8]。カーネギー・モデルによると，組織の目標は曖昧であることが多く，個々の管理者は限定された合理性しかもち得ないことから，組織における意思決定は満足基準を用いて行わざるを得ないとする。しかも通常は，最初に探索した，満足できる解決策を採用しがちである。このモデルでは，議論と交渉が重要な役割を果たす。個人の情報は限られているため，様々な制約を受けており，それぞれの目標，意見，価値観，経験が異なっているが，合同を通じての合意形成により，解決すべき問題を一時的にせよ一義的とすることができる。

一方，組織の意思決定において，組織における曖昧さやゆらぎに着目した，組織の意思決定モデルも登場した[9]。ゴミ箱モデルでは，組織の実態を「組織化された無秩序（organized anarchy）」と呼び，目標や選考基準が漠然としており，因果関係が不明確で，様々な決定の場への個

---

[8] Cyert, R. M, & March, J. C. 1992. *A behavioral theory of the firm* (2nd ed.). Hoboken, NJ: Blackwell.

[9] March, J. G. & Olsen, J. P. 1976. *Ambiguity and choice in organizations*. Bergen, Norway: Universitetsforlaget.（遠田雄志・アリソン ユング訳『組織におけるあいまいさと決定』有斐閣，1986年）

人やグループの参加が流動的であると指摘している。こうした状況下では，意思決定は機会にすぎず，雑多な決定因が偶然に結びつく場にすぎないと考えられている。

ゴミ箱モデルは，4つの決定因の流れに注目する。それらは，意思決定が行われる場としての選択機会の流れ，決定に直接的・間接的に関与する参加者の流れ，選択機会において考慮されることが期待される問題の流れ，何らかの考え方やアイディアである解の流れである。そして，参加者，問題，解をゴミに，選択機会をゴミが投げ込まれるゴミ箱にたとえて，組織の意思決定を，問題，解，参加者のそれぞれが，選択機会という場で偶然的にマッチングするものとして捉えている。

このように，ゴミ箱モデルでは，論理的・必然的な秩序ではなく，偶然的・一時的な秩序を基調としている。つまり、このモデルでは，組織の意思決定における非合理な側面に目を向けている。

## 2. 組織の情報処理モデル

### 2.1 背景としてのコンティンジェンシー理論

そもそも組織は，なぜ情報を処理しなければならないのだろうか。情報処理システムとして組織を捉える根拠を明確に示した代表的なモデルが，経営組織論においてガルブレイス（J. R. Galbraith, 1973）が確立した「組織の情報処理モデル（OIPT: Organizational Information Processing Theory）」である[10]。以下では，このモデルがどのような経緯から構築されたのかについて学習する。

この理論が確立した背景には，60年代に登場した「コンティンジェンシー理論（contingency theory）」の存在がある。コンティンジェンシー理論は，第1章で示したオープン・システムとしての組織観を明確にもつものであり，それまで探究されていた，唯一かつ最善の組織構造の存

---

10 Galbraith, J. R. 1973. *Designing complex organization*. Reading, MA: Addison-Wesley.（梅津祐良訳『横断組織の設計—マトリックス組織の調整機能と効果的運用—』ダイヤモンド社，1980年）

在を否定した。しかし，この理論は，基本的に環境決定論の立場から組織全体レベルを扱うものであり，コンティンジェンシー要因（状況要因）と組織特性との適合関係によって，組織の有効性（組織目的の実現の程度）が確保されることを合理的に検討しようとした。

初期のコンティンジェンシー理論は，たとえば，タスク環境，技術，規模といった単一のコンティンジェンシー要因を取り上げ，ある特定のコンティンジェンシー要因と，組織構造との有効な適合関係を，主として実証研究結果から明らかにしていくというものであった。つまり，実際には，限られた範囲を取り扱う，結果志向的なものであったといえる。このように，コンティンジェンシー理論は，実証研究に基づく事実発見から，コンティンジェンシー要因と組織特性との経験的適合関係を明らかにするものであり，なぜそのような関係が成立するのかを説明するものではなかった。そこで，このような説明原理確立の要請に応えようとして登場したものの一つが，組織の情報処理モデルである。

組織の情報処理モデルは，コンティンジェンシー理論の流れのなかで，前述した近代組織論の影響を受け，情報に着眼し，情報を媒介として，これまで別々に扱われていた多様なコンティンジェンシー要因の統合を図ろうとした。

### 2.2 「組織の情報処理モデル」の確立

組織は，直面している環境から，組織として情報処理が求められる様々な負荷を課せられている。組織は，この負荷に対処できるように，様々な仕組みを備える能力をもつことで，有効性を確保しようとする。

このような基本的な考えに基づき，組織の情報処理モデルは情報処理に着眼し，組織の環境への適応行為を，組織が，情報処理負荷としての「不確実性（uncertainty）」に対処する行為として把握した。つまり，不確実性に対処し得る組織の情報処理能力を展開させることが，組織の有効性を導くと考えた。

不確実性については，コンティンジェンシー理論においても，組織と環境との関係において検討されていたが，そこで議論された環境は，主に目標設定や目標達成に関連するタスク環境を意味したため，不確実性についてもタスク環境の不確実性として操作化されていた。この発想のもとで，組織の情報処理モデルの先駆者も，不確実性への組織の対処能力が組織の有効性を決定するとし，組織が適切な情報処理活動を行うかたちを体系的に整えることが必要であるとしている[11]。

これらの研究を踏まえて，ガルブレイスは，組織が情報を処理しなければならない理由を，組織が活動していくために必要な情報量と，実際に組織がすでに入手している情報量とに差があることに求め，この差を不確実性として明確に定義した。通信工学では情報を量として取り扱う研究が展開されていたが，ガルブレイスはこれを援用して，組織が情報処理活動を行う根拠として，不確実性の存在に着目した。

組織が必要とする情報量が欠如し，不確実性が大きくなれば，組織はそれだけ多くの情報を処理しなければならなくなり，それに対応して組織の構造も変えなければならない。つまり，組織のかたちに差があるのは，組織が情報量の欠如に対して，実際に対処する方法に差があるからであると説明される。

このように，組織の情報処理モデルの基本的な枠組みは，環境からの情報処理負荷と組織の情報処理能力との適合関係によって，組織の有効性が確保されるというものである（図表2-3参照）。このモデルは70年代に提示されたものであるにもかかわらず，今日でも，さまざまな環境条件のもとでの組織の情報処理のあり方を検討するベースになるものであり，その後の経営情報学の展開にも多大な影響を与えている（第1章参照）。

11　不確実性対処について体系的に説明しようとしたモデルは，明確な情報概念の導入がなくても，組織の情報処理モデルの先駆的なものとして捉えられている。

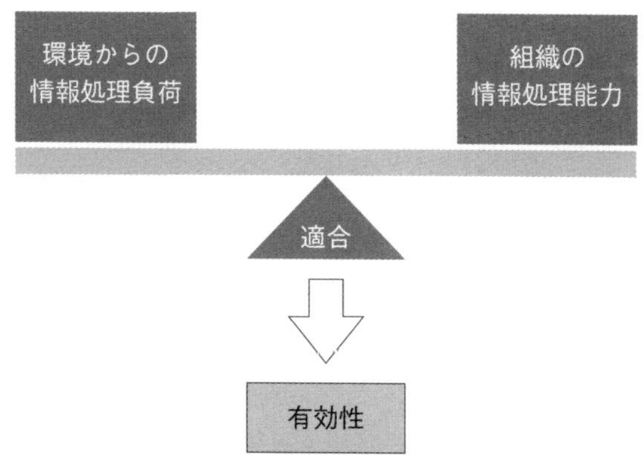


図表2-3　組織の情報処理モデル

どのような組織のかたちをつくり出すかは，実践的見地から，情報処理を最も低コストで行なえるものにすることが求められる。そのために環境に適合し得る組織デザイン戦略として，例えば，一定の状況に対して一定の対応を特定化するルールやプログラムを整備すること，これを補充し例外的な状況に対応するメカニズムとしての組織階層に基づく意思決定を徹底すること，または，情報処理負荷を削減するために組織に付加資源を投入すること，組織に複数の自己完結する意思決定単位を形成すること，さらに，組織の情報処理能力を高めるために組織の縦の情報システム（狭義）を補強すること，組織の横断的関係を形成することなどがあげられている（ガルブレイス，1980）。

つまり，組織は，その構造や制度を設計し，（狭義の）情報システム機能を整備するなどして，情報処理負荷を削減する，あるいは情報処理能力を向上させるための様々な組織デザイン諸戦略のいずれか，あるいはその組み合わせを選択することによって，不確実性への対処を試みる。その際，どの戦略をどの程度まで採用するかは，費用と便益の比較考量によって決定することになる。

組織の情報処理モデルは，前述したようにその後の研究に多大な影響を与えるものではあったが，組織の環境適応を組織デザイン戦略の選択という視点から接近するものである。つまり，基本的に環境への受動的な適応を問題とし，組織がより能動的に環境に対処する視点を十分に取り込むものではなかった。

## 2.3 「不確実性」と「多義性」

ガルブレイスによって確立された組織の情報処理モデルに対して，その後,様々な立場からその精緻化が試みられた。これらの研究の流れは,組織の情報処理パラダイムとしてまとめられている。

組織と環境との関係も，ネオ・コンティンジェンシー理論の影響で，徐々に，組織の戦略的選択といった，組織の環境への主体的な適応という視点を重視するものへと展開していった。このような展開は，情報を画一的で一義的なものとして捉えるだけでは，組織の環境適応のメカニズムを扱いきれないということを意味している。つまり，情報の量的側面だけでなく，組織が情報からいかなる意味を引き出すか，情報にいかなる意味を与えるかという，組織の主体的な意味の認識や解釈の側面を重要視する議論が展開されることになった。

情報は，コンテクストによって意味が創造される性質をもつものであり，コンテクストに対して多元的対立的な解釈が存在しうるなら，情報は多義的なものとなる。「多義性（equivocality）」が高いとは，意見がくい違い，混乱して理解できないこと，「はい」か「いいえ」という二者択一の質問では問いきれないことを意味し，このような状況下では，問題が何であるかは不明であり，また，たとえ問題が設定されたとしてもそれに対する解を見つけだすことは困難である。そこで組織は，組織の機能を妨げないレベルまで，多義性を削減しなければならないことになる。

組織の情報処理モデルは，環境からの情報処理負荷として，不確実性への対処に加えて，多義性への対処も明示的に加えることで，80年代には，組織の情報処理を統合的な組織の調整活動という視点から説明するものとして精緻化されている。不確実性は，前述したように情報量の欠如という問題を取り扱うのに対して，多義性はある状況なりメッセージなりが複数の意味をもつこととして，相互理解の欠如という問題を取り上げる。組織は，不確実性を削減するために，明確に定まった問題の解決に必要な情報を収集しなければならない。一方，多義性を削減するためには，当事者間で解決すべき問題を明確化し，それに向けて一時的にせよ合意すること，少なくとも想いを共有することが求められることになる。

このように，組織の情報処理モデルは，不確実性と組織の情報処理能力との量的適合を重視するものから，多義性という意味的側面をも含むものへと展開されていった。したがって，組織の情報処理は，組織の意思決定やコミュニケーションのみならず，認識や解釈といった問題をも扱うものとして捉えられるに至っている。

## 3.「組織」と「組織化」

### 3.1 「組織化」とはなにか

組織とは何か。最も よく使われる定義の一つは，前述したように，近代組織論の祖とされるバーナードのものである。バーナードは，組織を，２人以上の人々の意識的に調整された活動や諸力のシステムと定義し，組織が成立するためには，組織メンバー間に，共通の目的，協働する意欲，そしてコミュニケーションが存在することが不可欠であるとした[12]。それ以来，企業は一つの組織であるという考え方が長く浸透してきた。

---

12　Barnard, C. I. 1938. *The functions of the executive*. Cambridge, MA: Harvard University Press.（山本安次郎・田杉競・飯野春樹訳『新訳　経営者の役割』ダイヤモンド社，1968年）

すなわち，組織は直面する環境と明確な境界をもつものとして理解されてきたといえる。

しかし，70年頃になると，組織をこのように静態的・客観的に把握するのではなく，より動態的・主観的に捉える動きが活発になった。それにともない，組織ではなく「組織化（organizing)」という概念が提唱されるようになった。ワイク（K. E. Weick, 1979）は，意味を形成する組織化のプロセスに着目して組織化のモデルを提唱した。組織化への着目は，前述した組織の情報処理モデルが，多義性という概念を取り込んで精緻化される契機になったものでもある[13]。

組織化とは「意味形成（sense-making)」であり，ワイクによると，あるものをフレームの中に置くこと，納得すること，驚きを物語にすること，意味を構築すること，共通理解のために相互作用すること，パターン化することとして説明される。組織そのものではなく組織化に着目することで，静態的な構造ではなく，意味を形成するダイナミックなプロセスが重視されるようになる。また，組織は，組織が直面しなければならない環境を自ら創造していく意味形成のシステムであり，それは常に変化するものとして捉えられるようになった（第1章参照)。

意味を形成する組織化のプロセスとは，多義性を削減するプロセスである。多義性，すなわちインプットが有している多様な意味を，組織は組織としての機能を妨げないレベルまで削減しなければならない。そして，この組織化のプロセスにおいては，まさにコミュニケーションが組織活動の中核となる。

例えば，ある商品のヘビー・ユーザーは，その商品について，企業の営業マンよりも詳しく理解しているかもしれないし，今日の情報化社会では，その知識を広く世間に広く発信することも容易に行うことができる。また，企業がその商品をどのように改良すべきか，あるいは新たに

---

13 Weick, K. E. 1979. *The social psychology of organizing* (2nd ed.). Reading, MA: Addison-Wesley.（遠田雄志訳『組織化の社会心理学（第2版)』文眞堂，1997年）

どのような商品を開発すべきかについて企業と頻繁にやりとりすることで，企業の製品開発プロセスに積極的に関与することもできる。この場合，組織化は，その商品を生産している企業を超えて，こうしたユーザーを含むものまで進んでいると捉えることができる。

組織化は，想い，意図，世界観といった一定の意味が共有されるとき一つの企業を超えて進行していく。このような考え方は組織と環境との間の明確な区分を打破するものである。組織は常に動きながら，自ら環境を創造していく能動的なものである。

### 3.2　組織化のモデル

ワイクが提示した組織化のモデルは，以下の４つのステップからなる。それらは，「生態学的変化（ecological change）」，「イナクトメント（enactment）」，「淘汰（selection）」，「保持（retention）」と呼ばれる[14]。

生態学的変化は，組織化のきっかけとなるもので，人が経験を重ねるなかでなんらかの違いや変化に「気づき（noticing）」を与えることを意味する。つまり，生態学的変化は，組織の意味形成において素材となるものを提供している。たとえば，新しいソフトウェアへの着目といった生態学的変化は，組織化の進行のための重要な素材となり得る。

イナクトメントとは，自然淘汰における変異に当たり，変異が果たす能動的な役割をより強調するために，この言葉が用いられた。つまり，イナクトメントとは，組織化において人の行為の役割に焦点を当てている。イナクトメントは生態学的変化と密接な関係があり，生態学的変化に向けられた人の行為がその一部を囲い込むとともに，生態学的変化を引き起こす行為ともなる。新しいソフトウェアに着目しても，実際にどのように試用し，業務に活かそうとするかは，関係者それぞれによって異なっている。

---

14　Weick, K. E. 1979. *The social psychology of organizing* (2nd ed.). Reading, MA: Addison-Wesley.（遠田雄志訳『組織化の社会心理学（第２版）』文眞堂，1997年）

このように，イナクトメントは組織がその時点で外部環境と直接的にやり取りする唯一の過程でもあり，イナクトメントは組織における他のすべてのことを引き起こすものとなる。そこで，イナクトメントのプロセスを敏感にし，ある一つのものごとの捉え方に支配されることなく，ハプニングを感度良く取り入れられるかどうかが組織改革にとっては重要となる。

淘汰とは，イナクトされた多義的な表示に対して，組織として，ある意味をあてがうために，多義性を削減しようとするプロセスである。つまり，淘汰は，進行しているものに対して何らかの答を作り出す組織的選択プロセスともいえる。すなわち，このプロセスでは，コミュニケーション活動を通じて多義性が削減され，組織的に何らかの解釈が与えられることになる。これは，「イナクトされた環境（enacted environment）」と呼ばれる。たとえば，試用されたさまざまな新しいソフトウェアから，組織が何を，どのように，組織として導入･活用し，組織を変革していくかを決定するのがこのプロセスである。

保持とは，淘汰のプロセスで形成されたイナクトされた環境が蓄積されるステップである。ここでは，イナクトされた環境は，メリハリのある因果のかたちに要約されている。どのようなソフトウェアを，どのように活用すれば，どのように組織を変革し，有効性を高めることができるかが組織の知識として蓄積される。

組織化のプロセスでは，生態学的変化が増大すれば，イナクトメントで生み出される多義性も増大し，イナクトメントで生み出される多義性が増大すれば，生態学的変化も増大する。さらに，イナクトメントで生み出される多義性の増大は，淘汰活動を増加させる。淘汰活動が増加すると保持活動も増加する。このような連鎖活動を繰り返しながら，組織化のプロセスは進められる。

### 3.3　逆説的であること

組織に保持されたイナクトされた環境は，イナクトメントや淘汰のプロセスに正にも負にも作用する。過去に保持されているイナクトされた環境が，イナクトメントのプロセスにおいて信頼されているならば，過去と同じようなイナクトメントが行われるが，イナクトされた環境が信頼されていない場合には，過去とは異なるイナクトメントが行われることになる。同様に，淘汰のプロセスにおいて，イナクトされた環境が信頼されているならば，それが淘汰に大きな影響を及ぼすことになるが，イナクトされた環境が信頼されていない場合には，淘汰に影響を及ぼすことはない。

組織が生存していくためには，組織はイナクトメントのプロセスか淘汰のプロセスのいずれかにおいて，イナクトされた環境を疑ってみることが求められる。つまり，イナクトされた環境をどちらかのステップで信頼し，どちらかで疑うという「分裂的決定（split decision）」が重要となる。つまり，組織は，記憶された内容について分裂していること，イナクトメントと淘汰の一方で記憶が信頼されているように，他方で記憶が信頼されていないように，逆説的に行動することが求められている。

イナクトされた環境は，共通の世界観として，ある程度は持続性をもつものであり，組織メンバーの協働行為を可能ならしめるものとして機能している。イナクトされた環境は組織メンバーの行為をコントロールし，組織メンバーの行為はイノベーションを促進していく。すなわち，個人の行為と組織のイナクトされた環境とは相互作用しながらダイナミックに進展するものであることを理解しなければならない。

## 参考文献

木嶋恭一・岸眞理子『経営情報学―理論と現象をつなぐ論理―』（有斐閣，2023年）
木嶋恭一・岸眞理子編著『経営情報学入門』（放送大学教育振興会，2019年）
R・L・ダフト（髙木晴夫訳）『組織の経営学』（ダイヤモンド社，2002年）
J・R・ガルブレイス（梅津祐良訳）『横断組織の設計―マトリックス組織の調整機能と効果的運用―』（ダイヤモンド社，1980年）
K・E・ワイク（遠田雄志訳）『組織化の社会心理学（第２版）』（文眞堂，1997年）

## 学習課題

実際の企業事例において，特定の情報処理活動に着目し，組織がどのように不確実性と多義性に対処する仕組みをつくっているかについて考えてみよう。

# 3 組織のコミュニケーション

岸　眞理子

**《目標＆ポイント》** 本章では，組織のコミュニケーションを検討する際に不可欠な理論や概念について学習する。まず，基礎となるコミュニケーション・モデルについて理解する。次に，ICTによるコミュニケーションの技術的特性，ICTによるコミュニケーションの分類とその組織的効果について検討する。さらに，組織がリレーションシップを構築するコミュニケーションを実行する際に考慮すべきディジタル・メディアの活用と，メディア能力としてのメディア・リッチネスの開発について把握する。

**《キーワード》** コミュニケーション・モデル，ICTによるコミュニケーション，トランザクション的コミュニケーション，リレーションシップ的コミュニケーション，メディア・リッチネス，ディジタル・メディアの組織的活用

## 1. コミュニケーションの基本的モデル

### 1.1 伝統的モデル

そもそも人間の行動のほとんどはコミュニケーションと関連している。組織においてコミュニケーションは，必要不可欠な基本的要素として，組織活動の中核をなすものとして扱われてきた。

第２章で述べたように，近代組織論においても，その祖であるバーナード（C. I. Barnard, 1938）は，組織成立の３要素として，共通目的，協働意欲とともにコミュニケーションを掲げ，組織参加者が共通目的や協働意欲を形成し，維持し，発展させるために，コミュニケーションは不可欠であり，したがってコミュニケーションは組織研究の中心的地位を

[1] Barnard, C. I. 1938. *The functions of the executive*. Cambridge, MA: Harvard University Press.（山本安次郎・田杉競・飯野春樹訳『新訳　経営者の役割』ダイヤモンド社，1968年）

占めるとしている[1]。同じく，近代組織論の中核をなすサイモン（H. A. Simon, 1976）も，コミュニケーションが組織の意思決定過程において重要な役割を占めることを指摘している[2]。このように近代組織論において，コミュニケーションは組織活動にとって必要不可欠なものであることが明確に示された。それでは，コミュニケーションとは，どのようなものとして捉えられてきたのであろうか。

伝統的には，コミュニケーションは，なんらかの目的や意図をもった送り手が，受け手にメッセージを伝達することを中心に理解されてきた。たとえば，シャノンとウィーバー（C. E. Shannon & W. Weaver, 1949）によって提示されたコミュニケーション・モデルは，代表的な伝統的モデルの一つである[3]。ここでは，コミュニケーションは，情報源から記号化された信号として発信されたメッセージが，回線を通じて伝達され，受信機で受信された信号がメッセージに記号解読され，目的地に届けられる過程として捉えられている。

このモデルはコミュニケーションの技術的側面に着目し，当時の電話を活用したメッセージの伝達を意図していたため，情報源（送り手）と発信機，目的地（受け手）と受信機が区別されている。伝統的なモデルでは，対人コミュニケーションの主要な要素は，送り手，記号化，メッセージ，チャネル（メディア），記号解読，受け手，効果，フィードバックとしてまとめられる（E・ロジャース，R・ロジャース，1985）。

また，シャノンとウィーバーによると，コミュニケーションの問題には，シンタクティックス（構文論）・レベル（syntactics level），セマンティックス（意味論）・レベル（semantics level），プラグマティックス

---

2 Simon, H. A. 1997. *Administrative behavior* (4th ed.). New York: Free Press.（二村敏子・桑田耕太郎・高尾義明・西脇暢子・高柳美香訳『新版　経営行動―経営組織における意思決定過程の研究―』ダイヤモンド社、2009年）

3 Shannon, C. E. & Weaver, W. 1949. *The mathematical theory of communication*. Urbana, IL: University of Illinois Press.（長谷川淳・井上光洋訳『コミュニケーションの数学的理論―情報理論の基礎―』明治図書出版，1969年）

(語用論)・レベル（pragmatics level）という３つのレベルがあるとされる。

第１のシンタクティックス・レベルは，当時の中心課題であった技術的問題に基づいており，送り手から受け手にコミュニケーションのシンボルが，いかに正確に伝達されるかということが問題とされる。ここではメッセージの意味は問われない。第２のセマンティックス・レベルでは意味の問題が取り上げられ，伝達されたシンボルが送り手の意図した意味を正確に伝えることができたかが問題となる。第３のプラグマティックス・レベルではコミュニケーションの効果上の問題が取り上げられ，受け手に伝えられた意味が，受け手の行動や判断に対して，効果的に意図した影響を及ぼしたかどうかが問題とされる。

こうした発想はその後も受け継がれ，コミュニケーションの循環やプロセスに，より着眼した改善モデルとして提示されたが，これらも主としてなんらかの目的や意図をもった送り手が受け手にメッセージを伝達することを中心にしてコミュニケーションを捉えているため，伝統的なモデルの範疇に含まれると考えられている（狩俣，1992）。

### 1.2　伝達から意味形成へ

しかし，対人コミュニケーションは送り手主体の単なるメッセージの伝達以上のものである。1970年代後半頃から，組織論に解釈主義を重視する新たなパースペクティブが確立されたことから，組織において意味形成という視点が強調され，コミュニケーションの動態性をより指摘するモデルが登場する。そこでは，コミュニケーションは，送り手から受け手への単なる情報の伝達ではなく，送り手が同時に受け手であり，受け手も同時に送り手であるような，相互主体的で多面的・連続的な相互作用の過程であり，メッセージを媒介として動態的に進行する意味形成の過程として捉えられるようになった[4]。

このようなコミュニケーションに対する理解は，組織コミュニケーションに関する研究にも顕著に表れている。伝統的には，特定の組織において，目的や意図をもった上司が部下に命令を伝達するなど，送り手主体で行われる，送り手から受け手への単なる情報の伝達として議論されてきた。しかし，70年代頃からは，組織コミュニケーションは循環的なプロセスとして，コミュニケーションの当事者間の多面的・連続的な相互作用を通じた組織の主体的な意味形成過程として検討され，異なったアプローチが求められるようになる。第２章で検討した組織化のモデルでも，組織化の実態はまさにコミュニケーションであるとされていた。そこでは，組織において人々が，協働行動を可能にするよう，多義的なものについて一定の共通理解に達するためにコミュニケーションを行うことが強調されていた。

## 2. ICTによるコミュニケーション

### 2.1 技術的特性

企業のコミュニケーションに関しては，エレクトロニクス技術の進展と電気通信事業法等の制定によって，80年代には「ニューメディア」と称されるメディアが大いにもてはやされ[5]，以来，時間的・空間的制約を克服し，人とICTがもつ相互の情報処理機能を関連づけるものとして，ICTによるコミュニケーションをどのように実行するか，ディジタル・メディアをどのように活用するかが重要な課題の一つとなった。

前節では，組織のコミュニケーション・モデルが，送り手中心の一方向直線的な情報伝達という伝統的なものから，コミュニケーションの当

---

4　送り手も受け手もコミュニケーション・システムの一端を担うと考えられている。（ロジャース，ロジャース，1985）

5　ニューメディアという呼称は，マスメディアに対して，これらに囚われない電子メディアを意味するために使われた。必ずしもディジタル技術だけでなく，アナログ技術を活用しているものもある。

事者間の相互主体的で連続的な相互作用を通じた，組織の動態的な意味形成過程として検討されるようになってきたことを学習した。今日のICTによるコミュニケーションは，コミュニケーションを意味形成過程とみなすモデルの説明力を助長する技術的特性を備えるものである。その技術的特性として，相互作用性，個別化，同報性，非同期性などがあげられている[6]。

相互作用性とは，すべてのディジタル・メディアが，少なくともある程度の会話的相互作用性をもつことを意味している。コミュニケーションの方向性は単一方向だけでなく，個人は単なる反応者から，より能動的な存在としての役割を担うことになる。

個別化とは，ディジタル・メディアが，多数の受け手のなかの特定の個人・集団に対して，特定のメッセージを送ることができることを意味する。個別化は，実際には対面関係ではない環境において，対面の個人間コミュニケーションに類似する環境を提供している。

同報性は，多数の人に同時にメッセージを送ることを表す特性である。これは，組織における合意形成を促進することを可能にする。

非同期性は，ディジタル・メディアが，いつでも，各個人の都合のよい時点で，メッセージを送ったり受け取ったりする能力を有することを意味する。すなわち，結果的に，各個人は時間のコントロールが可能となり，より柔軟に理解を促進することが可能になる。

また，外部記憶，記憶処理といった技術的特性も，多義性削減とのかかわりからも重要な意味をもつ。外部記憶とは，電子的なメッセージを保存し，いつでも検索できることをいい，記憶処理とは，外部記憶されたメッセージをコンピュータで処理し，過去のデータとの差異を比較してデータの収集や分析の方法論を確立することを可能にしている。これらの属性も，すべてのメッセージの対話的記録をビッグデータとして扱

6　Rogers, E. M. 1986. *Communication technology: The new media in society*. New York: Free Press.

えるようになった今日，組織における問題分析や問題解決を促進するうえで重要な役割を果たしている。

## 2.2 トランザクション的コミュニケーションとリレーションシップ的コミュニケーション

ICTによるコミュニケーションは，組織のなかで最も重要なプロセスであるコミュニケーションに用いられるので，メインフレーム・コンピュータ革命よりも，パーソナル・コンピュータ革命よりも重要な意味をもつといわれている（スプロール，キースラー，1993）。

組織において，ICTによるコミュニケーションは，主としてトランザクション的コミュニケーションとリレーションシップ的コミュニケーションに分類される（ディクソン，デサンクティス編，2002）。もともとICTによるコミュニケーションは，「トランザクション（transaction）」として捉えて評価・分析し，あるべき方向を探ってきた。すなわち，いかに効率的で効果的に情報の伝達や交換を行うかに重点が置かれてきた。

しかし，コミュニケーションがもつ本来の意味からも，これを「リレーションシップ（relationship）」として捉えることが不可欠である。そこでは，情報交換のコストではなく，社会的コンテクストの問題が，より注目されるようになった。

トランザクション的コミュニケーションでは，スピードや利用率，大量の情報交換のためのコストや時間の効率性に重点が置かれるのに対し，リレーションシップ的コミュニケーションでは信頼や学習を促進する情報交換の内容やその充実度が重要になってくる[7]。トランザクションとしての見地では物理的な距離の克服が重要であるが，リレーションシップの見地では心理的な距離の克服に重点が置かれる。これらは相互

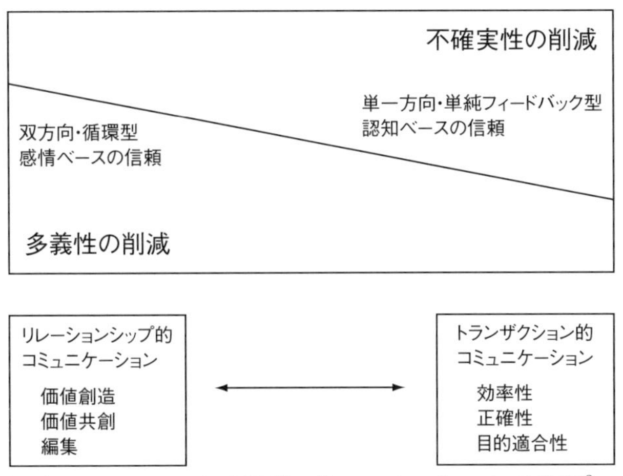


**図表3-1　ICTによる組織コミュニケーションの分類**[8]

に補完的なものであり，ICTによるコミュニケーションは，トランザクションを実行し，リレーションシップを構築するという２つの役割を実行するように設計されることが望まれている。トランザクション的コミュニケーションとリレーションシップ的コミュニケーションの特徴は図表3-1のようにまとめられる。

---

7　コミュニケーションの当事者間に存在する「信頼（trust）」のレベルには主に２つのものがあり，それらは，「認知ベースの信頼（cognition-based trust）」と「感情ベースの信頼（affect-based trust）」とよばれている。

認知ベースの信頼は，個々のトランザクションの実現度に満足するレベルの信頼として考えることができる。このような信頼をもつだけの合理的根拠があるか，責任や能力があるかということと関係している。一方，感情ベースの信頼は，リレーションシップ的コミュニケーションにおいて不可欠なものと考えられる。これは，長期的な評価に基づき，トランザクションを繰り返すなかで期待と実現度に差があってもそれを許容できるような高レベルの信頼であり，社会的視点に立った，関心，恩義，敬意とも関係している。こうした感情ベースの信頼は認知ベースの信頼から展開されることもあるが，その形成には，当事者間で相互に共鳴したり，共感したり，感動するといった一体感が生まれなければならない。

8　岸眞理子『メディア・リッチネス理論の再構想』中央経済社，2014年，81頁。

### 2.3 ICTによるコミュニケーションの組織的効果

上述したような技術的特性をもつICTによるコミュニケーションは，地理的距離を無化する。同時的な場がいたるところに出現することで，社会的な状況に対する場所の拘束力が低下するとともに，社会の構成秩序自体が変容する[9]。

このようにICTによるコミュニケーションのもたらす組織的効果としては，技術的に期待される効果だけでなく，社会的な効果にも注目しなければならないことは早くから指摘されている。前者は，従来のメディアにはない技術的特性がもたらす機能性やアクセス可能性の視点から検討される。一方，後者は，すでにどれくらいの人が活用しているかに関するクリティカル・マスや，誰がどのように活用しているかといった社会的観点から検討される[10]。

ICTによるコミュニケーションは，組織の諸側面に様々な変化をもたらす。電子メール，SNS(Social Networking Service)，電子掲示板，チャット，ウェブ会議のようなディジタル・メディアは，単に空間と時間の制約を取り除くだけでなく，組織において階層や部門の障壁を取り払い，標準的な作業手順，組織の規範やルール，組織の行動パターンや組織構造・文化にも大きな変化を引き起こしている。

このようなICTによるコミュニケーションがもたらす組織的効果に関しては，スプロールとキースラー（L. Sproull & S. Kiesler, 1992）が，技術発展の「二段階理論」としてまとめていた(スプロール，キースラー，1993)。第１段階の効果は，生産性や効率性の向上といった予測可能な技術的効果である。たとえば，電子メールは非同期的であるため，同期的な電話によるコミュニケーションに比べて効率的である。また，電子メールの同報性は，１人にメッセージを送るのと同じように，何人にで

---

9　吉見俊哉『メディア文化論―メディアを学ぶ人のための15話―』有斐閣，2004年。

10　Soe, L. L. & Markus, M. L. 1993. Technological or social utility? Unraveling explanations of email, vmail and fax use. *The Information Society*, 9 (3) : pp.213-236.

もメッセージを送ることができるので，対応時間の短縮とコミュニケーションの定型化，効率性の向上を促進することができる。

この効果はまた，測定することができるものでもある。たとえば，ボイス・メールを導入しようとしている企業は，その効率化の効果を数字で把握しようとして，この導入によって人件費をどれだけ節約できるかという経費削減計算や，担当者に別の仕事を割り当てることが生み出す付加価値計算を行うことができた。

第２段階の効果は社会システム上の変化である。これは，今までと違うことに関心を向け，今までと違う人々と知り合い，今までと違うかたちで関わりあうようになるところから生まれる。これらは，人々の時間の過ごし方，重要と考えるもの，社会的接触，相互依存関係を変化させる。そして，社会的役割の変化は人々の関心のもち方や社会的な関係も変化させる。

ICTによるコミュニケーションの組織的効果に関しては，その可能性として以下の点に留意しなければならない。ディジタル・メディアの効果として第２段階の効果が軽視される傾向があること，予期せぬ結果は第１段階の効果よりも第２段階の効果から生じること，第２段階の効果は，人々の行動や考え方が変化してしまった後で，その変化について考え直されるようになったときにはじめて現れること，第２段階の効果はそれ自体，社会や組織から影響を受けたり影響を与えたりしており，技術を活用している人間自身も技術の設計と方向性をつくり出すことで第２段階の変化に影響を与えていることである。このことは，以下で検討するように，組織において活用されるディジタル・メディアが，組織の効率性を向上するにとどまらず，組織に影響を及ぼしたり，影響されたりする，組織と相互作用する存在であることも示唆している。

## 3. メディア能力としてのメディア・リッチネス

### 3.1 メディア・リッチネス理論

かつては，組織におけるメディア研究は，人と文書といったような情報源の相違を扱うものがその多くを占めてきた。しかし，80年代に入り，単に情報源の相違だけでなく，情報処理活動の相違そのものに着目することの重要性が指摘されるようになった。

このような流れのなかで生まれたメディア・リッチネス理論は，「メディア・リッチネス（media richness）」をコミュニケーション・メディアが生来もつ「能力（capacity）」として捉え，組織の情報処理負荷に適したリッチネスをもつメディアを活用する合理的なプロセスによって，組織コミュニケーションの有効性が確保されることを提示した。その端緒は，ダフトとレンゲル（R. L. Daft & R. H. Lengel, 1986）の研究に求められる[11]。

この理論は，第2章で検討した組織の情報処理モデルをその基礎としている。すなわち，メディア・リッチネス理論では，組織の情報処理パラダイムの視点から，組織の情報処理の根拠は不確実性と多義性の削減にあるとしたうえで，組織的有効性を確保するためには，情報処理負荷に応じて，異なったコミュニケーション・メディアを活用するという，条件適合的な関係があることを前提にしている。

そのうえでメディア・リッチネス理論は，特に組織のコミュニケーション活動における多義性削減という問題を，メディア・リッチネスというコミュニケーション・メディアのもつ客観的な能力という視点から論じ

---

11　メディア活用は状況を考慮した行為を指すのに対し，メディア選択は特定の事例に対する個人的な意思決定を指すものとして区別される。前者はよりマクロな分析，後者はよりミクロな分析として別々に議論される場合もある。しかし，組織のメディア活用を取り上げたこの理論の提唱者であるダフト他も，実証研究では具体的なメディア選択を扱っていることから，ここでは，知覚に対する行為として，選択も広く活用に含まれる行為として捉えている。

ることに焦点を当てた。組織のコミュニケーション活動における相互理解の促進は，コミュニケーション・メディアの能力によって異なり，そのメディアの能力を知覚することと，これを活用することとは基本的に一致するとされていた[12]。

メディア・リッチネスとは，コミュニケーションの当事者間で一つの共通理解に収束するために，互いの理解を変更し，異なった準拠枠を克服し，曖昧な事柄を明確にする，メディア生来の客観的能力・属性である。具体的には，（1）迅速なフィードバックの入手可能性，（2）多様な手掛かりを同時に運ぶ能力，（3）個人にどの程度焦点を当てているかという3つの包括概念として定義されている[13]。すなわち，誰がどこで活用しても等しい，メディア生来の客観的能力としてリッチネスは概念化されていた。

この定義に基づくと，伝統的メディアにおいてリッチネス・レベルが最も高いメディアは対面関係である。次いで，電話[14]，私信，公の文書と順にリッチネスのレベルは低くなる。対面関係は，コンテクストの相違を克服する徹底した議論を，直接しかも自然言語のみならずボディ・ランゲージまで利用して行えるうえ，タイムリーに相互理解を図るのに役立つ，その場での迅速なフィードバックを行うこともできる。また，対象者に焦点を絞ったコミュニケーションが可能となる。ゆえに，メディア・リッチネスが最も高いものと考えられる。

---

12　そのため，理論の検証は，管理者が，仮定されたメッセージに対してどのようなメディアを選択するかによるものが多かった。

13　ダフトとレンゲルは，当初，（1）迅速なフィードバックの入手可能性（フィードバックの迅速性），（2）多様な手掛かりを同時に運ぶ能力（手掛かりの多さ），（3）言語の多様性（例えば，ボディ・ランゲージまで含むのか，自然言語か，数字のみか），（4）個人にどの程度焦点を当てているか（個人的要因の多さ）という4つの包括概念として定義していたが，のちに，彼ら自身，言語の多様性を手がかりの多様性に含めて3つにまとめている。その後の研究でもこの理解が踏襲されている。

14　ここでいう電話とはアナログ回線による伝統的固定電話を意味する。

電話は，理解を変更しうる迅速なフィードバックは可能であるが，対面関係のような視覚的な手掛かりはなく，音声のみのやりとりとなる。しかし，通常の電話の活用では対象者に焦点を絞ったコミュニケーションが可能である。

文書は，フィードバックに時間がかかり，紙に限定された手掛かりしかない。個人的な対象者のない，不特定で一般的な人を対象としたものは，特定の人を対象としたものより，リッチネスのレベルがより低くなる。

概して，口頭のメディアは文書メディアより，また同期的メディアは非同期的メディアより，リッチネスのレベルが高い。伝統的メディアに関しては，リッチネス･レベルについての理論の予測と実証分析結果は一致している。

### 3.2 ICTとメディア・リッチネス

80年代以降，いわゆるニューメディアが普及していくなかで，手紙，電話，対面関係といった伝統的なメディアは，電子メール，テレビ会議のようなものに取って代わられると当初は予想されていた。また，コンピュータを介したコミュニケーションは，前節で検討したようにリレーションシップを構築するために，なんらかのリッチネスを付加するものとして期待されていた。

しかし，企業が莫大な投資を行ってシステムの整備に努めているにもかかわらず，当時のコミュニケーションでは，対面関係や電話といった伝統的なメディアが相変わらず好んで活用されていることが明らかにされると，このような現象を説明するものとして，伝統的なメディア･リッチネス理論のフレームワークがそのまま新しいメディアに拡張され得ると考えられるようになった。一方で，対象メディアが多様化したことによって，この理論では説明できない現象も生じた。

たとえば，電子メールは，理論上，リッチネス·レベルが低いメディアであり，多義的な状況下に置かれている管理者層は，このメディアを相対的にあまり活用しないことが予測されていた。しかし，組織階層の上位レベルでは下位レベルに比べて，電子メールがより選好されている実態が比較的早い時期から指摘された。また，電子メールに比べて理論上はリッチネス・レベルがより高いとされるボイス・メールが，多義的な状況下で，電子メール以上に選好されるとはいえないことも明らかにされた。

このような経緯から，当初のメディア・リッチネス理論を，ディジタル・メディアを含めて議論する際には新たな考察が求められるようになり，メディア·リッチネス研究において，現象への説明力を増すように，様々な角度からの修正が行われるようになった。たとえば,伝統的メディアに関して概念化されたリッチネスの構成次元を，ディジタル・メディア特有の属性も含めて問い直す必要性が指摘された。メディア・リッチネスが組織の情報処理活動における多義性削減にかかわるものであるとするならば，第2節で取り上げた相互作用性等や，伝統的メディアには存在しなかった，同報性，外部記憶，記憶処理といった特性も，メディア・リッチネス概念を構成する可能性をもつことになる[15]。

これらの属性は，組織における問題分析や合意形成を促進するうえで重要な役割を果たしていることから，多義性削減に関係していると考えられる。このように，ICTによるコミュニケーションの技術的特性を考慮することで，メディア・リッチネス概念そのものの構成次元を修正すると，メディアのリッチネス·レベルそのものが変化し，メディア·リッチネスの現実の説明力がより増すとも考えられるようになった。

---

15　Markus, M. L. 1994. Electronic mail as the medium of managerial choice. *Organization Science*, 5（4）：pp.502-527.

### 3.3　メディア・リッチネスの開発

管理者のメディア活用が合理的に行われるというダフト他の当初の研究では，各メディアに固有のリッチネスの知覚とそのメディアの活用とが一致すると考えられていた。すなわち，組織における有効なコミュニケーションでは，組織メンバーはタスクの多義性に対して，その削減に適したリッチネスをもつメディアを合理的に知覚し活用するとされてきた。しかし，実際には，組織におけるディジタル・メディアの活用は，以下で述べるように，状況的要因，社会的要因，経験レベルなどの他の要因からも強く影響を受けている（図表3-2参照）。

| | | |
|---|---|---|
| 状況的要因 | 物理的状況 | ・距離<br>・時間 |
| | ユニバーサル・アクセス性 | ・物理的・心理的アクセス可能性 |
| 社会的要因 | 社会的影響 | ・同僚や上司の態度<br>・仕事集団の規範やルール<br>・受け手との関係性 |
| | シンボリックな要因 | ・メディアのシンボリックな意味 |
| 経験 | 経験レベル | ・メディアの活用<br>・コミュニケーションの内容<br>・コミュニケーションの相手<br>・組織コンテクスト |

**図表3-2　メディア・リッチネス理論における議論の展開**[16]

ディジタル・メディアの活用に関しては，まず，状況的要因が考慮される。有効なコミュニケーションの実現に，多義的なタスクに対処し得る対面関係を活用したいという場合でも，時間がない，そこに行けないという時間的･空間的制約から，相対的にリッチネスの低いディジタル・メディアをうまく活用しなければならない場合も多い[17]。

16　岸眞理子『メディア・リッチネス理論の再構想』中央経済社，2014年，94頁に一部加筆。

また，時空間の制約を克服できるかどうかは，当該ディジタル・メディアが，実際にユニバーサル・アクセスが可能なものであるかという状況的要因によっても影響される。これは，相手が必要に応じてメディアにアクセスできるということだけでなく，メディア能力を発揮するようにアクセスできることを保証するものでなければならない。後者の意味では，純粋に客観的な状況の問題であるというより社会的・心理的な状況の問題であるともいえる[18]。

さらに，ディジタル・メディアの活用に関しては，個人の選択行動に対する社会的影響やメディアがもつシンボリックな要因などの社会的要因，さらには経験レベルの影響を考慮することも求められている。社会的影響を強調する研究は，個人のメディアの知覚や活用が，社会的プロセスの影響を受ける主観的なものであることを主張する。社会的影響としては，同僚や上司の態度や行動，仕事集団の規範やルール，受け手との関係から受ける影響などがある。たとえば，組織においては，その組織のキーパーソンがどのようにメディアを活用しているかが重要な意味をもつ。個人のコミュニケーション行動は，メディア活用も含め，価値があると思われる他者の行動を模倣する傾向にあるからである。

それゆえ，社会的要因からメディア活用を説明しようとする研究は，活用の場である組織コンテクストの影響を強調するものでもある。当初のメディア・リッチネス理論の予測では，多義性の高いタスクにはリッチなメディアを活用することが，組織を超えて有効性の確保に欠かせないとされていたが，社会的要因からメディア活用を説明しようとする研究では，メディアの知覚や活用は組織ごとに異なっていることが強調さ

---

17　人は情報の品質よりも，単純にアクセス可能性によってメディア選択を行う傾向があることが指摘されている。

18　管理者はメディア選択において，どのメディアがコミュニケーション・タスクに適しているかだけでなく，意図した相手が望んだ時間内でメッセージを受け取り，対応するかどうかも考慮しなければならないとしてメディア選択の社会的側面の重要性が指摘されている。

れる。たとえば，メディアはそれ自体，メッセージ内容を超えた意味をもつことができるが[19]，その意味は時間の経過とともに組織によって社会的に構築されたものとなる。伝統的メディアに比べると歴史的な時間の経過がまだ浅いディジタル・メディアに関しては，メディアのシンボリックな意味は，組織やその文化によって顕著に異なっている。シンボリックな要因としてメディア自体がもつメッセージとしての意味が，メディア活用にとって重要なものとなりうる。これらの研究は，メディア・リッチネスが，組織コンテクストとは独立した，コミュニケーション・メディアの客観的な能力であるという考えを否定している。

さらに，ディジタル・メディアの活用は，経験レベルが重要な影響を及ぼす。「チャネル拡張理論（channel expansion theory）」では，ディジタル・メディアのメディア・リッチネスが，客観的能力として各メディアに固有のものではなく，経験によって開発されることを主張している（Carlson & Zmud, 1999）。そこで重要とされる経験は，個人がそのメディアをどのくらい活用したことがあるかというメディアそのものに関する経験，コミュニケーション・パートナーをどのくらい知っているかというコミュニケーション・パートナーに関する経験，扱われているコミュニケーションの内容にどのくらい馴染みがあるかというコミュニケーション・トピックに関する経験，コミュニケーションが行われる場をどのくらい理解しているかという組織コンテクストに関する経験という4つである。これらの経験を積むことによって，ディジタル・メディアは，よりリッチなものとして把握されるようになり，より有効なコミュニケーションを導くものになることが明らかにされている[20]。

---

19　シンボリックな要因を強調する研究は，それぞれのメディアがもつ象徴的な意味に注目する。たとえば，今日のディジタル社会では，対面関係は関心，気づかいなどを，文書は権威，公式性などをより強く意味している。

20　Carlson, J. R. & Zmud, R. W. 1999. Channel expansion theory and the experiential nature of media richness perceptions. *Academy of Management Review*, 42（2）: pp.153-170.

組織における経験への着目は，各メディアの活用に影響を及ぼすだけでなく，メディアの併用を通じてメディア・リッチネスという能力を開発する，組織の学習プロセスの考察も可能にする（岸，2014)。

## 参考文献


岸眞理子『メディア・リッチネス理論の再構想』（中央経済社，2014年）

岸眞理子『アナログ好きのデジタルメディア活用法（仮題)』（文眞堂，2023年刊行予定）

G・W・ディクソン，G・デサンクティス編（橋立克朗・小畑喜一・池田利明・小岩由美子・山本英一郎訳）『新リレーションとモデルのためのIT企業戦略とデジタル社会』（ピアソン･エデュケーション，2002年）

L・スプロール，S・キースラー（加藤丈夫訳）『コネクションズ－電子ネットワークで変わる社会－』（アスキー出版，1993年）

狩俣正雄『組織のコミュニケーション論』（中央経済社，1992年）

E・M・ロジャース，R・A・ロジャース（宇野善康・浜田とも子訳）『組織コミュニケーション学入門―心理学的アプローチからシステム論的アプローチへ―』（ブレーン出版，1985年）

Carlson, J. R. & Zmud, R. W. 1999. Channel expansion theory and the experiential nature of media richness perceptions. *Academy of Management Review*, 42（2）: pp.153-170.

Daft, R. L. & Lengel, R. H. 1986. Organizational information requirements, media richness and structural design. *Management Science*, 32（5）: pp.554-571.


## 学習課題

リモートワークでのコミュニケーションの有効性を高めるにはメディア活用にどのような組織的工夫が必要かについて，「チャネル拡張理論」に基づいてメディア･リッチネスの開発という視点から考察してみよう。

# 4　経営戦略と情報活用

伊東　暁人

**《目標＆ポイント》** 本章では，ICT（情報通信技術）の発達にともない企業における情報活用がどのように変化してきたのか？について経営戦略との関係を中心に概観する。まず，経営戦略論の学説展開について俯瞰し，競争戦略論の流れを受けて登場した戦略的情報システム（SIS）について実例をもとに理解する。次に，資源ベースビューやケイパビリティ論をふまえて，ビジネスプロセスの革新とICTの戦略的活用について考察し，ICTと人間が相互に補完しあうことで情報システムの戦略的活用が機能することを学習する。

**《キーワード》** 経営戦略論，ポジショニングビュー，資源ベースビュー（RBV），戦略的情報システム（SIS），ビジネスプロセス，BPR

## 1．経営戦略とは？

「戦略」という言葉は，近年，スポーツや政治などさまざまな場面でごく日常的に用いられるようになった。「うちのトップは戦略がないんだよな…」など経営の世界でも「戦略」という言葉はよく耳にする。一言で戦略といっても，企業戦略（Corporate Strategy），事業戦略（Business Strategy），競争戦略（Competitive Strategy）など，その範囲，対象，目的によって意味するところが異なってくる。たとえば，伊丹は経営戦略を「市場の中の組織としての活動の長期的な基本設計図」[1]であるとしているし，嶋口は「厳密な未来への方向づけ」[2]とするなど，100人の経営学者がいればおそらく100以上の定義が出てくるだろうし，

1　伊丹敬之『経営戦略の論理（第３版）』日本経済新聞社，2003年，２頁。
2　嶋口充輝『柔らかい企業戦略』角川書店，2001年，18頁。

また同じ経営学者であっても，対象とする範囲が異なれば異なる定義を行うであろう。しかし，そうした様々な「戦略」定義をみていくと，おぼろげながら共通した要素がみられる。それは，①ある程度，長い期間を想定した視点をもち，②変化する市場環境に適応した行動をするために，③企業がとるべき大きな方向性を示す，ということである。

さて，日本では古代ギリシャ語の軍事用語であるStrategia, Strategosを語源とするStrategy（ドイツ語ではStrategie）を明治になって「戦略」と訳して用いるようになった経緯があるが，では古来，軍事用語として用いられてきた「戦略」（Strategy）という用語が企業経営の分野で用いられるようになったのはいつごろからであろうか？

企業経営の研究のなかで戦略という概念を最初に提示したのはチャンドラー（A. D. Chandler Jr.）が著した『経営戦略と組織』[3]であるといわれている[4]。チャンドラーはそこで経営戦略を「企業の基本的長期目標・目的の決定，目標・目的の遂行にあたってとるべき行動方向の採択，必要な諸資源の配分」と定義している。チャンドラーは，もともとアメリカの大企業における組織構造の変化（とりわけ事業部制組織の変遷）を研究の中心課題としていたが，その過程で企業が組織構造を設計し構築する以前に，まずその企業が何を長期的な目標としてそのためにどのような行動をとるべきかという戦略計画を立案することが重要であることがわかったのである。戦略が必要となる理由は，企業が市場環境の変化に対応しつつ目標を達成しなければならないからであり，変化に対応した新しい戦略を採用することはその結果，企業の構造（組織）に影響を及ぼす。ここからチャンドラーの有名な命題「構造（組織）は戦略に従う」が生まれたのである。

チャンドラーとほぼ同じ時代（1960年代）に，アンゾフ（H. Igor Ansof）は，経営計画論を研究するなかで企業における意思決定との関

3　Chandler, A. D., Jr 1962. *Strategy and Structure*, MIT Press,（三菱経済研究所訳『経営戦略と組織』実業之日本社，1967年）

4　石井淳蔵，加護野忠男，奥村昭博，野中郁次郎『経営戦略論』有斐閣，1985年，2頁。

係で戦略を考察している。アンゾフ[5]によると企業における意思決定の種類は,「戦略的決定」,「管理的決定」,「業務的決定」の３つに分けられる。戦略的決定とは，おもに企業の外部環境との関係を確立する意思決定であり，その中心を成すのは，事業，製品，市場の選択である。アンゾフは，企業の行動の差異がこの戦略的決定の違いから生まれると考えた。どのような製品を開発し，どこの市場にそれを投入するべきかという具体的な組み合わせ—「製品・市場ミックス」が戦略の重要なカギとなる（成長マトリックス)。

チャンドラー，アンゾフに代表される1960年代の経営戦略論では，戦略の目的として，企業の成長の基本的な方向づけ，具体的には，どのような事業を行うことで成長を実現するか？というものが中心とされていた。とくに，米国の大企業は，既存事業のライフサイクルが成熟期に入り，新たな事業への進出による多角化をすすめるのにあたり，製品・市場の選択が重要となっていたのである。

1970年代に入ると，多角化の結果として，行うべき事業の選択とそれらにどのようにして経営資源を最適に配分するかが課題となってきた。米国の代表的な大企業の一つであるGE（ジェネラル・エレクトリック）社も当時そうした問題に悩んでいた。そこでGEは，ビジネスコンサルタント会社であるBCG（The Boston Consulting Group：ボストンコンサルティンググループ）やマッキンゼー（McKinsey & Company）などと共同で多角化したそれぞれ個別の事業の評価手法を考えた。その結果，BCGを中心に考案されたのが，PPM（Product Portfolio Management：プロダクトポートフォリオマネジメント）であり，それにマッキンゼーとともに改良を加えたものがGEグリッド（GE Nine Cell Planning Grid / GE's Business Screen）である。PPMは個別事業

5 Ansoff, H. I. 1965. *Corporate Strategy*. McGraw-Hill,（広田寿亮訳『企業戦略論』産業能率短期大学出版部，1969年，新版：産業能率大学出版部，1977年)，1988 *The New Corporate Stragegy*, Wiley,（中村元一・黒田哲彦訳『最新　戦略経営』産能大学出版部，1990年）

について縦軸に「市場成長率」と横軸に「相対的マーケットシェア（市場占有率)」をとり，４つのマトリクスによって今後の事業展開をどうすべきか分析する手法で，その考え方の前提は，「事業あるいは製品に関するキャッシュフローは，市場の成長率とマーケットシェアの組み合わせによって決まる」というものである。個別の製品やサービスの事業ごとの定量的評価を行うことで，多種類の製品を生産・販売したり，複数の事業を行ったりしている企業は，経営資源の配分が最も効率的・効果的となる製品・事業相互の組み合わせ（ポートフォリオ）を決定することが可能となる。

1970年代後半から様々な分野で市場の成熟化が進み，先進国では大きな経済成長も期待できなくなってきた。それにともない，企業間における競争は前にも増して激烈なものとなった。そうした状況のもとで考えられるようになったのが「競争戦略」である。なかでも，1980年にポーター（Michael E. Porter）が著した『競争の戦略』[6]は，米国企業の社長室の本棚に必ず置かれている，といわれるほどのブームとなった。ポーターはある業種（業界）の競争環境を規定する要因を５つに分類（「５つの競争要因」）し，おのおのの企業はその要因の強さを理解したうえで，大きく３つの基本的な競争行動（「３つの基本戦略」）から一つを選択するべきとした。ポーターによれば，企業が他社に対して競争優位(Competitive Advantage）を築くのは，「コスト・リーダーシップ（低コスト)」と「差別化」の二種類のいずれかである，とされる。「競争優位は，競争相手より効率的に，競争相手と同等の価値を買い手に提供すること，あるいは競争相手と同等のコストだが，買い手にとってより高い価値をもたらし，それにより割り増しの価格を求めることができる独自の事業を行うことである。」ポーターに代表される競争戦略論の考え方は，企業が活動する業界（産業）の構造，およびその業界における自

---

6　Porter, M. E. 1980. *Competitive Strategy*, NewYork:Free Press.（土岐坤・中辻萬治・服部照夫訳『競争の戦略』ダイヤモンド社，1982年）

社の地位（ポジショニング）が競争力，ひいては業績を決定するという考えに立つ。ポーターはコスト・リーダーシップと差別化を同時に追及することは戦略上得策ではないとしているが，1980年代の終わりから90年代にかけて，こうしたトレードオフを無視するかのように，高品質でありながら同時に低コストを達成した製品・サービスを市場に投入する企業が現れてきたのである。

バーニー（Jay B. Barney）らは，ポーターなどに代表される市場地位（ポジショニング）を重視する学派（一般に，ポジショニング学派と呼ばれる）は，業界（産業）構造という外部環境に大きく依存しており，この考えに立つと企業が持続的に競争優位を維持しようとするならば，たえず新たな「魅力ある業界」を発見，もしくは創造しなければならない，と批判した。そして，ポジショニングではなく，たとえ魅力がすくない業界であってもそこで競争優位を確立できれば利益を上げ続けることができ，また，場合によっては企業内部に形成された経営資源（resource）の活用によって「効率性」（低コスト）と「効果性」（差別化・顧客満足）の両立が可能であると考えた。そしてそのためには企業が「稀少かつ模倣にコストのかかる能力（capability）」を開発，保持することが重要であると主張したのである。こうした考えは，経営資源や能力を重視することから「RBV（Resource Based View：経営資源による企業観）」[7]と呼ばれる。

以上，概観してきたように，チャンドラー，アンゾフ以来，経営戦略論の分野では多くの概念や定義が生まれてきたが，いまだ万人が受け入れる定義や戦略論は定まっておらず，むしろ混乱の度が増し，「戦略が何なのか誰もしらない」[8]状況が続いているのが現実である[9]。しかし，そうした一方で，環境変化が激しく将来が不透明な状況下で成功している企業とそうでない企業の分かれ目は何なのか，そこに普遍的な原理・

---

7 Barney, J. B. 2001. "Is Sustained Competitive Advantage Still Possible in the New Economy?" 岡田正大監訳・久保恵美子訳「リソース・ベースト・ビュー」『DIAMONDハーバード・ビジネス・レビュー』ダイヤモンド社，2001年5月号78-87頁）

8 *The Economist*, March 20, 1993, p.106

理論があるのではないか，と多くの企業が考え，その手がかりを経営戦略論に求めているのである。(経営戦略の考え方については「第5章　組織における知識の創造と活用」も参照されたい。)

# 2. 情報システムの戦略的活用

## 2.1　戦略的情報システム（SIS）

1973年の第一次石油危機以降，先進各国はインフレーションと景気停滞の同時進行（いわゆるスタグフレーション）に苦しみ，そこから脱却するための規制緩和，自由化，市場開放などによって企業は大きな経営環境の変化に飲み込まれた。低成長下での限られたパイを奪い合う激しい企業間競争において優勝劣敗が見えてくる中で，情報システムの活用によってその差が生まれているのではないかと思われる事例が散見されるようになる。1980年代に入ると，経営戦略論の分野ではポーターが競争戦略論を提唱し，マクファーラン（F. Warren McFarlan）は情報技術と競争の関係について論じた[10]。こうして，1980年代中頃になると，それまで効率化・省力化を大きな目的として構想されてきた企業の情報システムに，従来とは異なる考え方が登場してくる。その代表的なものが「戦略的情報システム」(SIS：Strategic Information Systems) である。

---

[9] 戦略論の様々な学派を体系的，批判的に論じたものとして，Mintzberg, H., Ahlstrand B. & Lampel J., 1998. *Strategy Safari : A Guided Tour Through the Wilds of Strategic Management*, The Free Press（齋藤嘉則監訳・木村・奥澤・山口訳『戦略サファリ：戦略マネジメント・ガイドブック』，東洋経済新報社，1999年）がある。ミンツバーグはこの中で，これまでの経営戦略論を10の学派に分類している。(2012年に第2版公刊)

[10] McFarlan, F. W. 1984. "Information Technology Changes the Way You Compete", *Harvard Business Review*, Vol. 62 No.3. pp.98-103.（邦訳「情報技術が競争のあり方を変える――新しい機会を取り込む戦略と視点」『DIAMOND ハーバード・ビジネス・レビュー』ダイヤモンド社，1984年9月号 89-96頁），Porter M. E. & Millar V. A., "How Information Gives You Competitive Advantage", *Harvard Business Review*, Vol.63 No.4, pp.149-160（邦訳「進展する情報技術を競争優位にどう取り込むか―業界構造を変え新事業を創出する情報革命」『DIAMOND ハーバード・ビジネス・レビュー』ダイヤモンド社，1985年11月号 4-16頁）

SISの提唱者の一人，ワイズマン（Charles M. Wiseman,1985）はその著書[11]の中でSISを「競争優位を獲得・維持するための計画である企業の競争戦略を，支援あるいは形成する情報技術の活用である。」と定義し，それまでの情報システムに対する見方は「慣例的（意思決定論的）パースペクティブ」であり，それを「戦略的パースペクティブ」に転換することで企業は競争優位を獲得，維持することが可能になると主張した。ワイズマンはポーターの競争戦略論を基礎として，それまでの情報システムは基本的なプロセスの自動化や意思決定のために情報を得ることに主眼が置かれてきたが，それを企業の戦略実現の手段として構築するよう転換するべきとし，具体的には，情報技術を用いて他社との差別化，顧客の囲いこみによる市場占有率の向上などを実現することを示した。ワイズマンは著書の中でアメリカン航空，アメリカン・ホスピタル・サプライ，シティ・コープ，ダン&ブラッドストリート，フェデラル・エクスプレス等をSISの事例として挙げている。とくにアメリカン航空のCRS（Computerized Reservation Systems）であるSABRE（Semi-Automated Business Research Environment）は，最もよく知られるSISの成功事例となった。

SABREは，アメリカン航空が1957年から開発を始めたコンピュータによる予約システムである。1960年の稼動当初は限られた運航便の座席予約にとどまっていたが，その後，全運航便全座席の予約が可能となり，従来，社員数十人が一日がかりで処理していた予約関連の事務を数分で処理，また従来８％程度発生していた予約の誤りを１％以下にした。これによりアメリカン航空は，人件費と空席の大幅削減，さらには予約手続きの迅速化，正確化によって顧客満足度の向上を達成した。SABREはその後，システムの端末利用を自社内にとどまらず旅行代理店に拡大（1976年）するとともに，他社便の座席予約，ホテル，レンタカー，鉄道，

---

11　Wiseman, C. M. 1985. *Strategy and Computers*, IRWIN

劇場，レジャー施設等，旅行にまつわる様々な予約を１台の端末でできるようにした。このことは規模が小さく資金力が乏しい多くの旅行代理店に歓迎され，アメリカン航空は旅行代理店の囲い込みに成功したのである。1987年，アメリカン航空は企業の出張などを取り込むことを目的に企業向けに「コマーシャルSABRE」の提供を開始する。各企業に設置された端末から直接，様々な予約ができ，頻繁に使用する情報（氏名，電話番号，クレジット・カード番号，座席や食事の特別要求など）は，一度入力し登録しておけば自動的に処理される。また，出張者の経費管理・費用精算，社内規則監査（出張規定照合），運賃等割引価格での提供，報告書作成等の機能を提供することで企業側の費用削減を実現，顧客としての囲い込みを行っている。アメリカン航空はSABRE利用者（代理店や企業等）とSABREを介して自社の座席等を販売したい企業（他の航空会社，ホテル，レンタカー会社等）からの手数料の収入が税引後利益の過半を占め，「（アメリカン航空は）もはや航空会社ではなくて情報会社だ」と言われる状況となった。

ワイズマンの著書や米国でのSISを巡る状況が日本に伝わると日本でも「ブーム」ともいえるようなSISに対する関心の高まり，議論が沸き起こった。雑誌『日経コンピュータ』が「企業の死活を握る戦略的情報システムへ挑戦始まる」（1987年10月26日号）という特集を組んだのを嚆矢[12]として，多く論文や書籍が出版されるとともに，ITベンダーやコンサルティング会社から様々な「SIS構築方法」が提案された。当時，日本でSIS成功事例として取り上げられることが多かったのは，セブンイレブン・ジャパン，花王，ヤマト運輸，丸井，等々であった。

1990年代になりしばらくすると，いわゆる「バブル」の崩壊と軌を一にするようにSISへの熱は急速に冷めていく。本家の米国でも「競争的

12　日経コンピュータとしては『別冊アプリケーション・デザイン―戦略的情報システムとその構築法―』（1987年６月22日発行）のほうが早い。また，「企業戦略に情報システムを活用する」雑誌として『日経情報ストラテジー』が1992年４月（特別編集版は91年11月）に創刊されている。（2017年８月休刊）

情報技術の伝説の供給は，すぐに底をついてしまった。今日，情報技術の投資から競争優位を得ていると感じている企業はほとんどない」[13]といった評価がなされる。その理由として，様々なことが考えられるが，一つは，SISで成功事例として挙げられてきたものの多くは，最初から意図して戦略実現の手段としてシステム構築がされたわけではなく，事後的，結果的に戦略的効果をもたらしているにすぎないのではないか？「あとづけ」でSISとして評価しているにすぎないのではないか？との疑問がある。そのことはあわせて，様々なSIS構築の方法論が提案されたものの，その有効性が検証できない（困難である）ことを示唆する。さらには，事例で挙げられた情報システムが一時的には競争優位を獲得することに寄与したとしても，多くの事例でその後それを維持できていないことが明らかとなった。おりしも1995年頃を境としてインターネットの一般利用が急速に拡大し，それまでの（クローズな）情報ネットワークによる囲い込みの優位性が失われていったことも影響があろう。

SISの議論の終焉はありつつも，経営戦略と情報技術利用に関する議論はその後も続いていく。

## 2.2 戦略としてのプロセス革新とICT利用－BPR

SISの議論を通じて，情報システムを独立して論ずることの限界が露呈した。企業がICT利用を通じて成功する場合には，単なるシステム構築や技術導入だけではなく，業務改革やそのための組織改革を伴わなければいけないことが分かったのである。さらに，アバナシー＝アッターバック（W. Abernathy and J. M. Utterback）のイノベーションモデルに示される[14]成熟段階におけるプロセスイノベーションの重要性や1980年代末から90年代初期にBCGやストーク（George Stalk Jr.），ハウト

[13] Davenport, T. H. 1993. *Process Innovation: Reengineering Work Through Information Technology*, Harvard Business School Press. p.319（卜部正夫・杉野周・伊東俊彦・松島桂樹訳『プロセス・イノベーション：情報技術と組織変革によるリエンジニアリング実践』日経BP出版センター，1994年）

(Thomas M. Hout) らが提唱した「タイムベース競争」[15]はいずれも業務プロセスの持つ戦略的な意味を示唆している。これらのことは，環境変化が激しいダイナミックな市場においては，市場におけるポジションではなく，顧客への迅速な対応を可能とする模倣困難なケイパビリティ（組織能力）が持続的な競争優位を決める，とするRBVをベースに，企業戦略の構成要素は，製品・市場ではなく，ビジネスプロセスであり，プロセスの集まりがケイパビリティである，との認識，プロセスの戦略的重要性の高まりをもたらした。そうした状況下で提唱されたのが「リエンジニアリング」(BPR：Business Process Re-engineering) である。

BPRは，既存の組織やビジネスルールを抜本的に見直し，プロセスの視点で職務，業務フロー，管理機構，情報システムを再設計（リエンジニアリング）するという考え方で，1990年にハマー (Michael Hammer) がHarvard Business Review誌に発表した論文が嚆矢とされる。1993年に出版された同氏とチャンピー (James Champy) の共著「Reengineering the Corporation: A Manifesto for Business Revolution」[16]が世界的なベストセラーとなり，広く知られるようになった。BPRは，職能別に高度に専門化されプロセスが分断された伝統的な分業型組織とそのビジネス構造を否定し，プロセス志向に基づく新たな組織構造をゼロから再設計することを通じ，企業の価値観を含む抜本的な変化を起こすことを提唱する。ここでプロセスは「最終的顧客に対する価値を生み出す一連の活動」，リエンジニアリングを「コスト，品質，サービス，スピードのような，重大で現代的なパフォーマンス基準を劇的に改善す

14　Utterback, J. M. 1994. *Mastering the Dynamics of Innovation*, Harvard Business School Press（大津正和・小川進監訳『イノベーション・ダイナミクス―事例から学ぶ技術戦略』有斐閣，1998年）

15　Stalk, G. Jr. & Hout, T. M. 1990. *Competing Against Time*, Free Press.（中辻萬治・川口恵一訳『タイムベース競争戦略―競争優位の新たな源泉…時間』ダイヤモンド社，1993年）

16　Hammer, M. & Champy, J. 1993. *Reengineering the Corporation: A Manifesto for Business Revolution*, Harper Business Books, New York,（野中郁次郎監訳『リエンジニアリング革命―企業を根本から変える業務革新』日本経済新聞社，1993年）

るために，ビジネスプロセスを根本的に考え直し，抜本的にそれをデザインし直すこと」と定義している。BPRを行うにあたって情報技術は情報共有や意思決定，プロセスの可視化など重要な役割を担う。BPRは多くの企業で実践されたが，1997年にMITのシステムダイナミックス・グループが報告したレポートによると「リエンジニアリング活動の70%は失敗した」となっており，1990年代末になると業務プロセスと組織の急激な変革が混乱と多大なコストをもたらすとされた。BPRのそうした「劇的」な変革に対して，ダベンポートらは漸進的・継続的な変革とプロセス革新（プロセスリフォーム）を実現するためには，組織構成員の変革マインドが企業文化として確立される必要があることを主張した。

### 2.3 eビジネス環境における戦略とICT

1990年代中頃からインターネットの商業利用が本格的に進むにつれて，インターネットをビジネスのプラットフォーム（eビジネス環境）とする企業が増加した。ビジネスプロセスの革新もまた，個別企業から企業間，企業と顧客の間など様々なコミュニケーションネットワークを前提として実現されるようになってくる。原材料や部品の調達から最終顧客までの製品やサービスの流れ（プロセス）を一つの供給の連鎖（サプライチェーン）として考え，その連鎖の全体最適を実現するため構成企業間で取り交わす情報をベースに製品やサービスの流れを統合的に管理するSCM（Supply Chain Management）[17]，詳細な顧客データベースによって顧客との長期的な関係維持や強化を行うための仕組みであるCRM（Customer Relationship Management）[18]，経営資源を統合管理し全体の視点から業務プロセスの最適化を図るERP（Enterprise Resource Planning：企業資源計画）[19]，大量のデータから要素間の関係

---

17　在庫や仕掛品の削減，品切れ防止，生産や供給のリードタイムの短縮によりキャッシュフローの面で効果を持つ。

性を導くDWH（Data Ware House：データウェアハウス）[20]などが代表的なものとして挙げられる。

キーン（Peter Keen）とマクドナルド（Mark McDonald）はeビジネス環境であっても，競争上の差異を生み出すのはWebサイトなど情報技術そのものではなくプロセスであると説いている[21]。彼らは，eビジネス環境での成功要因として，1．ビジネスモデル，2．プロセスの秀逸性，3．リレーションシップ，4．他社に先んじて学習すること，5．eプロセス，を挙げ，特にリレーションシップとeプロセスを構築することでリピートを最大化することが重要であるとする。

このようにプロセスを中心にICT利用を考える背景には，企業の情報システムを捉える視点の変化がある。それは企業における情報システムをそれまでのように情報技術が人間を支援するしくみとして，あるいは情報システムをそれ自体，自己完結した一つの塊として構想するという視点だけでは不十分であるということが理解されるようになったことである。情報システムの有効性が検証されていくにしたがって，システムと関係する様々な人的・組織的要因を重視しながら，情報技術と人間が相互に補完しあうことで初めてシステムもまた十分に機能を発揮する

---

18　商品の売買から保守サービス，問い合わせやクレームへの対応など，個々の顧客とのすべてのやり取りをきめ細かく一貫して管理することで，顧客の満足度を高め，常連客として囲い込んで収益率の極大化をはかる。

19　具体的には，企業活動全体にわたる業務データを統合データベースを介して有機的に結合，一元管理する。

20　情報（Data）の倉庫（Warehouse）の意味で時系列に蓄積された大量の業務データの中から，各項目間の関連性を分析するシステム。その特徴は，時系列の，しかも伝票・明細レベルの大量の生データを蓄積し，様々な検索手法を駆使する（データマイニング）ことで，従来の単純な集計では明らかにならなかった各要素間の関連を洗い出すことにある。BI（Business Intelligence）の一つと位置づけられることもある。

21　Keen, P. & McDonald, M. 2000. *The eProcess Edge: Creating Customer Value & Business in the Internet Era.* McGraw-Hill.（仙波孝康・西村裕二・沢崎冬日・中村祐二・前田健蔵訳『バリュー・ネットワーク戦略―顧客価値創造のeリレーションシップ』ダイヤモンド社，2001年）

ものであるとの認識が広がってきている。

情報通信技術（ICT）自体のコモディティ化の進展により，ICTそれだけでは長期的な差別化に貢献せず，それゆえ競争優位を維持することはできない[22]。RBVに立てば，持続的競争優位の源泉となる資源やケイパビリティは，価値があって稀少であるだけでなく模倣困難性や代替困難性が高いことが求められる。しかしICTはコモディティ化と標準化を伴って模倣が容易であるゆえに，ICTそれだけでは持続的な競争優位の源泉にはなり得ないことになる[23]。

2000年代になるとインターネットをプラットフォームとしてビジネスモデルを構築する企業が台頭してくる。このビジネスモデルは，需要側（消費者）のニーズにあわせた最適なモノやサービスを供給側（メーカー・サービス事業者等）とマッチングさせる仕組みを提供することを基本とする。なかでも，GAFA，BATHに代表される大規模なプラットフォーマーは，インターネット上にサービスの基盤（プラットフォーム）となるシステムやサービスを提供し，多くのユーザーにサービスを利用させることを通じて膨大な個人情報データや取引記録，企業情報，マーケティング情報などを独占的に収集・取得し，それらのビッグデータをAI等を使って解析して新たなサービスを提供することで事業を拡大してきた。プラットフォーム型のビジネスは，より多くの利用者を集めて，より多くのサービス財を集積し，より多くのサービス提供者を集めることが，さらにより多くの利用者を引き寄せる，ある種の「ネットワーク外

---

22 Carr, N. G. 2004. *Does It Matter? : Information Technology and the Corrosion of Competitive Advantage*, Harvard Business School Press（清川幸美訳『ITにお金を使うのは，もうおやめなさい』ランダムハウス講談社，2005年）

23 ポジショニングビューにおいてもICTはオペレーション効率を促進するものであり，それのみでは一時的な競争優位の源泉とはなっても持続的競争優位の源泉にはならないとしている。Porter, M. E. 2001. "Strategy and the Internet", *Harvard Business Review*. Vol.79, No.3, pp.62-78,（邦訳「戦略の本質は変わらない」『DIAMOND　ハーバード・ビジネス・レビュー』ダイヤモンド社，2001年5月号52-77頁）

部性（ネットワーク効果)」がはたらき，ロックインと呼ばれる寡占化を招く。また，プラットフォーム型のビジネスの特徴として，立ち上げ当初には一定の費用が掛かるものの，利用者の増加に伴う追加的な費用の発生が比較的少なく済むために，売り上げ規模が大きくなればなるほど利益率が高くなるいわゆる「収穫逓増」が見られる。そのため，利用者を集め早く大きくなったサイト（プラットフォーム）が，より競争優位を獲得・維持しやすくなる。しかし一方で,サービスを利用させることで収集した膨大な個人情報の漏えいや不適切な取扱いのリスクが社会的にも問題となっている。こうした状況の下,個人情報保護の観点から,あるいは競争制限禁止や独占禁止の観点から，大手プラットフォーマーの企業活動に法規制や制限を加える動きが世界的に進んでいる。

（プラットフォームについては「第13章　情報活用と社会　3．プラットフォーム型の産業構造」も参照のこと。）

## 参考文献

根来龍之・経営情報学会『CIOのための情報・経営戦略―ITと経営の融合』(中央経済社，2010年)

野村総合研究所システムコンサルティング事業本部『図解CIOハンドブック（改訂5版)』(日経BP社，2018年)

小野桂之介・根来龍之『経営戦略と企業革新』(朝倉書店，2001年)

DIAMOND ハーバード・ビジネス・レビュー編集部『戦略論 1957-1993 (HARVARD BUSINESS PRESS)』(ダイヤモンド社，2010年)

DIAMOND ハーバード・ビジネス・レビュー編集部『戦略論 1994-1999 (HARVARD BUSINESS PRESS)』(ダイヤモンド社，2010年)

生稲史彦・高井文子・野島美保『コア・テキスト 経営情報論』(新世社，2021年)

## 学習課題

1．かつて戦略的な情報システムであると言われた企業の情報システムを調べ，その後の状況（競争的優位を維持するものとなっているか）を確認してみよう。

2．競争力が高い，あるいは高い業績をあげている企業のICT利用について調べ，ビジネスプロセスとの関係について確認してみよう。

# 5 組織における知識の創造と活用

妹尾　大

**《目標＆ポイント》** 経営情報学では，これまで狭義の情報処理が中心的課題であった。近年ではこれに加えて，組織における「知識の創造と活用」が新たな課題となってきており，経営情報学の射程が広義の情報処理へと拡大してきた。本章の目標は，この新たな課題に取り組む際に助けとなる事項についての理解を深めることである。学習のポイントは次の２点である。

（１）なぜ知識の創造と活用が課題となってきたのか

（２）どうすれば知識の創造と活用を促進できるのか

**《キーワード》** 革新による価値創造，組織的知識創造理論，場の創設と活性化，知識資産の評価と活用，リーダーシップの発揮と育成，オープン・イノベーション

## 1. なぜ知識の創造と活用が課題となってきたのか

情報の処理を中心的課題としてきた企業組織で，なぜ知識の創造と活用が新たな課題となってきたのだろうか。本節では，価値創造方法の変化，組織形態の変化，ワークスタイルの変化という３点にその理由を求める。

### 1.1 価値創造方法の変化

企業の存在意義は，顧客，社員，株主，そして社会に対する価値を生み出すことにある。このことは時代を超えて不変であるが，価値を生み

出す方法についてはすでに変化の時期が訪れている。その変化の大きな流れは，「生産による価値創造」から「革新による価値創造」への移行であると捉えることができるだろう。この変化について，①経営環境，②競争戦略，③生産性向上，④中核となる資源，の４つの側面から説明していく。

### (1) 経営環境（モノ不足とモノ余り）

需要が拡大して「モノ不足」となっている局面では，顧客が既に価値を認めている製品・サービスを生産し続けることが顧客価値創造の近道である。作れば売れるという状態では，生産活動そのものがすなわち顧客価値創造活動なのであり，製造業では工場のような生産システムの良否が，サービス業では従業員教育のようなプロセス品質保証システムの良否が企業の利益を左右する[1]。

現在の先進国における経営環境の多くは，需要が拡大せず「モノ余り」となっている局面である。この局面においては，顧客が既に価値を認めている従来製品・サービスを生産し続けるだけでは，価格競争に巻き込まれる羽目になり，顧客価値創造に結びつかない。したがって，新規の製品・サービスやビジネスシステムを創出する知識創造が課題となっている。

### (2) 競争戦略（低コストと差別化）

事業戦略論は，競合に対する自社の優位性の源泉を「低コスト」か「顧客の認める特異性」のどちらかであるとしている。従来製品・サービスの生産活動による顧客価値創造では，低コスト競争が主流である。処理すべき情報（解決すべき問題）が与えられているので，企業努力は情報処理のコストを削減することに向けられる。競合と比較して，より効率のよい情報処理を達成した企業が勝者となる。

ところが，処理すべき情報が与えられていない場合には，企業はコス

---

1　諏訪良武・山本政樹『サービスサイエンスによる顧客共創型ITビジネス』翔泳社，2015年。

ト削減に専念することができない。「既存の製品・サービスを作れば顧客が価値を認めて購入してくれる」という見込みが立たない不透明な状況下において競合に打ち勝つには，「顧客が認める特異性」の実現が鍵となる。大航海時代の商業資本主義では地理的な差異が，20世紀の産業資本主義では労働力の価値と生産物の価値との差異が利潤の源泉であったけれども，均一化やグローバル化が進んだ21世紀の社会では，そうした自然発生的な差異は生まれにくい。ゆえに，差異を意図的につくりだす必要がある。ユニークな製品・サービスを開発したり，ユニークなビジネスシステムを構築したりする「知識創造」を成し遂げた企業，あるいは既存知識を効果的に利用して顧客から選んでもらう「知識活用」を成し遂げた企業が勝者となる。

**(3)　生産性向上（改善と切り替え）**

企業が競争環境下で持続的競争優位を獲得し，目的を達成するために存続するには，企業活動の生産性を向上させつづけなくてはならない。生産性は，投入費用あたりの産出価値で測定される指標なので，生産性を高めるには産出価値を増大するか，投入費用を削減するかの必要がある。

産出価値増大には，従来産出物の産出量を増やす方法と，従来産出物よりも大きな価値を持つ産出物に切り替える方法があり得る。そして，投入費用削減には，従来投入物の投入量を減らす方法と，従来投入物よりも少ない費用の投入物に切り替える方法があり得る。これらをまとめると，生産性を向上させる方法は，「従来産出物の産出量増大」，「新規産出物への切り替え」，「従来投入物の投入量削減」，「新規投入物への切り替え」の４種類となる[2]。

このうち「従来産出物の産出量増大」と「従来投入物の投入量削減」という量の調整による改善は，着実な生産性向上が見込めるという長所

2　妹尾大「知的生産性向上における個人と組織の結びつき」（一般財団法人建築環境・省エネルギー機構編著『建築と知的生産性 知恵を創造する建築』テツアドー出版，2010年，30-37頁）

があるものの，到達範囲に限界があり時間が経つほど向上幅が減っていくうえに，従来産出物に顧客が価値を認めなくなる危険もはらんでいる。残った方法である「新規産出物への切り替え」と「新規投入物への切り替え」という質の転換は，これら自体がシュンペーター（J. A. Schumpeter）のいうイノベーション（新結合）であり，知識創造を伴う革新活動そのものである。

**(4) 中核となる資源（有形と無形）**

企業活動に不可欠な経営資源としては，これまでヒト（労働力），モノ（生産設備や原材料），カネ（資本），情報の4つが主要なものとして挙げられてきた。しかし，経済活動におけるイノベーション（革新）の重要性が増すようになると，これらの経営資源に加えて，企業の経営者や従業員が持つ「知識」がイノベーションの源泉として注目されるようになった。また現在では，顧客が持つ知識である「ブランド」も重要な経営資源としてとりあげられるようになってきている。

知識は無形であるが，いかなる有形資産よりも大きな価値を企業組織にもたらす[3]，との指摘もある。多くの有形資産と異なり，知識は同時多重利用が可能である。有形資産を2箇所で活用しようとするとそれぞれの箇所では半分ずつしか使えないけれども，無形資産である知識は2箇所で活用してもそれぞれの箇所での使用可能量が減ることなくトータルでは2倍になる。

企業が生産活動を行う際に従業員が提供する主たる資源は，身体活動から生まれる労働力である。しかし，企業が革新活動を行う際には，従業員の「筋肉」から生じる労働力だけでなく「頭脳」から生じる発想力が必要となる。かつてのように仕事を分割して，分割された個々の仕事をマニュアルや経験則に従ってこなしていくだけでは，新しい価値を創造することはできない。

---

3 Davenport, T. H. & Prusak, L. 1998. *Working Knowledge*, Harvard Business School Press.（梅本勝博訳『ワーキング・ナレッジ：知を活かす経営』生産性出版，2000年）

### 1.2　組織形態の変化

企業がその目的を達成するためには，個人の活動では不足することが多く，複数の人の調整された活動の体系，すなわち組織が必要となる。ここでは，企業組織の類型として「情報処理型」と「知識創造型」の２つを挙げ，①組織観，②人間観，③ネットワーク構造，の３つの観点で対比しつつ，両者の違いを明らかにする。

#### (1) 組織観（機械と生命）

組織を表現する際に多く用いられてきたのは，組織を機械になぞらえるやり方である。個人の情報処理能力では歯が立たない大きな情報負荷を，組織が階層構造や分業制度を用いることで対処可能なサイズにまで小さく分解するというのである。サイモン（H. A. Simon）は，「情報処理という観点からみると，分業とはなされるべき意思決定の全体システムを，分割されたシステムのそれぞれが他との最小限相互作用関係しかもたないよう，相対的に独立したサブシステムに分割することを意味する」[4]としている。これは，複雑システムを相互作用関係の低いサブ（下位）システムに分解する「準分解可能システム」という概念である。組織という情報処理機械は，限られた情報処理能力しか持たない人間を部品として使いながらも，その組み合わせを工夫することで全体システムとして高い情報処理能力を発揮するというのである。組織の各部門と各個人には，全社目標からブレイクダウンされてきた定型活動を，機械の一部品のように粛々と遂行することが期待される。これが狭義の情報処理に基づく組織モデルである。

4　Simon, H. A. 1997. *Administrative Behavior*, 4th Edition, The Free Press.（二村敏子・桑田耕太郎・西脇暢子・高柳美香・高尾義明訳『新版 経営行動―経営組織における意思決定過程の研究』ダイヤモンド社，2009年）

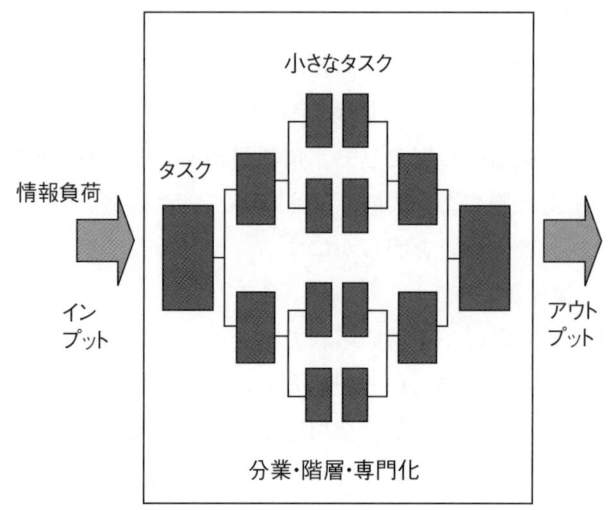


**図表5-1　情報処理機械としての組織モデル**

これとは異なるのが，組織を生命ある有機体になぞらえるやり方である。組織では情報処理だけでなく，知識創造もおこなわれていることに注目した野中（I. Nonaka）は，「組織的知識創造理論」を提唱した。知識創造とは，「想いを言葉に，言葉を形に，形を実践に，実践をさらなる想いに」する暗黙知と形式知の相互循環作用を指す。野中は，新たな意味形成には異なる文脈（コンテクスト）を持つ主体同士の対話が必要であるとし，文脈共有の関係性である「場」を組織の主要素と捉えている。「場」は，企業内部のみならず，企業の境界を越えて顧客や供給業者や地域社会等との間にも出現する。組織の各部門と各個人には，企業の境界を越えたチーム作業を通じて問題発見と問題解決を行い，一連の作業が終わった時には新たな問題を発見していることが期待される。

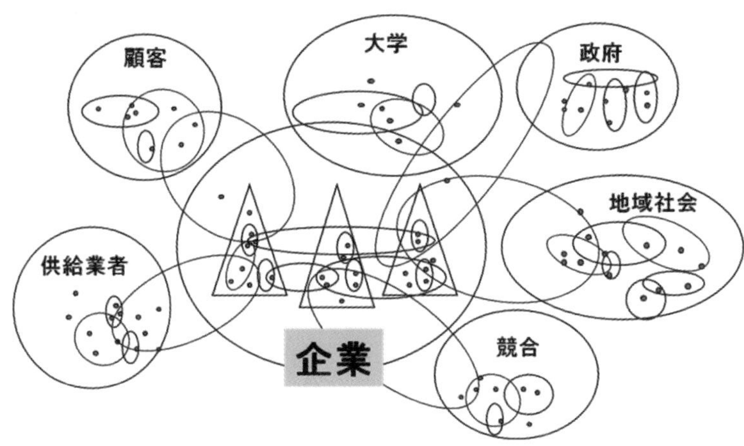


**図表5-2　知識創造有機体としての組織モデル**
（出所）Nonaka and Toyama, 2003　をもとに作成

機械と生命の相違点は，第一に個と全体の関係性，第二に外界との関係性において認められる。個と全体の関係性（ミクロ－マクロ・リンク）において，機械は要素還元的であるのに対して生命は創発的であるといえる。機械全体の動きは，個々の部品の動きの総和からなり，バラバラにしても各部分の機能は成り立つ。しかし，有機体をバラバラにすると生命も各部分の機能も保つことができない。もう一つの相違点である外界との関係性において，機械は基本的に自生的な変化をしないのに対して，生命は刻々と変化する。また，機械は外界からの物質を取り込まないのに対して，生命は同化作用として，外界から摂取した物質を，特定の化学変化を経て自己の成分に合成する。

**(2)　人間観（限定合理性と知りたがり）**

情報処理型組織は，人間の限定合理性に注目する。サイモンの構築した理論の中心にあるのは，「限定合理性（bounded rationality）」という概念である。海岸を歩く蟻の軌跡が複雑であろうとも，それは蟻が賢いからではなく，海岸に障害物がたくさんあったからに過ぎない。蟻と同様に，人間もあまり複雑な情報処理能力は持っていない。したがって，個人で処理できる範囲を超えた情報負荷に対しては，組織が階層構造を用いて情報負荷を小さく分割してやらなければ，合理的な意思決定が導かれない，というのである。

知識創造型組織は，人間の知りたがりの側面に注目する。知識創造型組織の人間観について野中が引用するのは，アリストテレス（Aristotle）が主著『形而上学』の書き出しで記した有名な一文である。それは，「すべての人間は，生まれながらにして，知ることを欲する」という命題である。限定合理性を否定することはないが，光が当たっているのは知的欲求を抱き続けるという側面である。「知る」ことは異質との遭遇によって刺激を受け，促進される。個人がひとりでは持ち得ない多様な文脈を用意するのが組織の役割であり，個々の人間は異なる文脈を持つ主体との対話を通じて新たな意味を形成する役割を担う。

### (3) ネットワーク構造（クモとヒトデ）

分業・階層・専門化によって情報処理の効率を追求する組織は，中央集権型のネットワーク構造をとる。これに対して，文脈の多様性によって知識の創造を追求する組織は，分散処理型のネットワーク構造をとる。この２つの極をそれぞれ表すメタファーがクモとヒトデだ。多数の足を持つ点で似ているように見えて，その内部構造は異なる。端的な違いとして，クモは頭を破壊すれば死んでしまうのに対して，ヒトデは切断してもそれぞれの片が独立して再生し，なかなか死なない[5]。

環境が安定している場合，官僚制組織に代表されるクモ型は有利である。日々の仕事は学習効果によってどんどん効率的になっていくし，戦略的な意思決定の質も高めていくことができる。とりわけ多くの日本企

---

5 Brafman, O. & Beckstrom, R. A. 2006. *The Starfish and the Spider: The Unstoppable Power of Leaderless Organizations*, Harvard Business School Press.（糸井恵 訳『ヒトデはクモよりなぜ強い』日経BP社，2007年）

業が採用してきたような終身雇用制で生え抜きの経営者を育てる人事システムでは，過去の失敗確率が低い人材を経営者として登用することで，意思決定の質を高めてきた。

しかし，環境が不安定な場合には，クモ型は大きなリスクを負う。過去の成功体験がかえって誤った意思決定を導くことがあるからだ。こうした場合には，組織コストが高く非効率的であるヒトデ型が，生き残りの点では有利である。

### 1.3　ワークスタイルの変化

個人およびチームの働き方（ワークスタイル）もまた変化してきている。ここでは，①自己裁量の余地，②動機付け，③チームワークの様相，の３つの側面でワークスタイルの変化を捉えていく。

#### (1)　自己裁量の余地（他律と自律）

企業における革新活動の担い手として，経営トップ，戦略スタッフ，あるいは外部コンサルティングが注目された時代があった。新しいことを考えるのはこれらの一部の人間であり，その他大多数の現場従業員に対しては，他者が定めた目的を他者が定めた手段に従って着実に達成す

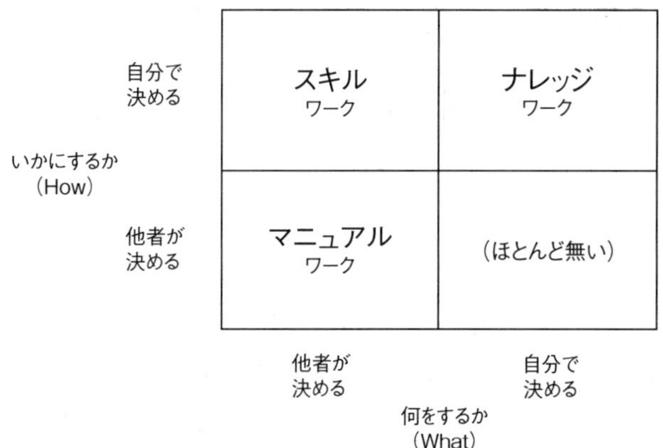


**図表5-3　裁量の所在による仕事の分類**

る「マニュアル・ワーク」の遂行が期待された。

情報処理機械という組織観を持つ企業においては，仕事の目的と手段を自らが規定する「ナレッジ・ワーク」を担う人間は少数のトップ層に限られる。残りの大多数には，階層構造や分業制度によって削減された情報負荷の処理が任され，新規業務開拓のような革新活動を支えるナレッジ・ワークは，情報処理の邪魔になったり攪乱したりするものとして，積極的に排除されてきた。ところが現在，革新の種として期待が寄せられているのは，現場従業員の創造性である。顧客と接するフロントラインこそが革新の発火点であるという考え方が広まり，現場から遠く，過去の成功体験の呪縛が強い傾向にあるトップ層のみがナレッジ・ワークを担うクモ型構造よりも，変化する環境に直に接している現場従業員がナレッジ・ワークを担うヒトデ型構造の方が，革新活動が進みやすくなると思われる。(図表5-4)

凡例　○ナレッジ・ワーク
　　　●マニュアル・ワーク

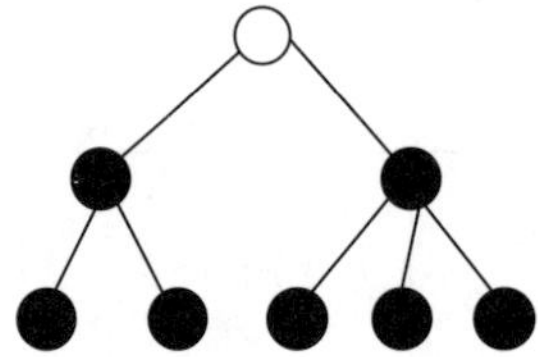

クモ型構造のイメージ

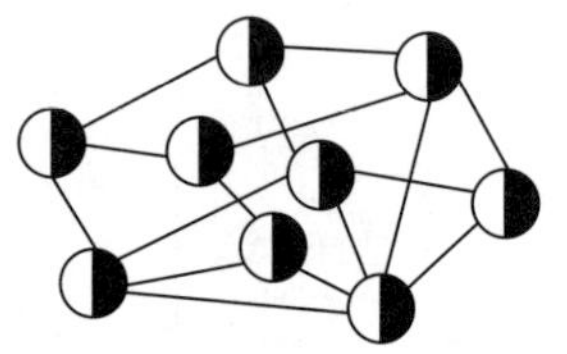

ヒトデ型構造のイメージ

図表5-4　ワークスタイルとネットワーク構造

### (2) 動機付け（外発的動機付けと内発的動機付け）

働く人の意識に大きな変化が起きている。働くことの生起と継続の動機付け（モチベーション）として，経済的価値の実現から社会的な価値がより重視されるようになってきたこと，経済的な豊かさの実現と共に精神的な豊かさの実現も重視されるようになってきたこと，ワーク至上主義からワークライフバランスの両立主義に向かってきていること，などが種々の意識調査の結果から見て取ることができる。

上記の動機付けの変化に伴い，企業が従業員に提供する誘因（インセンティブ）も変更することが必要である。高度成長期の多くの日本企業では，企業の成長こそが従業員全員の共通目標であり，その達成によって昇給が約束された。すなわち企業成長への参画こそが働き甲斐の源泉として機能していたのである。ところが経営環境が変化し，企業の成長が必ずしも従業員の動機付けに直結しなくなっている。目標が設定され，そのノルマ達成に金銭的報酬を与える，という外発的動機付けに作用する方式も残存するであろうが，それ以上に，従業員が日々の仕事に好奇心や社会的意義を見出すこと，さらに本人の価値が高まっているという成長実感を抱くこと，といった内発的動機付けに作用する誘因が重要となってくる。

### (3) チームワークの様相（クラシックとジャズ）

トップダウン型のマネジメントを脱し，個の創造性を活かして知識を創造するために，チーム・ビルディングの手法が注目されている。なかでも，クラシック交響楽団のように役割分担が固定的なチームよりも，ジャズ・セッションに見られるような即興的なチームをいかにつくるかに関心が集まっている。

システム論では，インプット・アウトプット型の第一世代システムから，自己組織化の第二世代システムを経て，自己制作（オートポイエーシス）の第三世代システムへと理論的枠組みが発展している。要素自体を自己制作する第三世代システムがチーム強化の鍵となる。

経営学や心理学の研究では，革新活動には個人作業よりもチーム作業の方が適していることが報告されている。さらに，先述したように外発的動機付け（たとえば金銭的報酬）よりも内発的動機付け（たとえば好奇心）の方が要因として強くはたらくことも報告されている。「報酬を期待する個人作業」だけでなく，「好奇心に基づくチーム作業」もできて，状況に応じて即興的にこの両方をうまく切り替えることのできる従業員がプロフェッショナルとして重宝されるということになろう。

## 2. どうすれば知識の創造と活用を促進できるのか

前節では，知識の創造と活用が新たな課題となってきた理由が論じられた。本節では，知識の創造と活用の促進方法を検討できるようになるために，知識創造のメカニズム，主要な促進要因，経営情報システムの設計方針について理解を深めていく。

### 2.1 知識創造のメカニズム

知識創造のメカニズムを描写し，ナレッジ・マネジメント分野で普及した理論である「組織的知識創造理論」(Nonaka and Takeuchi, 1995) を解説していく。

#### (1) 暗黙知と形式知の相互変換

組織的知識創造理論の前提となっているのは，すべての知識が「暗黙知（tacit knowledge)」と「形式知（explicit knowledge)」という2つのタイプに還元できる，という仮定である。「暗黙知」とは，言語や数値で表現することが困難な主観的で身体的な知識のことであり，具体的には信念，視点，熟練技能，ノウハウなどである。一方の「形式知」とは，言語や数値で表現可能な客観的で理性的な知識のことであり，具体的には文章，方程式，仕様書，マニュアルなどである。

新たな知識は，暗黙知が形式知に，形式知が暗黙知に，と互いに成り変ることによって生成される。これが「知識変換（knowledge conversion)」という組織的知識創造理論の中核概念である。知識創造

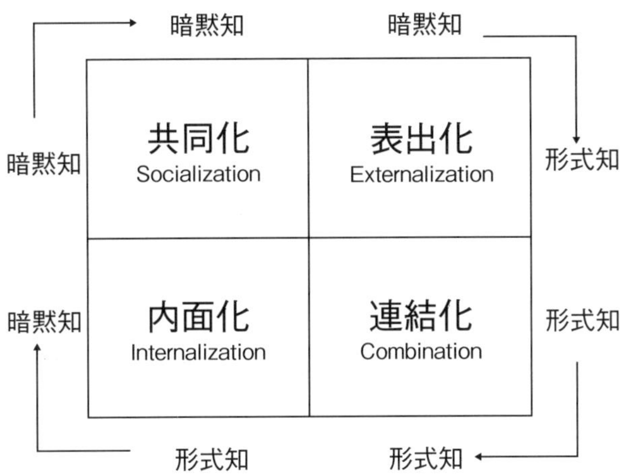


**図表5-5　知識創造のSECIモデル**
（出所）Nonaka and Takeuchi, 1996

のプロセスは共同化（socialization），表出化（externalization），連結化（combination），内面化（internalization）という４つのモードを経る，とするモデルが組織的知識創造理論の要である。このモデルは各々の変換モードの頭文字をとって「SECIモデル（セキ・モデル）」と名づけられている（図表5-5）。

**(2) 認識論的次元の４モード**

共同化とは，個人と個人が共通体験によって暗黙知を共有するモードである。「技は習うものでなく盗むもの」というポリシーの徒弟制度のもとでは，弟子は共通体験のなかでの観察や模倣を通じて親方の価値観や技能を体得していく。製品開発の際に開発メンバーが製品の使用現場に足を運んでユーザーの生活感覚や文化風土を肌で感じ取る，というのも共同化の一例である。五感をフルに発揮し，言語化されていない知識を獲得するのがこのモードである。

表出化とは，個人や集団がメタファー（隠喩）や対話を通じて暗黙知を形式知に変換するモードである。言語化困難な暗黙知をそれでも何とかして言語化しようとすることで，共同体験の範囲に限定されずに知識が拡がっていく可能性が開けるのである。また，徹底的な概念化を行うために現実から距離を置くことで，単なる顧客迎合を超える価値を生み出す可能性も開けてくる。このモードの出現例は，個人に体化されている熟練技能をマニュアルに落とし込もうとするときや，製品開発チームが新製品のコンセプトを決定しようとするときなどに見ることができる。

連結化とは，形式知の抽象度を高めたり，形式知同士を組み合わせたりして新しい形式知を創造するモードである。新製品のコンセプトを抽象的で文脈依存度の低い製品仕様（スペック）に落とし込むという作業や，複数の記事を編集して雑誌全体の体系的なメッセージを紡ぎ出すといった作業は，このモードの典型である。また，コンピュータ・ネットワークなどを利用することで時空間を超えた情報共有を実現するというのも，この連結化モードに含まれる。経営情報システムによる支援が推進されやすいモードである。

内面化とは，実践と内省を通じて形式知を暗黙知に変換するモードである。形式知を暗黙知にするには，頭で理解するだけでなく，身体で納得しなければならない。強い信念を持ち続けたり，技能をいつでも発揮できる状態にしておいたりするためには，実践による追体験や反復練習が必要となる。

### (3) 存在論的次元の４レイヤー

以上の４モードを通じた暗黙知と形式知の知識変換は，認識論の次元における運動プロセスと捉えることができる。この運動プロセスは個人，集団，組織，社会という異なるレイヤーで起こっている。

組織的知識創造の基盤は個人の暗黙知である。個人の暗黙知は共同化によって他者に共有される。暗黙知を形式知にする表出化は，個人が単独で行うこともできるが，暗黙知を共有した集団で行うほうが，より効果的かつ効率的であると考えられる。なぜなら，表出化には多様な視点と対話が有効だからである。形式知同士の組み合わせである連結化は，組織レベルで行うことが可能である。それは，文脈依存度が低い形式知は時間が経っても空間が隔たっても意味が変化・減耗しにくいので，形式知獲得の範囲を広げることが容易だからである。形式知を暗黙知にする内面化は，個人，集団，組織の各レベルで行われる。形式知は実践を通じて個人に体化されると同時に，集団や組織の暗黙知としても吸収される。このようにして個人の知識と組織の知識が質量ともに増幅していくプロセスを，野中は「知識スパイラル」と表現する。この表現は，知識が螺旋のように高まりながら広がっていく様子をイメージさせる。

実際の組織における知識創造は，上記のスムースな経路とは異なり，複雑な経路をたどる。個人，集団，組織，社会の各々のレイヤー内だけでなく，異なるレイヤー間を連結する活動も生じている[6]。

### 2.2　主な促進要因

知識の創造と活用が起こるSECIの知識スパイラルを促進する要件は何だろうか。指摘されている数多くの促進要件のなかから，「場」，「知識資産」，「リーダーシップ」の３つを取り上げる。

#### (1)　場の創設と活性化

「場」とは，知識が出現するための文脈共有の関係性であり，場の状態や，場と場の結合具合が組織的知識創造プロセスに影響を及ぼす。この関係性を創設したり，関係性を活性化したりするのが，知識創造の促進要件となる。

6　Wu, Y., Senoo D. & Magnier-Watanabe, R. 2010. Diagnosis for Organizational Knowledge Creation:An Ontological Shift SECI Model. *Journal of Knowledge Management*, 14（6）: pp.791-810.

具体的な場づくりの要諦は,共通体験と共通言語をつくることである。マネジャーは日々の業務とは異なるシチュエーションを人為的につくることで,組織成員一人ひとりの価値観や思いを表出させ,共感や共有を醸成し,組織を関係性と相互作用による化学変化の場とすることができる。

### ⑵ 知識資産の評価と活用

「知識資産」とは,組織的知識創造プロセスのアウトプットとして生じた無形資産であり,次に続く知識創造サイクルのインプットともなる。知識資産は人的資産と構造的資産に分けられる。人的資産は,社員個々人の持つ能力だけでなく,企業の価値観や理念をも含む概念である。また,構造的資産には,社内の各種インフラのみならずブランドや顧客との関係なども含まれる。

上記のような資産だけでなく,能力にも目が向けられている。経営学や経済学における「知識吸収能力(absorptive capacity: ACAP)」という概念は,組織が,外部の知識を獲得・吸収して,内部の知識と転化・活用していくというフレームワークである。

### ⑶ リーダーシップの発揮と育成

「リーダーシップ」とは,知識創造によって追求する価値の方向性を示し,組織的知識創造のプロセスで不可避に生じてくる問題や矛盾を当事者として解決・綜合していく機能を指す。

そもそも,知の創造はきわめて偶発的なもので,管理や監視することなどはできない。社内で就業時間内に起こるともかぎらないし,トレーニングや教育をすれば必ず起こるという類のものでもない。これからのリーダーに求められるのは,単に部下を管理するだけでなく,新しい出会いの場やきっかけを創出して,知識創造を促す環境づくりをすることにある。創造性を発揮できる組織において必要となるリーダーシップは,直接的にすべてを主導し管理するというものよりも，「機会をつくる」といった間接的なリーダーシップである。

### 2.3　経営情報システムの設計方針

本章では，経営情報システムを「情報通信技術を用いて企業組織の価値創造活動を支援するシステム」と定義する。経営情報システムに求められる役割は情報処理活動支援だけでなく知識創造活動支援である。以下では，知識の創造と活用を支援する経営情報システムの設計方針について論じる。

#### (1)　管理から経営へ

情報処理型組織におけるナレッジ・マネジメントは，「知識管理」に限定されてしまう傾向がある。ここでは，個人の形式知をいかにして組織の形式知にするか，という「知識の共有や再利用」がもっぱらの関心事項である。これでは，組織能力の継続的な成長を目指しプロセスに着目する「知識経営」にはつながっていきにくい。生産活動を主体とする組織が経営情報システムに求める役割は，従来産出物や従来投入物の数量を把握し予測して管理（コントロール）しやすいようにすることであるといえよう。これに対して，革新活動を主体とする組織が経営情報システムに求める役割は，新規産出物や新規投入物を探索しやすいようにすることであるといえよう。

また，経営情報システムを利用するユーザーのワークスタイルにも大きな変化がみられる。問題発見は経営トップや戦略スタッフの役割であって，その他の部門は問題解決のみを行うという分業方式ではなく，組織のあらゆる部門が問題発見に関与する方式に変更し，総力をあげた知識創造に取り組む企業が目につくようになっている。これまでは,「与えられた業務を確実迅速にこなす」というマニュアル・ワークのみが求められていた現場従業員に，今後は「企業内外の資源を動員して革新を引き起こし，顧客価値を発見する」というナレッジ・ワークも同時に求められる度合いが強まっており，経営情報システムにはこうしたナレッジ・ワークの支援も求められる。限定合理性に縛られた人間が経営情報システムに求める役割は，自己の処理能力を超える情報が流れ込まないようにするフィルタリングであるといえよう。これに対して，知りたがりの人間が経営情報システムに求める役割は，異質の人間や情報と偶然に出くわす機会を増やすこと，出会った際の対話を生産的にするための文脈共有を容易にすることであるといえよう。

**(2) 内向きから外向きへ**

今後は，経営情報システムの領域が企業内部に限定されない傾向が一層強まっていくと思われる。従来は，経営情報システムといえば，企業内のデータ処理や意思決定や情報共有を支援するシステムが主流だった。ところが現在では，企業の境界を乗り越えた知識創造プロセスを支援するシステムが続々と登場してきている。

企業組織の価値創造活動は，競合他社や顧客，地域，大学，政府などとの協力関係を抜きに語れない。これらの協力関係において，「場」が多層的・重層的に成立していると見ることができる。価値となる知識を生み出す母体である「場」は，法人としての企業の境界を易々と越える。これまで主たる協業範囲を「企業内活動」に限定していた企業だとしても，これからイノベーションを促進しようとする企業は「企業内外活動の連携」を図らなければならない。なぜならば，価値創造に必要な知識は多様化しており，高い専門知識を持つ人材が必ずしも一つの企業に属して働くことにこだわりをもたないようになってきている（パラレルワークやギグワークの傾向）からである。

ことに，製造業のサービス化が進行し，顧客の経験価値[8]について認

---

[8] Prahalad, C. K. & Ramaswamy, V. 2004. *The Future of Competition: Co-Creating Unique Value with Customer*, Harvard Business School Press,（有賀裕子 訳『価値共創の未来へ』武田ランダムハウスジャパン，2004年）

識が高まっている現在では，企業の境界を越えた場づくりが重要である。たとえば，家を建てる施主のなかには，完成した家という物財に対してのみ価値を見出すのではなく，建築家と相談しながらアイデアが形になっていくプロセスを楽しみ，対価を払ってよいと考える人がいるだろう。これが経験価値である。

情報処理的観点をもつ組織が経営情報システムに求める役割は，端的には，小さなタスクを処理する個人の代行と，全体から部門そして個人へと指示命令を円滑に伝達することであるといえよう。これに対して，知識創造的観点をもつ組織が経営情報システムに求める役割は，「場」の創設および活性化の支援と，個人が外界情報にリアルタイムにアクセスできるようにすることであろう。

## 参考文献

野中郁次郎・竹内弘高（梅本勝博訳）『知識創造企業』（東洋経済新報社，1996年）
紺野登『知識デザイン企業』（日本経済新聞出版社，2008年）
フレデリック・ラルー（嘉村賢州解説，鈴木立哉訳）『ティール組織―マネジメントの常識を覆す次世代型組織の出現』（英治出版，2018年）
Nonaka, I. and Toyama, R.（2003）The Knowledge-Creating Theory Revisited: Knowledge Creation as a Synthesizing Process. Knowledge Management Research & Practice, 1, pp.2-10.

## 学習課題

1．蓄積された知識が競争優位の源泉となっている企業と，知識の創造と活用のプロセスが競争優位の源泉となっている企業の例をそれぞれ挙げなさい。
2．異質の人間や情報と偶然に出くわす機会を増やすための経営的方策の例を挙げなさい。

# 6 情報システムと組織変革

妹尾　大

**《目標＆ポイント》** 企業経営および経営情報学ではデジタル・トランスフォーメーション（DX）という概念が近年注目を集めている。データとディジタル技術の活用によって現行の組織を変革するには，適切な分析方法と参考となる事例が必要である。本章の目標は，情報システムが駆動力となっている組織変革についての理解を深めることである。学習のポイントは次の2点である。

(1) 組織変革を実現するためにはどのような分析が有効か

(2) 情報システムが駆動力となった組織変革にはどのような事例があるか

**《キーワード》** 情報技術の変革効果，バランス・スコアカード，組織変革の4層モデル

## 1. 組織変革を実現するためにはどのような分析が有効か

変革を目指す組織にとって，その実現にはどのような分析が有効だろうか。本節では，情報技術の変革的効果に着目し，バランス・スコアカードの4つの視点を参考にした分析枠組みである「組織変革の4層モデル」を提示する。

### 1.1 組織と環境の不整合

高度成長期に世界市場を席捲した日本の製造業は，その高生産性を世界から称賛された。しかし，現在ではこれら製造業を含めた日本企業の生産性が低迷している。かつて工業化社会に適応し，大きく進化した日

本の企業組織が，社会経済や産業構造といった環境の変化と不適合を起こしていることが観察される。ここでは，2021年現在における環境変化の大きな流れと，その流れに乗り遅れた企業組織で起こっている典型的な不具合を描写する。

### (1) 付加価値の変化

第一に社会や個人が求める付加価値が大きく変化している。経済が大きく成長している時には，社会や個人は物質的な豊かさの実現に重きを置く傾向がある。主要国の経済が成熟し，気候変動に代表されるように地球環境が大きな危機に直面している現在，社会や個人は物質的な豊かさよりも，精神的な豊かさと持続可能性を重視するようになっている。

高度成長期は「モノ不足」の時代であったため，提供側が価値定義を主導して，顧客へと押し出していくことが可能だった。しかし「モノ余り」局面となっている現在では，提供側の一方的な価値定義は通用しなくなった。また,顧客が求める付加価値そのものも「モノ」から「コト」へ,「コト」から「トキ」へとシフトしていると言われており，こうした変化に対応できない企業は淘汰の危機にある。

### (2) 価値創造プロセスの変化

第二に価値を創造するプロセスが大きく変化している。従来製品・サービスの生産活動による価値創造では，効率を高めるために価値創造プロセスをオペレーションに分解し，継続的な改善を通じて競争優位を構築することが可能である。しかし，ユニークな製品・サービスを開発したり，ユニークなビジネスシステムを構築したりして競合他社との差異をつくりだす革新活動なくしては競争優位構築が難しい時代になっている。

高度成長期には細分化されたオペレーションを磨き上げて独自の最適化を追求してきた各部門が，現在ではデータの多重利用で部門間シナジーを発揮しようとする全社的な統合の取り組みにとっての最大の抵抗勢力となってしまっている，という企業が多く存在する。

### (3) 従業員の変化

第三に日本の人口動態が変化する中で，働き手の姿も変容している。日本の人口は1980年代頃から伸びが徐々に鈍化し，2008年をピークに減少に転じている。そのなかでも65歳以上の高齢者，女性，並びに外国人労働者の増大によって労働人口は拡大を続けている。大学卒で大企業への就職を希望する者の割合は1990年から2018年の約30年間で７割から４割へと低下し，生涯一企業に勤める就職を希望する者の割合は６割から２割へと低下している。

高度成長期の雇用政策・育成政策を続け，画一的な規律と働き方によって従業員を従来の組織文化に馴染ませていくような企業では，労働者の多様化が進んでいる現在，人材確保がままならなかったり，正規社員と非正規社員の連携がうまくとれなかったりするという状態に陥っている。

## 1.2　情報技術の３つの効果

情報技術が事業価値創造につながる組織プロセスをMoonyら（1995）は３つの効果に分類している[1]。第一が「自動化効果（Automational effects)」，第二が「情報化効果（Informational effects)」，そして第三が「変革効果（Transformational effects)」である。(図表6-1)

### (1) 自動化効果

「自動化効果」は，情報技術で労働力を代替することで得られる価値であり，書類の電子化による生産性向上や，監視機能の機械化による省力化などがこれにあたる。

---

1　Mooney, J., Gurbaxani, V., & Kraemer, K. L. 1995. A Process Oriented Framework for Assessing the Business Value of Information Technology. UC Irvine: Center for Research on Information Technology and Organizations.

### (2) 情報化効果

「情報化効果」は，情報の収集，保存，処理，伝達のために情報技術が使用されたときに得られる価値であり，リアルタイムデータ把握による意思決定の質の向上や，従業員への権限移譲がこれにあたる。

### (3) 変革効果

「変革効果」は，情報技術の活用によって組織変革が促進・支援されたときに得られる価値であり，ビジネスプロセスの改善や，製品・サービスの強化がこれにあたる。本章では，この第三の「変革効果」に焦点を当てる。

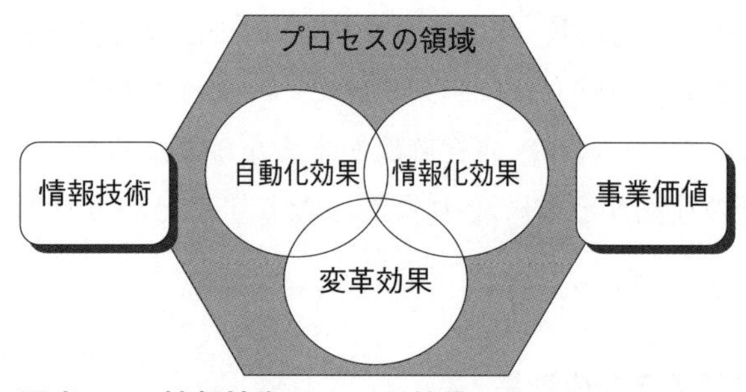


**図表6-1　情報技術の３つの効果**
（出所）Moonyら(1995)のFigure3を著者が日本語訳して作成

## 1.3　組織業績の測定方法

前節で紹介した情報技術の「変革的効果」を実現するためには，目標設定と現状把握が不可欠である。これらを定量的に行うために，最終到達目標の指標であるKGI（Key Goal Indicator）や，中間工程の達成度合いを測定する指標であるKPIs（Key Performance Indicators）が存在する。KPIsを整理する方法の一つとしてバランス・スコアカードを用いたアプローチを紹介する。このアプローチは，①財務の視点，②顧客の視点，③業務プロセスの視点，④学習と成長の視点，の4つの視点を持つ。

### (1) バランス・スコアカード

「バランス・スコアカード（Balanced Score Card）」はKaplan and Norton（1993）によって考案された経営管理手法である[2]。1980年代の米国では財務の視点に偏りすぎた短期的志向の経営に焦点が当てられたがゆえに企業活力が失われつつあり，長期的視点を中心とした日本企業に市場を席巻されていたことが背景として挙げられる。バランス・スコアカードは短期的志向の視点である財務的な視点だけでなく，非財務的な長期的志向の視点を取り入れて企業経営を評価する枠組みを提供する。KaplanとNortonは，顧客やステークホルダーに対して企業はどのように行動すべきか，競合に対しどのような業務プロセスで優位性を構築すべきか，そのために人材能力をいかに高めてビジネスの変革を進めていくべきか，といった戦略の立案方法をバランス・スコアカードの4つの視点によってもたらした。

### (2) 財務の視点

伝統的な財務尺度は，企業活動に関する過去の活動の経済成果を客観的に要約しているので，BSCにおいても重要な視点の一つとされる。具体的な業績評価尺度としては，事業利益，投資利益率，売上高利益率，経済的付加価値（Economic Value Added: EVA）などがある。

### (3) 顧客の視点

どのような顧客・市場をターゲットにするかを明らかにし，その顧客・市場セグメントにおける企業の状況に焦点が置かれる。具体的な業績評価指標としては，顧客満足度，新顧客の開拓，既存顧客のロイヤリティ，顧客収益性，市場占有率，顧客占有率などがある。

---

2　Kaplan, R. and Norton, D. 1993. *Putting the Balanced Scorecard to Work*, Harvard Business Review, Vol. 71, No. 5.

### (4) 業務プロセスの視点

どのような業務プロセスを構築すればよいかに焦点が置かれる。杉山(2003)によれば，業務プロセスの主たるものには，イノベーション，オペレーション，アフターサービスの3つがある[3]。

イノベーションのプロセスでは，顧客の新たなニーズや隠れたニーズを探索し，これらのニーズを満たすような製品・サービスを作り出すことに焦点が置かれる。具体的な業績評価指標としては，製造業の場合，新製品売上構成比率，新製品販売計画達成率，次世代製品開発所要時間などがある。

オペレーションのプロセスでは，既存製品･サービスをいかに効率的，迅速に顧客に提供できるかという点に焦点が置かれる。具体的な業績評価指標としては，労働生産性，作業能率，サイクルタイム，仕損じ発生率，事故率などがある。

アフターサービスのプロセスでは，製品・サービスを顧客に提供した後の各種サービスに焦点が置かれる。具体的な業績評価指標の例としては，顧客クレーム対応所要時間，不良品回収所要時間などがある。

### (5) 学習と成長の視点

学習と成長の視点では，企業の長期的な成長を確保するために構築しなければならない能力･技術に焦点が置かれる。杉山(2003)によれば，このような能力・技術は，人，システム，手続きという3つの要因から得られる。企業はまず人，システム，手続きに関する既存能力と，優れた業績目標を達成するために必要な能力とのギャップを明らかにし，このギャップを埋めるために，従業員の再教育，情報技術やシステムの改善，社内の手続きやルーチンの調整などへ投資する。この視点の具体的な業績評価指標としては，従業員満足度，離職率，従業員定着率，従業員教育の数，従業員の資格取得状況などがある。

---

3　杉山善浩「IT投資の評価におけるBSC援用アプローチの有用性」『産業経理』Vol. 63, No. 1, 2003年. 34-42頁。

### (6)　4つの視点間の関連性

これらの4つの視点はそれぞれ独立なのではなく，相互に結びついていることが想定されている。(図表6-2)

大きな流れとしては，学習と成長→業務プロセス→顧客→財務というように，図表の下部から上部へと連動していく。ただし，必ずすべての視点を経由するというわけではない。学習と成長の業績評価指標のなかには業務プロセスを経ないで直接顧客満足度の向上に結びつくものも存在するし，業務プロセスの業績評価指標のなかには顧客を経ないで直接収益に結びつくものも存在する。

| | 経営目標等 |
|---|---|
| 財務の視点 | 収益性の向上 |
| 顧客の視点 | 顧客満足度の向上 |
| 業務プロセスの視点 | 業務プロセスの革新 |
| 学習と成長の視点 | 人材成長と生産性の向上 |

**図表6-2　BSC各視点の関連図**

（出所）山口（2021）https://hci-inc.co.jp/humancolumn/21547/

バランス・スコアカードは，4つの多面的な視点に基づいて，企業のビジョンや戦略を具体的な業績評価指標に落とし込み，指標間のつながりを可視化することに適した経営管理手法である。情報技術の変革的効果を実現しようとするときに，最終到達目標につながらない施策を事前回避したり，個々の施策の効果が組織の一部分で停留しないようにモニタリングしたりすることが重要である。

## 1.4　組織変革の4層モデル

ここでは，情報技術の変革的効果に着目し，バランス・スコアカードの4つの視点を参考にした分析枠組みである「組織変革の4層モデル」

を提示する。(図表6-3)

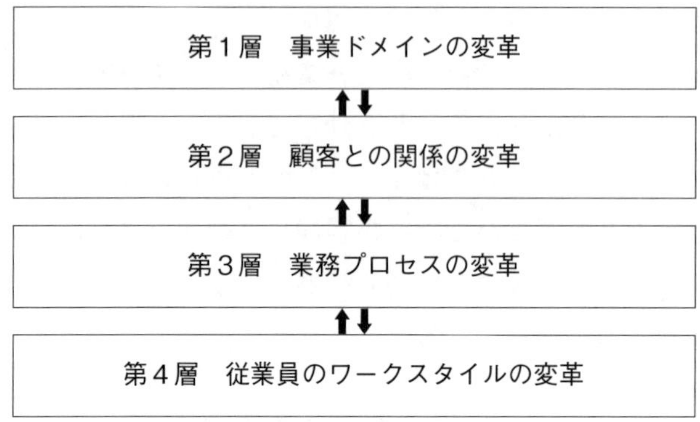


**図表6-3　組織変革の４層モデル**

この組織変革の４層モデルは，バランス・スコアカードの４つの視点と同時に，PrahaladとHamel（1990）のコア・コンピタンス論も参考にして作成したモデルである。コア・コンピタンス（組織の中核能力）を表現するのに，PrahaladとHamel（1990）は樹木のメタファーを用いている[4]。すなわち，最終製品が花や果実や葉であり，それを生み出す事業が枝，事業の拠りどころとなるコア製品が幹，コア製品を支えるコンピタンスが根，という具合である。

情報技術を活用した情報システムの導入や改変によって組織変革を実現しようとするときに，漠然と組織全体を対象とするのではなく，事業ドメイン層，顧客との関係層，業務プロセス層，従業員のワークスタイル層に分割することで，組織変革の第一手（出発点）ないしは核心部分（投資重点）を明らかにすることがこの４層モデルの使用目的である。

---

4　Prahalad, C.K. and Hamel, G. 1990. *The Core Competence of the Corporation*, Harvard Business Review, Vol. 68, No. 3.

## 2. 情報システムが駆動力となった組織変革にはどのような事例があるか

前節では，情報技術を活用して組織変革を実現する際に有効な分析枠組みとして組織変革の4層モデルを提示した。本節では，このモデルに準拠して，それぞれの層が出発点になったとみなすことのできる事例を紹介し，情報システムと組織変革についての理解を深めていく。

### 2.1　航空会社A社の事例

事業ドメイン層が出発点の事例として，航空会社A社の事例を取り上げる。日本の航空会社であるA社は，コロナ禍で移動需要が激減する以前から，「航空機による移動手段の提供」という自らの主力事業ドメインに限界を感じていた。航空機の莫大なエネルギー消費と二酸化炭素の排出，障碍を持つ人たちの利用困難性，高額な運賃，などが社内で議論され，ついに「アバターによる意識と存在の瞬間移動」という事業ドメインを発見した。

新たな事業ドメインの定義によってA社の活動領域は大きく広がり，航空機ビジネスでは対象外だった顧客も取り込めるようになった。顧客は，ウェブサイトやアプリから自分の分身となるアバターにログインする。意識を瞬間移動させて誰でも好きな時に好きな場所で好きな活動が出来るようになることを目指して，2016年頃から技術開発が進められてきた。そして，2020年に立ち上げられたスタートアップ企業が，普及型コミュニケーションアバターの提供を通じてアバターの社会インフラ化を目指している。たとえば，小売店にアバターを置くことで，顧客は店員とリアルタイムに店内を歩き回りながら自分のニーズを満たす商品を見つけることができる。これにより，ECサイトを持たない田舎の店舗でも売り上げの拡大が可能となる。社会インフラとしてアバターが世界の至る所に置かれるようになれば，顧客は様々な地域にアクセスして新たな知識を探索することができるようになる。

人を移動させることを使命としてきた航空会社が，人（の肉体）が移動しなくて済むようにする新規事業を始めた，まさに抜本的な組織変革の事例である。

### 2.2　玩具会社B社の事例

顧客との関係層が出発点の事例として玩具会社B社の事例を取り上げる。B社はデンマークの玩具メーカーであり，組み立てブロックを主力商品とする。1980年代までは多種多様な部品を販売することで順調に売り上げを伸ばしていた。しかし，テレビゲームの台頭に加えて，特許切れにより安価な模倣品が多く市場に出回るようになったことから，1990年代から売り上げを落としていた。

そこで，B社は他社へのインタビュー及び自社の事業分析を通じて企業文化を見直した。その結果，自分たちの顧客がイノベーションの種子となるクリエイティブなアイデアを多く持っており，かつ顧客は商品を購入するだけでなく商品を一緒に創り上げていくプロセスも重要視していることに気付いた。このことから，顧客のアイデアを商品化するウェブサイトを開設した。その後，B社は売り上げを回復し，2014年には世界一の玩具メーカーに浮上，ブランドランキングにおいてもGoogleを抑えて世界一となった。

B社が業績を回復出来たのは，情報技術を活用して外部知である顧客のアイデアを積極的に取り入れたことが出発点である。このことで，プロダクト偏重だった価値観がプロセスを重視する価値観となり，組織文化が変化した。

### 2.3　ソフトウェア会社Ｃ社の事例

業務プロセス層が出発点の事例としてソフトウェア会社Ｃ社の事例を取り上げる。Ｃ社は，データに基づくリコメンデーションエンジンの構築・進化を強みとしてこれまで成長を遂げてきた。業務プロセスにおける分業体制では，リコメンデーションエンジンの開発者は，開発についてのみ責任を負っており，開発した後のオペレーションには責任を負っていなかった。そのため，開発後の作業の手離れが悪く，限られた数しかいない開発者が次期のリコメンデーションエンジンの開発になかなか着手することができなかったり，開発からオペレーションにバトンが手渡された後に多くの問題が発生し，運営が混乱してしまったりするといった問題が発生していた。

このような事態に直面したＣ社は，内部業務プロセスの変革に動いた。開発者に対しては，開発活動だけでなく，開発したリコメンデーションエンジンを標準化してオペレーション部隊に引継ぐまでを公式タスクとして与えた。オペレーション担当者も開発の最終局面では開発に参画し，リコメンデーションエンジンのコンセプトを理解し，継続的な発展のポイントを学ぶ体制を構築した。このような開発者側とオペレーション担当者側の双方のマルチタスク化により，Ｃ社では開発とオペレーションの接合がスムーズになった。

### 2.4　ソフトウェア会社Ｄ社の事例

従業員のワークスタイル層が出発点の事例として情報通信会社Ｄ社の事例を取り上げる。Ｄ社は日本の総合電機メーカーから分離独立した会社である。営業部門オフィス改革プロジェクトを2007年に発足し，営業効率30％向上を目標として活動をスタートした。

プロジェクト発足の４か月前，Ｄ社の社長は得意先を集めたイベントで，オフィス改革を断行すると宣言していた。自社のオフィス改革をもとにオフィス改革事業を推進することを狙って，新たな部門が発足し，ショールームとなる先進的オフィスが作られた。

D社の営業では，営業担当者が客先に出向いて商談する伝統的なワークスタイルをとっていた。しかし，自社に先進的オフィスが設置され，自らの営業部門のオフィス改革も進んでくると，それらを顧客にアピールするために，「(自分が) 出かけていく営業」から「(お客様を) お招きする営業」へと，ワークスタイルを変えることとなった。顧客を自社に呼び込むスタイルに最初は戸惑っていた営業担当者も，ショールームの案内によって顧客の潜在ニーズを掘り起こすことができたり，当初狙っていた商品での成約につながらなかった場合でも二の矢，三の矢を放ちやすかったり，社内から他の商品の担当者をすぐに呼び寄せて紹介したり，と新しいワークスタイルの長所に気づき，活用するようになっていった。

こうして定量的な効果もあらわれるようになり，目標としていた営業効率30％向上が達成された。さらには，営業部門改革での経験を活かして，技術部門のオフィス改革とシステムエンジニア効率の向上も実現した。

## 参考文献

ロバート S キャプラン・デビット P ノートン（櫻井通晴監訳）『キャプランとノートンの戦略バランスト・スコアカード』（東洋経済新報社，2001年）

ゲイリー ハメル・C.K. プラハラード著（一條和生訳）『コア・コンピタンス経営—大競争時代を勝ち抜く戦略』（日本経済新聞社，1995年）

## 学習課題

1．情報技術の導入によって事業価値創造を実現した組織を調べ，自動化効果，情報化効果，変革効果に相当するものをそれぞれ挙げなさい。

2．情報システムが駆動力となっている組織変革の実例を探し出し，どの層が出発点となった事例であるかを考えなさい。

# 7 経営情報システムの基礎

佐藤　亮

**《目標＆ポイント》** 経営情報システムは組織が行っているビジネス取引のモノとカネと情報の流れを調整する働きをしていることを理解する。より具体的に，企業が製品とサービスを社会へ提供して成長を続けるためには，需要変動と提供の速度を整合させるための，全社にわたる在庫管理の組織を作り上げその性能を向上させ続けるという目標を追求している点を理解する。ポイントは，モノの在庫ばかりに目を奪われることなく，取引の要求を表すデータを在庫として認識し，サラサラに流すような仕組みを作る必要性があることを理解することである。そして，企業の理想的な提供能力を描くために必要となるリトルの公式を学習する。

引き続いて基幹業務システムやカンバン生産方式の意義を統合して理解することで，IoTやビッグデータを用いる時代になった場合に改善する方向性や新たなビジネス方法の可能性を論じることができるようになる。

**《キーワード》** 基幹業務，伝票，在庫，リトルの法則

## 1. ビジネスの仕組みとしての経営情報システムとその機能

ビジネスがきちんと動き続けていくための流れを管理する仕組みがある。これを経営情報システムと呼ぶ。短くして，情報システムということも多い。ICT（情報技術）という言葉で経営情報システムを意味することもある。このようないろいろな呼び方が存在しているということが，多くのビジネスで多様な形で情報システムが利用されているかを示して

いる。

1990年前後の日本では，経営情報システム・経営情報学への期待と現実のギャップがあった。「既存ビジネス＋情報システム＝素晴らしいビジネス」という期待があったが，コンピュータの導入がビジネスの競争の優位性につながるわけではなかったのである。むしろ，情報システムは現代のビジネスの仕組みとして必須で当たり前な要素になっており，組織としてのコミュニケーション能力や情報システムを活かす力の重要性が認識されている。では,組織的活用のポイントは何だろうか。なぜ,活用がうまい組織とそうでない場合があるのだろうか。

本章と次章では調整の仕組みという観点から重要なポイントを解明していく。さらにその理解に基づいて，ビッグデータやAIも含めた将来の発展の方向性を展望できるようになることをねらう。

組織のビジネス実行にとって情報システムは2つの機能をもっている。第1の機能は，注文を受け付ける販売やその後の請求書の発行や記録などといった，通常の業務処理を可能にする情報の保持である。企業から外に出ていく情報である部品の購買とか，企業の内部で使われる情報の製品生産の指示，あるいは，月次集計のような情報も含まれる。こうした情報の保持の詳細は，情報の生成，参照，更新（変更），削除である。第2の機能は人間の体の神経のような役割であり，組織体の中のモノとカネと情報の流れを調整し，組織を維持する機能である。企業は複雑な環境の中で自己を保つような擬似的「生物」であるかのように存続していく。たとえば，原料が減れば発注する。販売後には請求し入金処理まで行う。投資などで手持ち資金が不足すれば，株式発行や借入金によって必要なカネを集める。込み入った構造の製品を製造するために生産計画を立てそれによって実行しながら，原材料・部品・製品・商品の在庫が変動すればそれに合わせて発注を変化させる。予算を立てて目標利益や目標成長率を追求するなどといったことで組織を継続させている。この仕組みのイメージは図表7-1(a) のように描ける。図表7-1(a)の情報システムはコンピュータ化されていない場合もあるし，また，人とコンピュータとの間の意思決定が含まれている場合もある。

計画の方針や情報の利用方法が異なると，たとえ機械や設備の仕組みが同じであっても全体としての企業は全く異なる財務成績になり，また，いろいろな在庫の数量も大きく異なるものになる。サッカーや野球でチームメンバーが同じ組織であっても，監督が交代するとチームの戦い方が異なる。オーケストラの演奏者が同じでも，指揮者によって演奏曲の響きが全く異なってくる。監督や指揮者は当日までの長い練習を通じて，情報を発して細かいところまで指示する。組織的なプレーや演奏の流れを調整する人間による情報システムなので，組織のパフォーマンスにとって決定的である。

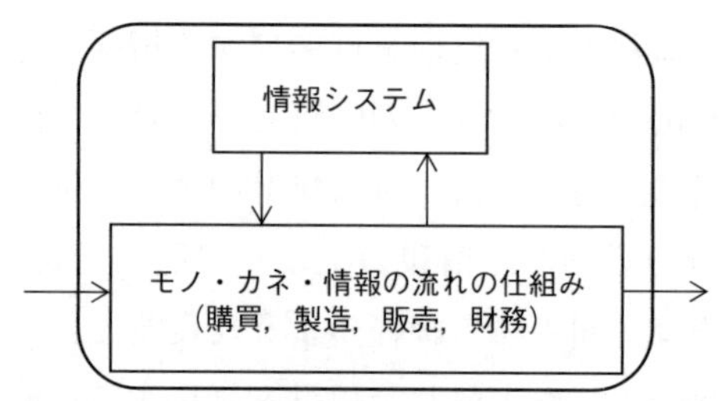


図表7-1 (a)　組織を維持する情報システム

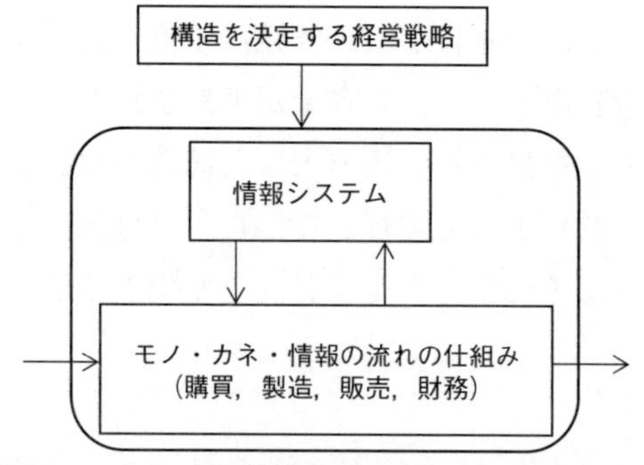


図表7-1 (b)　経営戦略の実現には組織が必要

経営情報学の対象はしかし，情報システムのこれらの２つの役割だけに限定したものではない。図表7-1(a) においては情報システムがきっちりと作られていて，道具以上のものではないような印象を与えている。しかし，人間が行う仕事はビジネスの環境によって行うべきことが異なり，しかも，担当者が考えながら行う以外にない。経営戦略によっては，情報システムの更新や新規導入を伴うようなビジネスプロセスの改革が必要になる場合もある。この機能は，第１，第２の役割に対しては高次の役割になっており，経営戦略によって情報システムとビジネスプロセスの構造が定まってくる（図表7-1(b)）。こうしたビジネスの構造を決めることにおいては，コンピュータシステムではなく，経営組織の意思決定やコミュニケーション，人間による環境の分析と組織の設計がものを言うことになる。

経営情報学は情報システムの第１，第２の機能を追求することに加えて，図表7-1(b) のように，組織構造を経営戦略に関連させて追求することが重要な目標のひとつとなる。そのためには，ビジネスのため情報やデータの表現方法やコンピュータの通信方法に限らず，さらに，ビジネスの成長にとって有効なビジネス環境を検知し創造していく経営戦略としてのイノベーションと仕組み，イノベーションをビジネスモデルとして実現する情報システムの内容，それらを総合するための戦略的展開の方法ということを問題として扱っている。

組織はいろいろな情報を「計算する」。日々の仕事の調整に使われるような，日程や個数などの数値，財務的に集計した利益やコストの数値，取引に使われる種々の伝票は「発注」や「受注」などの仕事の意味を付与した情報である。戦略を表現する情報は，より抽象化される。戦略をビジネスモデルという「絵」に表現するとか，イノベーション戦略という経営資源（人，モノ，金，組織）の現状と将来を言葉で表しておき，それをもとに次の段階の経営戦略を発想･創造するという，抽象的な「計算」も行う。組織の情報システムは，それらの計算を行う情報やデータの表現と，それらの情報の変換を扱うのである。

## 2. ビジネスのモノ・カネ・情報の流れの仕組みの原理

ビジネスでは互いにいろいろなモノやサービスを売買する。しかも売買の取引の一つひとつを確実に行う必要がある。取引の情報として必須であり，最も詳細かつ具体的なものが伝票である。喫茶店やレストランでも伝票を見るし，宅配便利用時に受取人や発送者や内容と料金を書いたものも伝票である。企業間のビジネスでは，たとえば「販売する」という活動は，顧客の注文を確定し，その後の納品や代金請求につなげていくことである。注文伝票の場合では，注文伝票によって購買側の発注内容を確定させると同時に，販売側の受注内容として確定させている。伝票自体は一片の紙であり，書かれていることも文字データと数字データに過ぎないが，書かれたデータの仕事上の意味が買い手と売り手の間であらかじめ決められているのである。

伝票の例は図表7-2である。

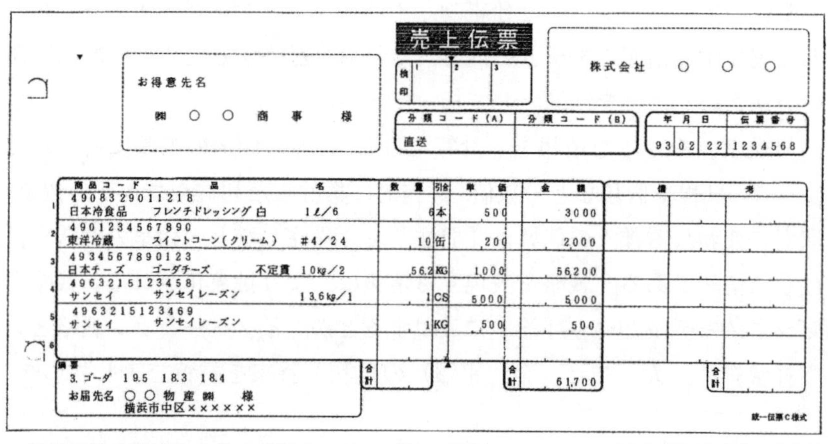

売上伝票

お得意先名　㈱ ○ ○ 商 事 様

検印 1 2 3

株式会社 ○ ○ ○

| 分類コード（A） | 分類コード（B） |
|---|---|
| 直送 | |

| 年 | 月 | 日 | 伝票番号 |
|---|---|---|---|
| 93 | 02 | 22 | 1234568 |

| | 商品コード・品名 | 数量 | 引合 | 単価 | 金額 | 備考 |
|---|---|---|---|---|---|---|
| 1 | 4908329011218<br>日本冷食品　フレンチドレッシング 白　1ℓ/6 | 6 | 本 | 500 | 3000 | |
| 2 | 4901234567890<br>東洋冷蔵　スイートコーン（クリーム）　#4/24 | 10 | 缶 | 200 | 2000 | |
| 3 | 4934567890123<br>日本チーズ　ゴーダチーズ　不定貫 10kg/2 | 56.2 | KG | 1,000 | 56,200 | |
| 4 | 4963215123458<br>サンセイ　サンセイレーズン　13.6kg/1 | 1 | CS | 5000 | 5,000 | |
| 5 | 4963215123469<br>サンセイ　サンセイレーズン | 1 | KG | 500 | 500 | |
| 6 | | | | | | |
| | | 合計 | | 合計 | 61,700 | 合計 |

摘要
3. ゴーダ 19.5 18.3 18.4
お届先名 ○ ○ 物 産 ㈱ 様
横浜市中区××××××

統一伝票C様式

一般財団法人流通システム開発センター『統一伝票マニュアル－総合編』（平成26年版）152ページ記入例より引用）

**図表7-2　伝票の例**

図表7-2は売上伝票という種類の伝票であり，ビジネスで使われている典型的な伝票である。食材の卸売業を営んでいる右上の企業が，左の「お得意様名」に書かれた顧客企業から受けた注文内容が記載されている。さらに，左下の場所に納品すべきことも記されている。なお，この伝票は多くの卸売企業がそれぞれの発注と仕入れのために共通に使えるように業界団体として標準化して制定した統一伝票である。

ビジネスの取引はいろいろな相手との間で全体として大量に発生するので，伝票の記載内容について意味がまぎれたり間違った解釈がされたりするようなことがあれば，取引の詳細内容を探し出して確認や訂正を行う一連の作業が必要となり，全体の効率が著しく低下するという無駄を生む。手書き伝票の場合には，支払いのための月間集計や請求のための集計，さらには貸し倒れを把握するための売掛金管理や納入業者の評価等の種々の改善活動のためには情報システムに入力しなおさなければならない。その作業を担う人手も要る。そうした，直接的間接的な効率化のために，伝票の内容情報をデジタルデータとして表現することで伝票をコンピュータのデータベースに入れて扱うようにしたり，さらには，伝票を郵送したり持参するかわりに，伝票のデータを入れたファイルを転送して直接的な手間を減らそうとすることは，必然的で自然なことであった。こうした動きは「事務の機械化」と呼ばれた。実現のためにはコンピュータやソフトウエアの技術をはじめ，多くの課題を解決する必要が多くあったが，現在では図表7-3のようなコンピュータ化された伝票内容の情報を表すソフトウエアを用いて伝票が扱われている。図表7-3は，情報システム化された販売伝票といえる。さらに，企業間での伝票取引として，電子的な伝票データ交換方法であるEDI（エレクトリック・データ・インターチェンジ）を用いて取引がなされている。EDIの意義については次章で学習する。

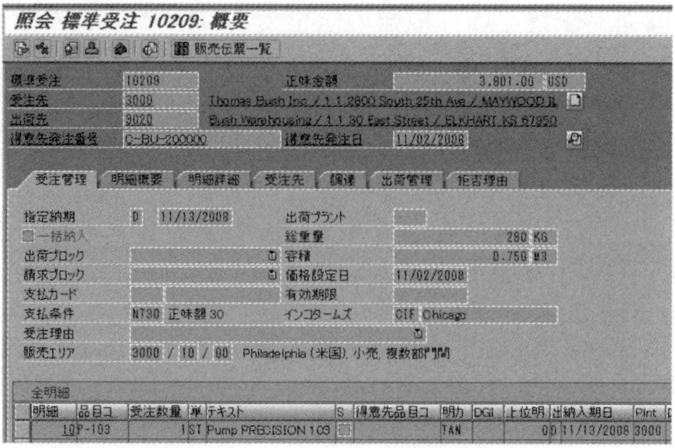

図表7-3　販売伝票（SAP ERPソフトウエアの画面）　細目が一行だけの場合

ここまで，伝票が企業間の仕事を進めるための情報であることを述べてきた。伝票自体に価値や意味があるのではなく，伝票に表現されているデータが後続する仕事の要求を表していることが大事なことであった。図表7-1(a) と図表7-1(b) のモノ・カネ・情報を流す仕組みとは，原材料や資材から製品を生産して販売と代金回収までをつなげる仕事のネットワークと考えてよい。その構成要素になっている個々の仕事は，発注すべき品目と品目コードを確認するとか品目ごとの発注数量を決めたりと，非常に多種多様である。それらの構成要素となる仕事をグループに大きくまとめて，購買や調達，製造，マーケティングと営業，会計というように呼んでいる。ビジネスの活動の根幹をなすので基幹業務と呼ばれる。

企業組織は基幹業務を担当する人員や設備が動いて，生産やサービスの提供を行っている。企業組織内部には多くの人員がいてそれぞれの仕事をこなしていくが，自分の前の人の仕事終了を待たなくても自分の仕事を開始できるようになっている。たとえば，スーパーマーケットで働いている人たちを見渡すと，それぞれが自分の仕事を行っているのが分かる。工場の現場の個々の作業においても，製品を顧客店舗へ輸送する仕事でも，あるいは財務会計部門における納入業者への支払いのための作業でも，それぞれが自分の仕事を行っている。したがって，企業全体を見渡したとき，モノ・カネ・情報を流す仕組みのネットワークの個々の仕事が同時並行的に動いているのである。同時並行的に動くことを可能にしているのが，それぞれの伝票や文書であり，しかもその実体は，「後続する仕事への要求」が伝票などに表現されているために物的に蓄積できることである。いわば，伝票という「要求を表すデータ」が，各々の仕事の前に要求の処理を待って，行列をなしているのである。処理を待つためにできている行列は待ち行列と呼ばれる。出荷を待つ製品や将来利用するために備蓄されている部材などの場合は，待ち行列ではなく在庫と呼ばれる。以上のことから，企業組織の中でモノ・カネ・情報を流す仕組みのネットワークは，各活動と対応する要求処理待ち行列という在庫から構成されていることが分かる。さらに，そのように仕事が構成されていることで，それぞれの仕事を独自に行えるのである。

したがって，コンピュータの導入による処理のスピードアップによって１件ごとの作業は早く終わるようにしても，組織全体のスピードが上がるわけでない。なぜなら，その作業が組み込まれている一連のつながりを持つネットワークの中のどこかの仕事において，仕事で使うデータがなかったり，あるいはその仕事がモノの加工である場合に必要な部品が不足していると，仕事を実行することができなかったり遅れたりするためである。たとえば，インターネットを使ってすばやく大量に注文を集めて品物ごとの注文をまとめることができたとしても，どれかの品物の在庫がなくなって補充の購買が長時間を要して滞ったり，生産と販売を調整して提供し続ける仕組みを持っていなければ，全体としての生産速度が上がらず顧客の注文に十分に応えることはできない。

これらの理解を持って，改めて図表7-1(a) を見てみる。図表は仕事を完成させていくための流れを持つ仕組みを情報システムと合わせて統合的に作りあげていく必要があることを描いており，さらに，モノだけに目を奪われるのではなく，モノと要求情報のそれぞれの待ち行列（在庫）を無駄なく流すことに注目する必要があることが理解できる。歴史的には，1900年ごろ以降に米国で開始された大量生産大量消費の時代の組織の管理や，第２次世界大戦以後のコンピュータを使った大規模企業組織の管理が発達した。モノと要求情報の待ち行列のそれぞれが組織の中に分散されながら在庫となり，時に蓄積され時に流れていって使用されていくときに，需要の時間的な変動を持った流れとかけ離れた流れにならないように，情報システムを利用した全体組織になっているかという統合の優劣が企業の成長と存続を決めた。

在庫を管理するということは簡単そうな響きがあるかもしれない。しかし，需要の変化は誰も予測できないこと，組織的仕組みの実行は多くの内部組織の人間が担うこと，組織の運営に使える資金は限度があることというような，厳然とした組織環境があって，在庫管理に失敗すると意外なほどに企業経営は破たんする。たとえば，チャンドラーの『組織は戦略に従う』ではゼネラル・モーターズ（GM）の場合が説明されている。GMは1908年に創業し，自動車の需要がきわめて大きい社会発展の中で大いに繁栄した。しかし，その過程は平たんではなく，いろいろな組織や戦略や運営の工夫を積み重ねたのであった。第１次世界大戦後の1920年後半の需要の変動の中で，在庫が膨大に積み上がった。在庫は当時のGMの借入額の約70％を占め，販売価格の下落や株価低迷などの多くの混乱の中で，10月末には当面の仕入れ代金や給与支払いも困難となった。実質的に倒産の状態になったのである。

一般に，組織の購買，生産，販売，会計といった基幹業務は，それぞれが大きな勢いを持って運転されている。そのため，需要変動と業務活動を全体として整合させるのは簡単ではない。円滑な製品提供を目指しつつ不確実性へ対応する対策を考えるとき，在庫の積み上がりであるとか過剰設備に結びついてしまうことが理解できる。モノと情報の流れを統合した形で需要と整合させていくことは，IoTやビッグデータによって需要プロセスの情報を企業が得られるようになる状況において，ますます重要となる。

## 3. 経営情報システムが管理するビジネスプロセスの種類と範囲

すべてのビジネス活動が経営情報システムによる管理・制御の対象となりうる。その際に，どのようなモノと情報の流れがあるのかを例で見てみよう。モノの在庫と情報の在庫が，ビジネス実行の仕組みであるビジネスプロセスの中で業務活動と連動する姿が表現される。特に，組織内の活動が並行して動くことと個々の要求をこなせる仕組みとして，各活動の前には，その活動が働きかけたり使ったりするモノや情報があり，それらのモノや情報もまた，他の活動の結果として用意されることが分かる。したがって，組織全体としては，モノや情報の在庫と活動のネットワークによって組織運転の仕組みが出来上がっていることが理解される。

## 例１．病院の外来診療のビジネスプロセス

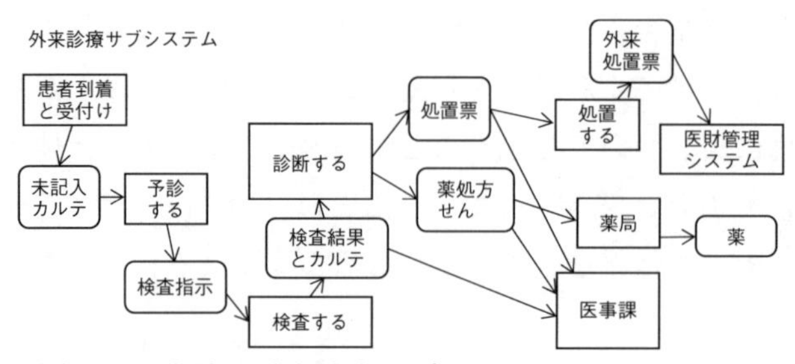


図表7-4　病院の外来診療のプロセス

外来診療のビジネスプロセスでは，図表7-4のように患者が「加工されて」行く。活動が加工すべき部材が患者であり，単位業務活動の「患者到着と受付け」「予診する」「検査する」「診断する」「処置する」は，一連の「加工」である。図表7-4においては患者が未記入カルテとか検査指示といった伝票を持ち歩いていることを想定している。そうした患者が，検査とか診断とかの活動の前に在庫していて，ある活動による「加工」を受けると次の活動の前に移動して行って，また活動による処理を待って在庫する。工場にたとえれば，材料が自分で歩いていろいろな加工を受けて完成品の状態となり，しかも，代金を払って出ていくイメージであり，ビジネスの未来像に見える。図表において，モノや情報の在庫は角丸四角形で表され，活動は四角形で表現されている。図表7-4では，患者の流れをコントロールしていないので，どこかの時間がかかる活動の前には患者の大きな待ち行列（在庫）が発生する可能性がある。多くの場合，診断をする活動の前に発生する。何もコントロールしなければ，患者にとっては待ち時間が長いことになるし，医師にとっては長時間労働を毎日繰り返すという状況になってしまう。

### 例２．カンバン方式

BMW社が部品納入メーカーに対して行った多品種少量生産のゲーミングのプロセスは図表7-5，図表7-6のようであった[1]。図表7-5では，１品種だけの生産の場合に簡単化したうえに何の管理方式もない。そのため，各々の作業者は仕事を始めるように言われると，後工程が品切れを起こすのを危惧して，使える材料が自分の前にあれば自分のペースでどんどん作る。いたるところに在庫が発生する。もし８種類程度のバラエティを持たせた生産状況にすると，８種類の製品のそれぞれの変動があるので，余分な在庫と同時に在庫不足も発生し，混乱する。

図表7-6は図表7-5にカンバン方式を導入し，プロセス全体が定常的に運転できるように管理した場合である。図表において，モノや情報の在庫は楕円形で，活動は四角形で表現されている。カンバン方式の生産では，カンバンを作業開始の指示（生産指示）として扱う約束ごとがあり，作業を開始できるのはカンバンと入力の材料がどちらも在るときのみで

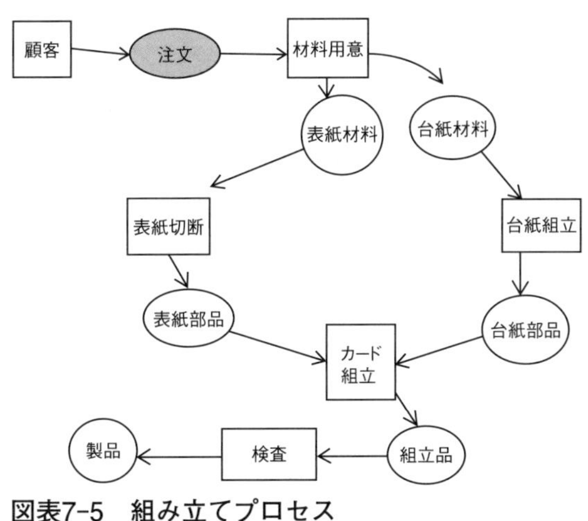


**図表7-5　組み立てプロセス**

1　Womack, J. P., Jones. D. T. 1996. *Lean Thinking*, Simon & Schuster（稲垣公夫訳『リーンシンキング』日経BP, 2003）の図を改変。

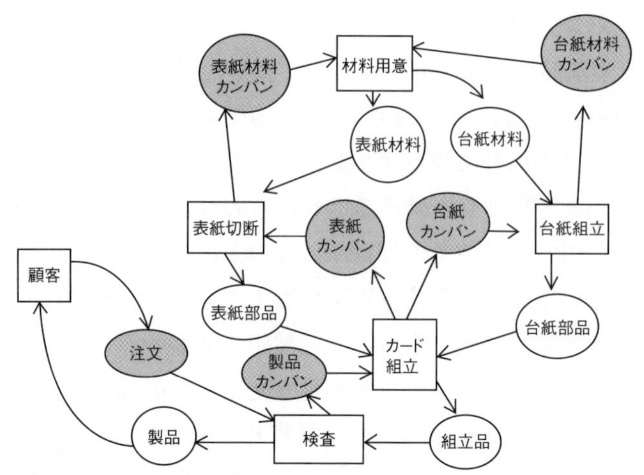


**図表7-6　組立てプロセスへのカンバン方式の導入**

ある。言い換えれば，カンバン方式では各作業が勝手に動くことを禁じている。たとえ目の前に処理すべき在庫が大量にあるときでも，後工程からの生産指示を示すカンバンが来ていなければ生産することは禁じられるという仕組みである。最小限程度の個数の在庫は最初に確保する。カンバンの枚数と初期在庫を加えた個数以上は全体のプロセス上に現れることがないことになる。こうして，カンバンによって，必要なモノを確保するとともに，活動が作りすぎないようにするとともに，制御しているのである。各作業の稼働率をいたずらに上げるのではなく，不必要な在庫を作らない仕組みなのである。なお，カンバンを導入すればいいというものではないことを指摘しておく。たとえば，ある一つの活動が他と比べてかなり大きな加工時間を持つために非常に遅いとすると，全体がその遅い活動の加工速度になってしまう。そのため，必要とされる生産速度が速い場合には，工夫を要する。

### 例３．買掛金決済プロセス

買掛金とは，未払いの購入代金である。通常のビジネス取引ではモノを発注するとやがて納品されるが，納品時に現金で支払うようなことはない。個人の購入と違って，多種大量なため，現金払いをしたなら煩雑で間違いが発生する。そこで，納品されたのに未払いである状況が発生する。その未払い購入代金が買掛金である。図表7-7に示したプロセスでは請求照合活動と決済活動があり，前者では仕入れ等の発生データの取り込みなどから，支払い条件を適用して支払依頼データを作成する[2]。決済活動では，基本的に支払依頼によって作成された支払金額，支払方法，実際支払日を確定する。ここでも当然，各活動を行うためには必要な情報があり，決められた照合や支払い条件の確認の作業などを行うのである。請求を要求するデータであったり，決済を必要とする大口取引データが流れていく。

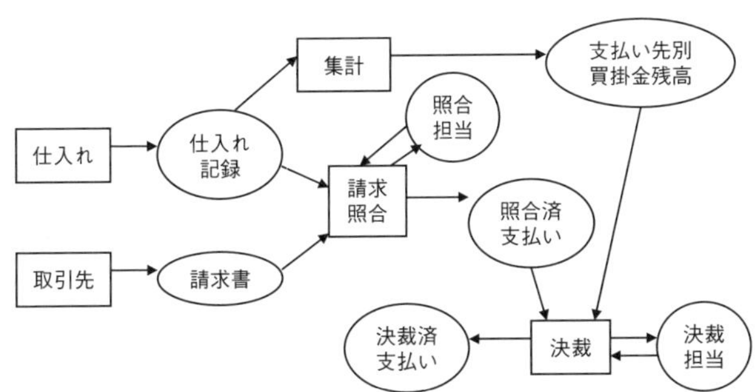


**図表7-7　買掛金決済プロセス**

2　トーマツ・コンサルティンググループ編『購買・固定資産監理システムの設計』中央経済社，1997年。

## 4. リトルの公式ービジネスプロセスのモノと情報の流れを突きつめるための基本法則

需要変化に対応できるようにモノと情報を整然と流す仕組みをつくるためには，製品やサービスを提供する速さを測定し，必要な提供速度を実現するための要因をとらえる方法が要る。しかも，3節で述べたような様々なビジネスプロセスに適用可能である必要がある。その原理として，リトルの公式[3]（リトルの法則）を説明する。

リトルの公式はリードタイム，スループット，WIPの間に必ず成立する関連を表している。まずリードタイム，スループット，WIPの定義を述べ，その後でリトルの公式を説明する。ビジネスプロセスの管理方式は製造の分野でもっとも発達しているので，生産管理の言葉遣いによって説明する。この公式は，3節で述べたような人間が行う実作業のネットワークについて広く適用可能な原理である。

**リードタイム**：

加工現場に生産指示を投入してから完成するまでの時間を製造リードタイムという。また，納入リードタイムは購入リードタイムともいい，サプライヤーに購買発注を行ってから納品されるまでの期間（時間）である。顧客リードタイムとは顧客が注文してから顧客に届くまでの期間（時間）である。

**WIP**：

work-in-processがもとの言葉でダブリュー・アイ・ピーと読む。ここでのワークとは，加工すべき部材や原材料のことである。WIPとは，部材の在庫数・在庫量［個］のことである。在庫の種類には製品在庫，部品在庫（仕掛り在庫），原材料在庫がある。それ以外にも，

---

3 Little, J. D. C. 1961. "A Proof for the Queuing Formula: L = λ W". *Operations Research*. 9(3), pp. 383-387

伝票である仕入れ伝票や受注伝票，支払い請求や生産指示伝票などの「リクエスト」も在庫である。

**スループット**：

仕事をこなす速度である［個／単位時間］。処理速度ともいえる。文脈により，生産速度やサービス完了速度である。

図表7-8は，生産とか診断とか事務作業などの業務活動の仕組みの一部とし，在庫を介して仕事を完了して次へ渡しているネットワークの一部とする。図表7-8において，活動２と在庫Ａの関係のように，一つの入力待ち行列だけをもつ活動を取りだしたものが図表7-9である。

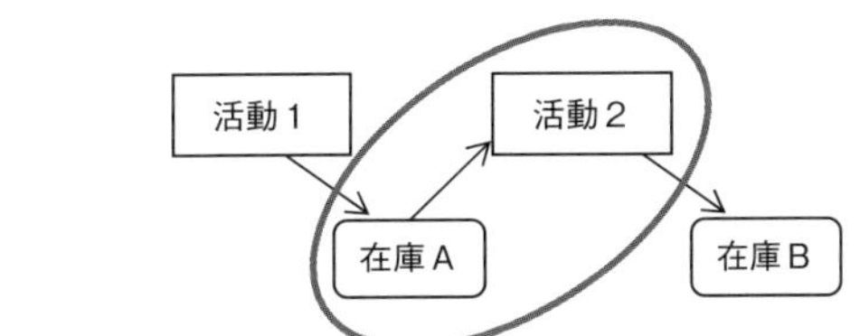


**図表7-8　活動と在庫からなるビジネスの仕組み**

**図表7-9　ひとつの活動とその入力在庫の中のようす**
（WIPが４個のとき）

業務活動が仕事をこなす速度（スループット［個／単位時間］）と，自分の前に蓄積される仕事（在庫）の個数が，長期的に平均を取るとそれぞれの平均値が一定だとする。そのような状況の時，プロセスが**定常**

**状態**にあるという。定常状態においては活動への単位時間あたりの投入数と，活動から出てくる単位時間当たりの出力数が平均的に等しいことに注意しよう。なぜなら，等しくないとすると，活動で処理されるのを待っている仕事の在庫がどんどん蓄積されて増加の一途をたどるか，逆に入力のペースが出力のペースより遅ければ，どんどん処理されて処理待ちの仕事の在庫がゼロになるかのいずれかとなり，長期的に一定数ではなくなるからである。

リトルの公式は図表7-9のプロセスが定常状態のとき成立する次の関係である。リトルの法則とも呼ぶ（Little, 1961）。

| **（平均リードタイム）＝（平均在庫数）／（平均スループット）** |
|---|

ここで，定常性と平均値が用いられている。定常な状態とは，簡単にいえば公式の中の３つのそれぞれの値の長期間の平均がほぼ一定値をとることで，たとえば在庫量の平均を計算する期間を長期にとるほど増加するというようなことがないことである。もう少し詳しく述べる。外来診療の午前診療時間において，ある日の午前中において診断完了した人の数を午前の患者全員を診るのに要した時間で割ると，１時間当たりの患者数が計算できる。午前中の患者診察速度とでもいうものであり，その日午前の平均スループットである。また，１秒単位の細かさで，各時刻における外来で待っている患者と診断中の患者の数をカウントしておき，午前の患者全員を診るのに要した時間の全期間にわたって各時刻秒ごとの患者数を合計し，期間を秒の単位で表した時間期間で割る。もし４時間＝4×6×60秒＝14,400秒の間がある日の午前中の診断時間であり，午前診断患者の秒ごとの総和が［５人×14,400秒］＝5×14,400人秒

であるなら，平均患者数は５人となる。その日の午前中に見てもらった人の総数が25人だったとすると平均診察速度は（スループットは）１時間当たりの平均診察数のことなので25／４［人／時間］である。その日の患者は，病院に到着してから診断完了するまでに，平均して４／５時間＝48分間かかっている。つまり平均リードタイムは48分間である。１か月の間ではこれらの１日ごとの３種類の平均値は変動するだろうが，さらに，１年間のような長期間にわたって各月における１日ごとの平均スループット，平均患者数，平均リードタイムがほぼ一定値であるなら，定常であるという。

製造工場で生産管理が進んでいる場合には，各作業は標準的な作業の方法と作業標準値が設定されていて，作業時間のばらつきは抑えられている。したがって，平均在庫数，平均スループット，平均リードタイムはほぼ一定となる。

リトルの公式は，作業時間がばらつきのない確定した値とみなせる場合には，当たり前のことを述べている。外来診断の例でいえば，確定した値ということは，患者ごとの診断時間が定数値であるということである。その場合には定常状態が保たれているので，平均速度の逆数が一人あたりの診断時間（製造なら１個当たりの加工時間）である。平均診断速度が25/４［人／時間］であるなら，ひとり当たり４/25［時間］かかって診断している。そして平均して常に５人が待っているのだから，最後の人が病院について終わるまでのリードタイムとしては，５人分の診断時間がかかる。つまり，４／５時間＝48分間かかることは自明である。

## 5. リトルの公式が表す情報システムの要点

モノと情報の流れを整えるということを追求する際に，理解して利用すべき必須の法則がリトルの公式である。たとえば，物的な世界で万有引力の法則から逃れられないのと同じように，ビジネスプロセスが定常に動くときには，リードタイムと在庫と処理速度の３つの性能を独立に設計することは基本的に不可能なのである。

本章で取り上げた変動のない確定的な（確率的動きではない）生産時間のような，一つの活動だけ考える場合には，リトルの公式が表現している関係は直感的にも当たり前なことである。しかし，通常のビジネスプロセスにおいては，モノと情報の流れはネットワーク構造になっているので事態は少し複雑になる。図表7-6のような，ビジネスプロセスが網の目状の構成であるとか，フィードバックの流れも含んでいるのである。そうしたネットワーク構造を持つプロセスによってビジネスの実務が行われているわけであるが，ネットワーク構造に対するリトルの公式の解明は完全に進んでいるわけではない。証明は省くが，簡単化された構造のネットワーク構造のビジネスプロセスにおいては，活動と在庫のつながりをたどって矢印の向きに一筆書きで一巡できる部分であるサーキットについて，リトルの公式が成立する。その際に，サーキットの中の活動や在庫をすべて１周するために要する時間が，そのサーキットのリードタイムとなり，活動や在庫にある仕掛品の合計が在庫になるといった形でリトルの公式が成立する。

ビジネスは製品やサービスを顧客に提供する。モノと情報の流れによって仕事がなされていくのである。その際に，リトルの公式が表すように，モノの在庫と情報の在庫，提供する速度，提供するためにかかる時間が決まるのである。組織が実現したい顧客リードタイムがあるが，それを実現するための組織と仕事の構成や必要となる在庫量によってコストが決まってくる。単なるコストダウンの掛け声だけで，コストが下がるのではない。

ビジネスプロセスが定常になるような仕組みになっていることも重要

である。定常になることではじめて，組織が製品やサービスを提供する速さ，提供するためにかかる時間，必要な最低在庫量が分かるのである。たとえば，繁盛しているラーメン屋さんでは顧客が店の外にも行列していて，店の人が入店のタイミングを指示していることがある。これは，店の中の顧客数を管理して定常状態にし，ラーメンを提供する速さをコントロールし，ひいてはラーメンを作り上げるためのカウンターの内側のもろもろの作業も定常的にすることにつながる。作業が定常化されるので，作業の効率が上がり，余裕ができ，丁寧な仕事につながっていく。材料の補充の見積もりもより正確になる。定常になる仕組みを全く持っていなければ，どれかの作業が立ちいかなかったり，それぞれの作業者ががんばって働くことで必要以上の不要な在庫を作ったり，逆に必要なものが何かが不明となったりする。

ラーメン店は一例であるが，一見異なると思われる業種のサービス提供でも製品提供でも同様な生産性やコストが実現するのである。定常性のないオペレーションは原材料や設備稼働のコストの増大につながる。GMの場合をみたとおり，需要に見合わない在庫過剰で倒産に至る場合があるのはむしろ大企業で起こることなのである。

## 参考文献

島田達己，高原康彦『経営情報システム』（日科技連出版社，2007年）
遠山曉，村田潔，岸眞理子『経営情報論』（有斐閣，2015年）
Hopp, W., and M. Spearman M. 2008. *Factory Physic*, McGraw-Hill/Irwin.

## 学習課題

1．自分の身の回りにある伝票に注目すると，一つの伝票にいくつかの情報が書かれている。伝票には，たとえば，宅配便に張られた伝票，喫茶店やファミリーレストランの支払い記録，ネット通販で購入した物品に入っていた購入記録，スマートフォンの契約書など，多様なものがある。伝票の情報の項目を書き出し，さらに，伝票のいくつかの情報について，どういう仕事にどんな目的で使用されるかを想像しなさい。その後，インターネットで検索して自分の想像が当たっているかどうかを探求しなさい。

2．病院やレストランでは予約システムが導入されていることが増えている。人（患者や客）や注文の流れを定常にするうえで，予約という仕組みはどのような働きがあるだろうか。予約システムがある場合とない場合を比べて論じなさい。

# 8　経営情報システムの進展

佐藤　亮

**《目標＆ポイント》** モノの生産において欧米ではMRP（エム・アール・ピー）という無駄のない多品種生産の仕組みが考案された。日本ではリーン生産方式が生まれた。それらの仕組みと違いを学習する。さらに，MRPとリーン方式の統合を適用発展させていくことが大きな可能性をもたらすことを理解する。

**《キーワード》** MRP，リーン生産方式，EDI，「モノと情報の流れを整える」

## 1．ビジネスプロセスの構造と計画による管理

前章で学習したように，組織にはビジネスを実行している仕組みがある。モノが流れて変換されていくという意味を込めてロジスティクス・プロセスと呼ばれる。製造企業組織でのロジスティクス・プロセスを実行する担当を機能に応じて分けたものが，図表8-1の組織の基幹業務構造である。製造業では機械設備と労働によって原料や部品を物的に変換していくというプロセスを持つ。卸売業やネット通信販売業だと製造業務はないが，注文情報に応じて商品を小売店ごとに小分けしたり，行先別にまとめたりという物流加工がある。また，病院というサービス業では外来診断や手術室の業務があり，モノの生産とは異なるが，設備を使う作業者が「顧客」である患者に働きかけてその状態を変換していくことを第7章で見た。部品や原料が在庫するのと同様に，患者も在庫する。さらには，変換したい対象に対する，さまざまな変換の要求が伝票やデー

タとして蓄積して在庫している。

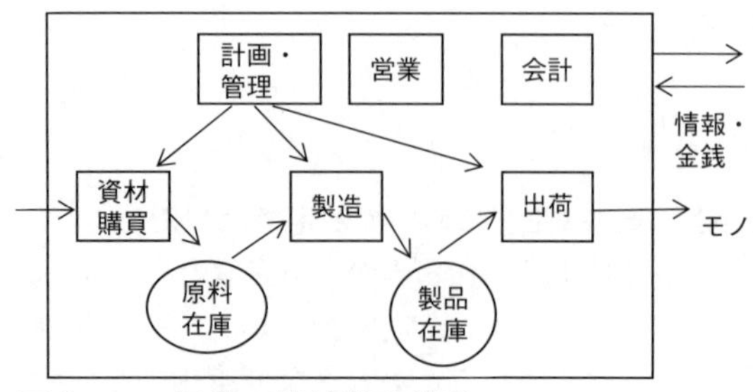


**図表8-1　組織の基幹業務構造**

ビジネスを継続するには，需要に応じて製品やサービスを提供するようにロジスティクス・プロセスを運転する必要がある。この時に，モノを変換したりしながら流す仕組みであるロジスティクス・プロセスを動かすために，内部的な個数やタイミングの要求を記した一種の社内伝票が用いられる。図表8-1では，計画・管理の業務から作業指示として発せられるイメージを描いている。

モノと情報の流れを整えてビジネスを最適的に運転しようとする際に，歴史的には図表8-2のような大きく異なる流れがある。計画による方式とリーン生産方式の２つである。

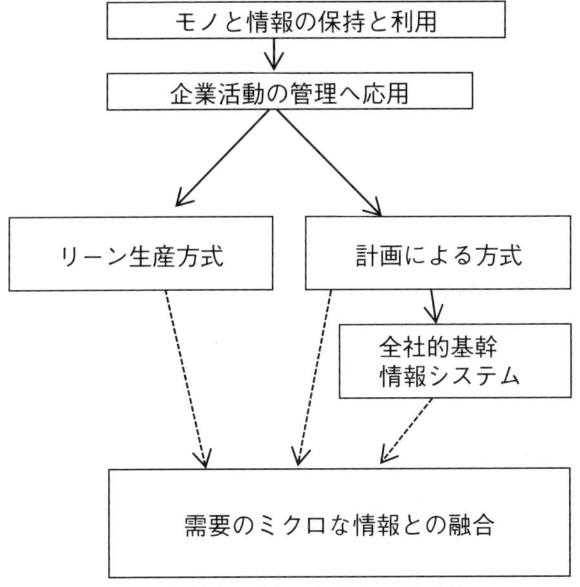


**図表8-2　モノと情報の流れを整える情報システムの構築と将来的課題**

計画による方式は，大量生産を効率よく行う必要があった製造業において発展した。たとえば，GMの場合を見てみる。自動車メーカーは莫大な在庫投資が必要である。GMでは1920年の倒産の危機の後では組織を事業部制に変えて，モノと情報の流れを管理するために，過去や現在の状況を把握するのではなく，将来を予測するためのデータ入力とコントロールに力を入れていった。つまりGMのような巨大企業組織の足並みをそろえるとは，在庫がリスクにならないように，調達，資源配分，生産を需要と販売活動に連動したいということである。その際に，GMがとった大きな方向性は，販売予測を行い，さらに現状を細かく反映させて予測を更新しつつ，基幹業務の足並みを事業部間でそろえることだった。1924年の後半には，販売を知るために（GMからディーラーへの販売数でなく）全ディーラーから最終顧客への販売データを10日間ごとに報告を受けるとともに，新車登録情報を定期的に得ることとなった[1]。予測情報を細かく正確に更新して，全社の巨大なロジスティクス・プロセスを動かそうとしたといえる。その方法で大きな成長と成功を成し遂げた。

このように,生産をきちんと行うための大前提となる一つの考え方は,計画による管理を行うことなのである。生産と購買の計画を作成し，計画の進捗の状況を情報システムで管理する。たとえば10種類の部品から一つのモジュール部品を作成する時，1種類の部品でも足りなければ生産指図伝票で指定された量を生産完了できない。「必要なものを，必要なだけ，必要な時に」各工程で利用可能であることを確保できる仕組みが必要である。多くの種類の部品があり，部品ごとに購買や加工の手順や作業があって所要時間がばらばらなので，これが結構，難しい。さらに変動する需要に対応して変化できる仕組みが必要である。

生産計画と管理でコンピュータを使うことは1972年のアメリカでのMRP普及運動から，全世界に広がった。

また，リーン生産システムと知られるトヨタ生産方式は，1945年ごろから15年余りを要して，全社的に展開されたシステムである[2]。

## 2. 生産システムの在庫管理の仕組み：MRPモデル

リトルの公式は，定常な状況についてのみ成立するので，リードタイムやWIPやスループットの長期的平均が一定値でないような，非定常なプロセスでは成立しない。ロジスティクス・プロセスを定常な運転をさせるためには，各活動が勝手に稼働するのではなく連動する必要がある。本節では広く使われているMRPモデルを説明する。

---

1 Chandler A. D. *Structure and Organization*, MIT 1962.（有賀裕子訳『組織は戦略に従う』ダイヤモンド社，2004年）

2 大野耐一『トヨタ生産方式—脱規模の経営を目指して』ダイヤモンド社, 1978年。

生産においては，製品の部品構成に基づいた部品の在庫管理を行う。生産には部品が必要なので生産に必要なすべての部品を生産開始までに調達しておくことと，余分なコストを発生させずに定常な状況を実現するために，不必要な部品在庫を持たないようにすることを両立することが要求される。

例として図表8-3の組立生産型の生産ラインを考える。製品Xが部品AとCから作られ，部品Cは原料Zから作られることが表わされている。原材料の購買から消費者・顧客に届くまでの仕組みを持っている。

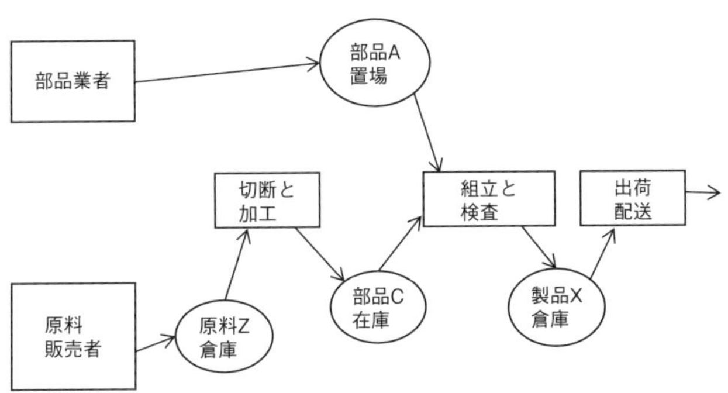


**図表8-3　製造における物流（ロジスティクス）**

流通プロセスから見たときの生産プロセスが果たすサービスの理想は，必要なものを必要なときに必要なだけ提供するというジャスト・イン・タイム機能の実現である。必要な部品や材料を，数量と期日をぴったり間に合わせて，しかも，不必要な在庫を持たない仕組みが理想である。

異なる処理スピードを持つ種々の活動が組み合わされた「活動と結合在庫からなる分業のネットワーク」をコントロールする仕組みをつくるには，情報をフィードバックすることで制御システムを構成することになる。具体的に実現した方式として，MRPシステム，カンバン方式などが知られている。いずれも，システムの状態情報をいかに利用して高性能の生産システムを作り上げるかという問に対する現実での取り組みである。MRPモデルとカンバン方式の関係は4節で述べる。

## 3. MRPシステム

MRP（Material Requirements Planning：エム・アール・ピー）は計画主導の生産プロセス・コントロール方式である。部品手配計画と呼ばれることもある。

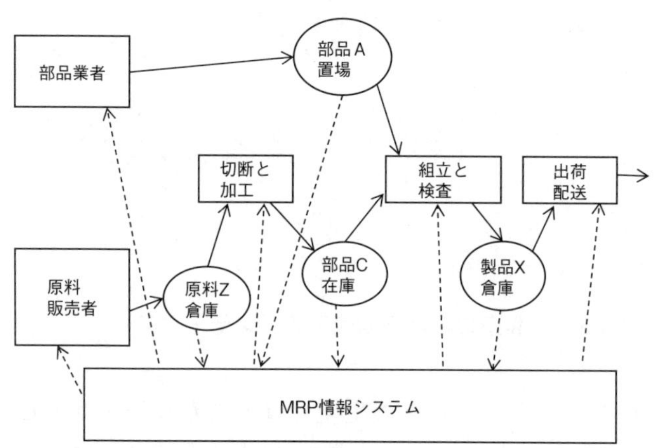


**図表8-4　MRPによる生産管理メカニズム**

MRPという計画と管理の制御機構を組み込んだ生産プロセスのイメージは図表8-4のようになる。MRPコントローラ（プログラム）に集中的に情報をフィードバックする。ねらいは，製品在庫とそれを構成するすべての部品の在庫の状況に応じて「適切に」生産指示を出すことである。点線の矢印が情報の流れを表わしている。

### 3.1　MRPの基本概念

（１）一定期間ごとの計画である。たとえば，１週間ごとの計画のように期間ごとの必要数量を計画する。

（２）独立需要品目と従属需要品目とを分けて考える。独立需要品目は最終製品と交換部品であり，自社だけの都合とは無関係で独立な需要に基づいて決める。独立需要品目の子部品は製品需要数に従属して計算で決まる。そのため子部品を従属需要品目という。

（３）部品構成表（BOM）を用いる。

（４）作業に必要な時間は，生産個数に依存しないものとして一定の値を使って計算する固定リードタイム方式と，個数による変動を考慮する変動リードタイム方式がある。後者は生産計画だけでなく，それを実行するのに必要な人員と設備の稼働時間も計算する。

MRP計算（部品所要量計算）の基本的な構成は図表8-5である。基準生産計画とは独立需要品目の生産計画である。基本的に，一定期間ごとに製品の販売実績に応じて需要見通しを更新し，対応して，その後の生産計画を改定する。

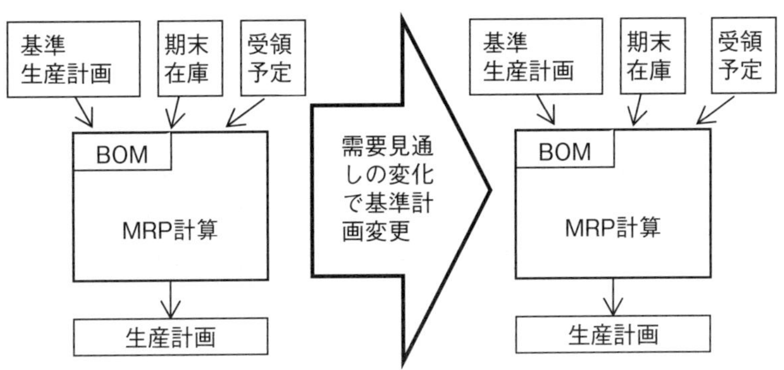


図表8-5　MRP計算の入出力および定期計画変更

## 3.2 MRPの計算例

### (1) BOM

BOM（bills of material：部品構成表，部品表とも呼ぶ）を使って，独立需要品目の需要から従属需要品目の生産計画を計算する。下に示した例は図表8-3に対応するもので，独立需要品目はX，使われる部品や材料はA，B，Zの３種類であり，それぞれ異なるリードタイムを持つ。Xを１つ製造するのにAが３つ必要なことをAの構成数は３であるという。

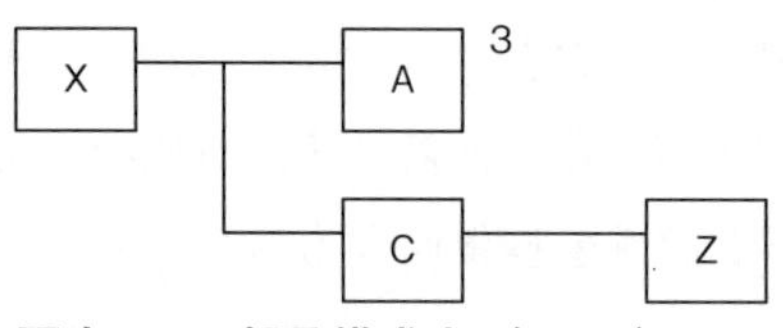


図表8-6　部品構成表（BOM）

生産の場合には，生産開始時期から生産が完了する生産完了時期までの期間が製造リードタイムである。MRPでは，リードタイムは一定であるものとして計画を計算する。これを固定リードタイムによるMRP計算という。必要な量を所要量と呼ぶ。生産プロセスの管理では，各製品の所要量，生産開始時期，生産終了時期を書いた伝票を生産指図（さしず）と呼んでいる。

### (2) MRPモデルによる生産計画の計算

きっちりと必要な数量を計算する方法をのべる。つまり，安全在庫を追加するとか，製造遅れを考慮して安全のために早めに製造を始めることなどは，MRPの基本を理解するために考えない場合を説明する。

(1) MRP計算のために必要な初期値の確定

各期の総所要量，各期の受領予定数，直前の期の期末在庫。所要量と受領予定数は，期首の数量である。１期が１週間である場合は，月曜始業時に利用可能な数量である。受領予定数は計画時より前に作業の場所であるワークセンターに生産指図を出してあって取り消さないために，その時期になると生産完了する既発注分の数量である。

(2) 総所要量計算　　（子の総所要量（n）＝親の正味所要量（n）×構成数）

(3) 有効在庫の計算。ある期の有効在庫はその期の期末在庫である。

有効在庫（n）＝有効在庫（n-1）＋受け取り予定（n）－総所要量（n）

受け取り予定には２つあって，既発注の受領予定の分と生産計画の分の和である。有効在庫がマイナスになるときに，製造が必要となる。

(4) ロット編成（ロットまとめ）

生産が必要になるときに，その個数だけを生産するという生産数の決め方を，都度ロット（ロット・フォー・ロット）という。ロット（lot）とは，購買品については発注する単位（個数）であり，自社製造分（内作）については製造する単位個数である。都度ロットが最も使われるが，生産や購買の運搬の都合等で，固定数の倍数にする固定ロット，定期発注（２期分とかをまとめて製造する）が使われることがある。

(5) リードタイム分の先行開始

リードタイム分だけ先行させて製造や購買発注を行う。この部分が，MRP計画によって決める生産計画である（あるいは購買計画）。なお，空欄は０を表す。

**品目ＸのMRP計算**

| 期 | | 1 | 2 | 3 | 4 | 5 | 6 |
|---|---|---|---|---|---|---|---|
| 総所要量 | | | 15 | | 30 | 35 | |
| 受領予定 | | 30 | | | | | |
| 有効在庫 | 4 | 34 | 19 | 19 | − | − | − |
| 生産指図 | | | | 11 | 35 | | |

リードタイム＝1
ロットサイズ＝都度ロット

(6) 以上でXについての計算は終わりである。

(すぐ練習) MRP計算の理解の確認として，上のXのMRP計算をやってみよう。下記の状況からMRP計算を始めて，上と同じ計画ができればよい。

**品目XのMRP計算**

| 期 | | 1 | 2 | 3 | 4 | 5 | 6 |
|---|---|---|---|---|---|---|---|
| 総所要量 | | | 15 | | 30 | 35 | |
| 受領予定 | | 30 | | | | | |
| 有効在庫 | 4 | | | | | | |
| 生産指図 | | | | | | | |

リードタイム＝1
ロットサイズ＝都度ロット

### (3) 下位部品のMRP計算

生産指図の欄の値に構成部品表の数字をかけたものが1つ下位のレベルの品目の各期の総所要量となる。製品Xの部品AのMRP計算に引き続いて，部品CのMRP計算を以下の状況において実行する。

**AのMRP計算**

| 期 | | 1 | 2 | 3 | 4 | 5 | 6 |
|---|---|---|---|---|---|---|---|
| 総所要量 | | | | 33 | 105 | | |
| 受領予定 | | | 23 | | | | |
| 有効在庫 | 0 | 0 | 23 | 20 | 5 | 5 | 5 |
| 生産指図 | | 30 | 90 | | | | |

リードタイム＝2　ロットサイズ＝30

**AのMRP計算（練習）**

| 期 | | 1 | 2 | 3 | 4 | 5 | 6 |
|---|---|---|---|---|---|---|---|
| 総所要量 | | | | | | | |
| 受領予定 | | | 23 | | | | |
| 有効在庫 | 0 | | | | | | |
| 生産指図 | | | | | | | |

リードタイム＝2　ロットサイズ＝30

**CのMRP計算**

| 期 | | 1 | 2 | 3 | 4 | 5 | 6 |
|---|---|---|---|---|---|---|---|
| 総所要量 | | | | 11 | 35 | | |
| 受領予定 | | | | | | | |
| 有効在庫 | 6 | 6 | 6 | 35 | 0 | 0 | 0 |
| 有効在庫予備計算 | | | | -5 | -35 | | |
| 生産指図 | | 40 | | | | | |

リードタイム＝2，ロットサイズ＝2期まとめ

**CのMRP計算（練習）**

| 期 | | 1 | 2 | 3 | 4 | 5 | 6 |
|---|---|---|---|---|---|---|---|
| 総所要量 | | | | | | | |
| 受領予定 | | | | | | | |
| 有効在庫 | 6 | | | | | | |
| 有効在庫予備計算 | | | | | | | |
| 生産指図 | | | | | | | |

リードタイム＝2，ロットサイズ＝2期まとめ

ある品目が固定ロットサイズを用いるのは，製造設備の都合やサプライヤー・卸売業者がその品目を扱うときの梱包や輸送の都合などの理由による。また，2期まとめ等でまとめて製造するのは，製造の現場である機械設備や作業者にとってまとめたほうが作業効率が良いつくりになっている場合である。

### (4) 能力計画

ここまで，MRPによる計画作成の基本として，製造リードタイムが製造個数によらずに一定の場合を学んだ。

機械や設備や作業者を一般にワークセンターと呼ぶ。より進んだMRP計算では，各作業を行うそれぞれのワークセンターごとの所要作業時間を得ることができる。その際に，ワークセンターごとに1個の部品や原材料について作業をするために必要な標準的時間を使って，所要量全部を生産するために必要な全体時間を計算する。結果として，それぞれのワークセンターについて各期ごとに集計された所要作業時間が得られる。生産計画に対応する各ワークセンターの所要時間の計画であり，能力計画と呼ばれる。MRPの能力計画の結果をみて，もし，1日の稼働時間よりも所要能力の方が大きければ，残業や外注によって生産を遂行しなければならないことになる。能力計画によって，このような実行可能性の検討と分析や対策を講じることができる。

現在のMRP情報システムでは，製品と部品の生産計画・購買計画と同時に能力計画を得ることができる。

## 3.3 MRPモデルのサービス業務への適用

通常はMRPモデルは製造業で使われる。しかしそれにとどまらない適用可能性がある。

診療サービスもBOMで表現できる。図表8-7は診療のプロセスで変換されていく患者をBOMで表現したものであり，図表8-8は支払い請求が変換されて完成する様子のBOM表現である。

BOMの階層構造を使うと，一般に，上位にあるモノを完成するために必要な部品やモノを，その階層の下位に表すことができる。モノとしてはデータやサービスも含む。つまり，BOMの階層の上下関係（親子関係とも呼ぶ）によって，物的な変換だけでなく，図表8-7のような患者の状態をサービス作業によって変換することや，図表8-8のような請求を決裁済支払いに変換していって要求データを完成させるという変換も表現できる。そうした変換を実行する機械やソフトウエア，設備，人間作業者がワークセンターとして存在している。MRPモデルの考え方を使って，BOMとワークセンターによって仕事のしくみを表現できれば，MRPの能力計画を使うことで計画の実行可能性や仕組みの分析も可能になる。

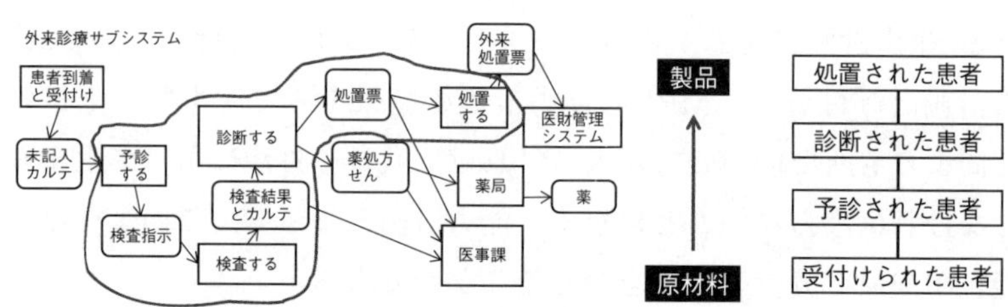


図表8-7　外来診療の仕事のBOM表現

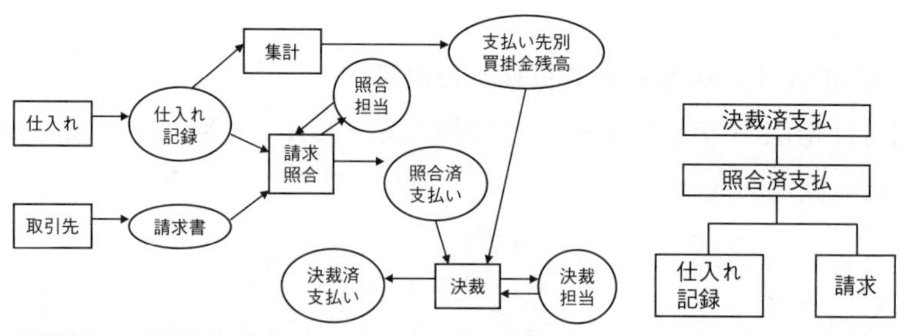


図表8-8　買掛金決済プロセスのBOM表現

生産に限らず，広くビジネス一般のモノの変換をBOMで表現できるので，MRPを中核とした情報システムの利用範囲は，病院や会計だけに限らず，流通業や農業などほとんどすべての仕事を含むといえる。

## 4. MRPとカンバン方式とIoTの関係

欧米ではMRPを中心とした基幹業務向け情報システムが発達した。能力計画と原価管理を取り込まれたMRP情報システムをMRP IIとかERPという。MRP II はmanufacturing resource planning システムの略称であり，ERPはenterprise resource planning システムの略称である。現在でも，ERPなどの標準品としての全社業務向け情報システムは，大きなビジネスとして世界で拡大を続けている。

MRPは特にリーン生産システムとの比較において，組織の運転を制御する側面でMRPが劣っているかのような論調がある。特に，ウォマック他著『リーン生産方式が，世界を変える』というMITが主導した大規模な調査報告をもとにした本によっても，文化や国のちがいを超えたリーン生産方式の優位性が示されている。リーン生産方式とは，段取り替えの短縮化とカンバン方式の組み合わせと多能工を基盤とした生産管理改革とその後の改善の方法論であるといってよい。しかし，その本はMRPとリーン方式を比較するものではない。MRPとリーン方式の比較は単純ではないため，MRP方式がリーン方式に劣ると考えるのは早計である。また，近年の多くの研究報告で，日本における情報化投資の少なさが生産性の比較的な低さの原因とみなされるという分析もある。日本企業が市販のERPや営業支援システムやマーケティング・オートメーションのシステムの導入において専門性を獲得していない可能性の方が高いとみる向きも多い。

MRPモデルの概念であるBOM，作業手順，ワークセンターというビジネスプロセスのとらえ方は普遍的であり，リーン生産方式を設計する場合でも利用できる。MRPを実現しているERPなどの情報システムでは，MRPモデルが種々のビジネスを表現しうるという普遍性を用いて，生産管理に限らず，事業プロジェクトの管理であるとか，ビッグデータを用いた在庫管理と倉庫管理への適用のほか，頻繁に起こる計画変更時に残業を抑えつつ終了時間を短縮し，かつ実行可能であるような詳細なスケジュール作成ソフトウエアとの連携などの多くの発展がある。要はどのように使うかという知識と工夫が問題なのである。また，リーン方式の実現は単純なものではなく，プロセスの継続的な改善を伴わない単なるカンバン方式だけの導入はサプライヤーにとって在庫の巨大化といった破局的影響を及ぼすといったこともあって，リーン生産システムの創始者でもあり成功者でもある大野氏らが厳に戒めるところである。一方で，MRPとリーン生産を組み合わせてサービス業務にも適用しうることは，図表8-7，図表8-8に示したように，業務をBOMと作業手順で表現することから容易に理解できる。どこまで高度な仕組みを作り上げることができるかは，組織として，定常となるようなビジネス運転の仕組みを作ること，無駄をつぶし続けることで在庫の低減と需要変動への耐性を獲得することをどこまで追求するかにかかっているのであり，単なるソフトウエアとしての情報システムだけでは決まらない。そうであれば，MRPモデルの持つ普遍的なビジネスの運転構造のとらえ方を使い，リーン方式を需要プロセスを取り込む方策としてIoTやビッグデータとの組み合わせで追及していくことは，柔軟なビジネスプロセス構成でモノと情報の流れを整えることの可能性の広がりにほかならない。大きな戦略的優位性につながる可能性がある。

## 5. EDI（電子データ交換・電子商取引）

情報システムによる管理は，組織内の日々のオペレーションを効率化するうえで，また，ビジネス取引に必要な受発注などの正確さにおいて，絶大な直接的な効果がある。そのため，伝票の情報化は工夫されて企業の外部との取引のデジタル化として広がった。しかし，企業内部におけるMRPやリーン生産方式のような「最適」な運用の仕組みに比べると，企業間にまたがる情報システムの発展が遅れていることが問題として顕在化してきている。

EDIのイメージは，紙の伝票のやり取りに代わって，伝票の内容のディジタルデータを電話回線を使って受注側と発注側のコンピュータ間でファイル転送することである。日本では1970年代に紙のチェーンストア統一伝票が制定された。1982年には日本チェーンストア協会（JCA）が中心となって通信手順の標準を定め，一般の電話回線でコンピュータとモデムを使って，伝票の内容である発注データを卸売のコンピュータに送れるようになり，非常によく使われた。これはEOS（electric order system　オンライン発注システム）と呼ばれた。漢字や写真イメージは送ることができず，カタカナと数字だけで送った。1984年にはJCAはさらに，ターンアラウンド用の統一伝票を制定した。発注者である小売企業が付けた仕入れ伝票番号を打ったターンアラウンド仕入伝票によって発注がなされ，卸売企業から小売企業へ納品するときに，その伝票の内容のデータがカーボンコピーが使われて小売りに戻ってくる（ターンアラウンド＝ぐるっと一周）ものである。仕入れ伝票は，販売者がEDIで注文を受け，のちに購入者へ納品するときに納入品目とともに持っていくものである。小売店などの購入者にとっては仕入れということになるため，はじめから仕入伝票という名称が伝票市販品として印刷されている。ターンアラウンド伝票によって，検収や請求のときに小売店での確認作業がスピードも上がり間違いも減った。なお，見逃せないポイントは，こうした紙によるやり取りと連動して標準伝票が制定されたことによって，コンピュータで通信するべきデータの内容とデータの意味が標準的に定まったことである。日本で最初に定められた統一伝票は1962年の織物卸統一伝票であったが，業界ごとに商習慣の違いがあり伝票が違うため，業界ごとにEDIのデータ表現の標準が定められEDIの利用が発達した。

現在ではさらに，インターネットの普及により，流通BMS（ビジネス・メッセージ・スタンダード）として，より高度な電子商取引が行われようとしている。具体的には，伝票データとして転送するだけでなく，EDIで送られたデータを企業側の情報システムで自動処理するという方向である。何を行うかが，各業界とソフトウエア開発企業に問われている。

EDIを利用すれば，企業間の取引で自動的にモノと流れを整えることになるわけではない。むしろ，異なる企業から構成されている流通ネットワークでは，在庫の低減を実現しながら品切れや納期遅れを減らすことを実現するということは，一つの企業内の場合よりも困難である。

EDIデータの利用を考えるためにPOSを利用した単品管理が参考になる。POSは販売時点情報管理といわれPOSシステムは小売業で広く用いられている。販売時点で商品ごとのバーコードを読み取って清算すると同時に，商品や顧客の情報を収集するシステムである。商品のバーコードには，基本的に世界標準の商品番号（JANコード）が表わされている。POSシステムを個別商品ごとの発注と在庫の管理に利用するのが単品管理である。菓子とか文房具といった商品部門別の売り上げデータではなく，個々の商品種類ごとに，どのメーカーのどの種類のノート，どのポテト菓子といったような，個別商品ごとに販売動向を把握，分析して，品ぞろえや商品管理に反映できる。これを単品管理と呼んでいる。

POSデータでは，自分の店に置いた商品が売れなかったことは分かるが，置いていない商品のことはわからない。業界団体から購入したり，小売本部からのデータも合わせて，自店のPOSデータと合わせて取り組む。素朴な利用例としては，おにぎりの曜日別・時間帯別・種類別の仕入れ数を決めたりすることでも，品切れを起こしていたかということと同時に，売れ行きの速度も考慮し微調整しながら最適数を探していく。

地域に数多くある一般の小売業がPOSデータを共用することで，仕入れや品揃え，販売額を効果的に調整するための仕組みづくりがRDS（流通POSデータサービス）として進められている。EDIにおいても，そうした共用化・オープン化に基づいた情報を利用して仕入れの改革につなげていくなどの発展が望まれる。

## 6. 需要プロセスのビジネスプロセスへの取り込み

ポイント制のカードやスマートフォン上の無料アプリ，さらにはインターネット上の検索や購買行動によって得られる膨大な通信記録から，プライバシーに関わる個人情報を取り除き，なおかつ，ひとりひとりの行動を認識した行動データが利用されている。こうした動きは，経営情報システムが管理することで達成しようとしている「企業内のモノと情報の流れを整える」ことの対象を，企業内や企業間だけでなく，顧客の集団である需要のプロセスへと拡大するものである。歴史的な出来事が進んでいるのである。

市場の需要プロセスと企業活動を連動させることは，無料オンラインゲームの場合では，無料ユーザがすぐやめないように，ゲームサイトへの記録を分析しつつゲームの難易度を調整するということなどで行われている。インターネットによる販売では，検索連動広告によって購入履歴や検索履歴によってユーザに見せる広告が，多くの広告の中から瞬時に決定されている。インターネットで簡単に購入手続きができるからといって，製造も瞬時に行えるわけではない。製品はまた，サービス提供の設備として使われる場合も多いので，サービスのプロセスへの影響も大きい。製造業では，たとえば航空エンジンや発電機の中の高温高圧環境で高速度で回転する軸であるタービンを製造しているGE社は，その顧客プロセスである航空機ユーザや発電会社で稼働中のエンジンや発電機に多数設置した小さなセンサーからの温度や回転数のデータをインターネット経由で大量に蓄積している。このビッグデータを使って，顧客企業において保守点検サービスの需要発生の時期を知ることができる。稼働時間を販売するビジネスへの転換も試みられている。

多くの製品についての購買から製造や販売活動と連動させる仕組みに需要プロセスのデータ利用の方法を作り上げていくのは，これから大きな発展を望みうるビジネスの領域であり経営情報学の発展領域である。モノと情報の流れを整えることを追求しながら，ビジネスモデルという形で経営戦略を表現して磨いていける能力が重要になる。

## 参考文献

（財）流通システム開発センター『統一伝票マニュアル－総合編』（平成26年版），2014年。

三菱総研『平成16年度我が国のＩＴ活用に関する調査研究』（三菱総研，2007年）

Chandler A.D. *Structure and Organization,* MIT 1962（有賀裕子訳『組織は戦略に従う』ダイヤモンド社，2004年）

Womack, James P., Daniel T. Jones, Daniel Roos（1990）*The Machine That Changed The World,* Harper Perennial（沢田博訳『リーン生産方式が，世界の自動車産業をこう変える。』経済界，1990年）

## 学習課題

１．自分のまわりの製品をよく見て，その製品の部品表を想像して描いて見なさい。

２．理髪店・理容店や美容院で受けるサービスについて，本文中の病院外来の場合を参考にして，そのサービスによる状態の変化に注目して，部品表を描きなさい。さらにその部品表において，削除したり，作業を外注化したりして，異なるサービスにする可能性を検討しなさい。

# 9　経営情報システムの開発と管理

伊東　暁人

**《目標＆ポイント》** 本章では，経営情報システムを企画，構築，運用するために必要となる知識と考え方を理解することを目標とする。経営情報システムを企画・設計し，開発，テスト，運用，保守にいたる一連のプロセスと情報化投資をする際の評価について把握する。

情報システムの開発にあたっては，いかに「良く」作るか？をめざして，様々な方法論が提起，実践されてきた。それらの方法論の違いと環境変化にともなう変遷についても概観する。

**《キーワード》** 開発方法論，システム開発ライフサイクル（SDLC：Systems Development Life Cycle），ウォーターフォール・モデル，反復型開発，アジャイル開発，プロジェクト管理，情報化投資

## 1.「システムをつくる」とは？

経営情報システムをつくるとはどのようなことであろうか？　何らかの目的をもって構想される一連の「しくみ」としての経営情報システムは，前述のように，組織体の情報的相互作用を支援するものである。すなわち，人間（手作業）によるしくみとICT（情報技術）によるしくみの統合されたものである。それゆえ，システムをつくる，ということを「＝（コンピュータなど）ICTによるしくみをつくる」と狭くとらえてしまうと全体を見ることを見失う恐れがある。まずは「何をどうしたいのか」という全体の目的とあるべき姿を明確にし，そのうえでどこを人間が行い，どこをICTにやらせるかを考え，決める必要がある。

上記の前提に立ち，ICTによる情報システムをつくるということを広義に捉えるならば，ある構想を持ってどのようなしくみを作るか，その実現可能性や費用対効果等も含めて考え（計画），何をどこでやるかを決め(機能と要求仕様策定),具体的な画面や帳票等をデザインし(設計),仕様と設計に沿ったソフトウェアを作成（プログラミング）し，仕様通りに動くか試し(テスト),それまでの業務を新しいしくみに移し(移行),実際に使い（運用），必要に応じて変更，改良等を行い（保守），最後に使われなくなり代わる新たなしくみに移行する（廃棄）までの一連の過程といえる。狭義に捉えるならば，ある決められた仕様に基づき，ソフトウェアを作成し，移行･運用させるまでのプロセスということになる。(狭義の）情報システムの開発は，建築に例えられることがある。すなわち，小規模で簡単な機能を満たすものであれば自らの手で構築することができる―あたかもDIYで犬小屋を作るように―が，大規模で複雑なものであればそれなりに手順を踏んだ構築―ビルを建てるのには設計や基礎工事が必要なように―が必要となる。

また，開発するシステムが大規模化，複雑化し，ネットワークで他のシステムと結びつくことによって，システムの持つ社会的影響も大きなものとなっている。それゆえに，システム開発を実施する際には社会的責任を伴うことを自覚しなければいけない。

## 2. 開発方法論の誕生と変遷

### 2.1　なぜ開発方法論が生まれたのか

1950年代にコンピュータが経営に用いられるようになってもしばらくは（処理能力・記憶能力の制約から）「計算機」として，科学技術計算や限られた定型的な個別業務の効率化を目的として利用されていたこともあり，その時代においては，利用者が個別にしくみや利用方法を考え，必要なソフトウェアを開発していた。職人的なプログラマがある意味芸術的なプログラムを創造する（クラフトマンシップ）ことが一般的であった。

その後，コンピュータの能力向上とともにその利用が拡大し，1960年代末期頃になると，社会（含む企業）はより大きく，複雑なシステムを求めるようになった。しかしながら，それまでのように職人技でソフトウェアをつくりその総体としてシステムを構築していくと，品質が低く要求した仕様を満たさないソフトウェアの発生，あるいは，開発期間や予算の超過，開発プロジェクトの管理不能といった様々な問題，いわゆるソフトウェア危機が露呈するようになる。

こうした状況を解決する一方策として提唱されたのが，システムを開発する一連のプロセスをいくつかの工程に分けて管理しようという「開発モデル」「開発方法論」「開発の標準化」である[1]。どのような作業を工程として分けるかによってそれぞれのモデルが持つ工程の数も異なるが，概ね４～７程度の工程が多い。多くの場合，各工程は，「要求分析」，「設計」（概要設計（外部仕様設計）と詳細設計（内部仕様設計）に分かれることもある），「プログラミング」，「テスト」，「移行・稼働」等に分けられる[2]。各工程（フェーズ）の役割は下記の通り。

①要求分析（要件定義）：（広義の）システム全体のうち，ICTによって

---

1　the first NATO Software Engineering Conference, 1968　1968年，NATO後援の国際会議にて，ソフトウェア開発を職人芸的な作成方法から工業製品としての作成方法に変える方法として，製品製造過程のように開発をいくつかの工程に分け，各工程の終了を意味する文書を作成することで進捗を管理し，早いうちから品質の作りこみをしようとするウォーターフォール・モデルの原形が提唱された。

2　（独）情報処理推進機構（IPA）が発行しているソフトウェアライフサイクルにおける用語や作業内容などを規定したガイドラインである「共通フレーム」におけるおもなプロセスは企画→要件定義→開発→運用→保守となっている。システム開発を委託する際などに発注側と受注側の間に誤解が生じないように，汎用的な用語や各工程の内容（分類）を標準化するために制定された。2022年３月現在での最新版は『共通フレーム2013』で，ISO/IEC 12207:2008 の翻訳である JIS X 0160:2012 をベースとしている。

おこなう業務の内容を定義する。必要に応じて，業務を分析して図化すること（業務フローチャートなど）が行われる。

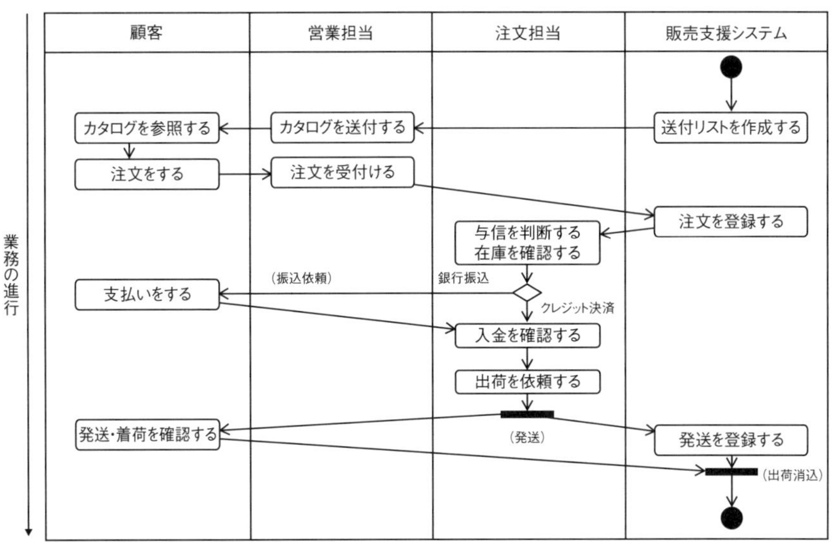


**図表9-1　業務フローチャートの例**

日経xTECH 2008/07/14　http://tech.nikkeibp.co.jp/it/article/COLUMN/20080619/308731/をもとに加筆。

何をやり，何をやらないかを決めるため，多くの場合，システム開発プロジェクト全体の成否に関わる重要なフェーズになることが多い。企業等のユーザーがシステム開発業者（ベンダー，システムインテグレータSIer）に開発業務を依頼する場合，このフェーズにおいて，経営や業務内容に精通しているユーザーとICTに精通しているSIerが相互に知識や意図を共有して想定される情報システムで実現すべきことに齟齬がないようにしなければならない。業務上の要件以外にも，求められるセキュリティレベルや信頼性，稼働時間，運用コストや保守性などを確認する必要がある。情報システムで実現すべきことは「要求仕様」(requirement specification) とよばれ，要求仕様書（要件定義書）としてまとめられる。ここには，システムの目的，ハードウェアやネットワーク環境（アーキテクチュア）なども含めたシステム全体の基本構成，システム化の対象とする業務の内容，情報システムで提供される機能の概要，開発プロジェクトのスケジュール，システム稼働後の運用や保守の体制などが記述される。

ある程度の規模のシステムを開発する場合，要求分析のフェーズに入る前に「計画」フェーズを設けて，新しい業務のしくみ全体のあり方とICTで情報システムを構築する目的・効果を明確にし，組織をとりまく内外の環境状況や費用対効果などを調査して，実行可能性を研究 (feasibility study) したうえで，システム開発プロジェクトの遂行可否を判断する場合が多い。そうした検討を行うために，ユーザーからSIerにRFI (Request For Informattion) とよばれる情報提供依頼が行われ，SIerは提供可能な製品や技術，価格などの情報を提示する。また，要件を定義した段階でその実現方法（アーキテクチャも含め）についてSIerに提案を求める（RFP ： Request For Proposal）こともある。

②設計：前工程である要求分析フェーズで定義された仕様を具体的にどのように実現するかを明らかにする。設計フェーズは，大きく，外部設計，内部設計，プログラム設計から構成される。

外部設計 (external design/ED) は，つくられるシステムが外部（おもにユーザー）にどのような機能を提供し，またどのようなユーザーインターフェイスを持つかを設計し，それを実現する方式（アーキテクチャ：ハードウェアやネットワークインフラ，ミドルウェア，プラットフォーム等）を決定する。また，必要に応じてシステム全体をサブシステムやモジュールに分割する。データ項目や画面，帳票などin/output

を決め，ユーザーの使い勝手に影響を与えるため，ユーザーの関与が必要となる。「基本設計」（ときに「概要設計」）とよばれることもある。

内部設計（internal design/ID）は，外部設計で定義された機能や操作・表示方法などを各プログラム単位に分割してそれぞれの処理内容やプログラム間の連携などを定義する。この工程からはユーザーの関与はあまり求められない。

プログラム設計（program design/PD）は，プログラムの作成（コーディング）にあたり，各プログラムの動作や処理の流れなどを詳細に定義する。（内部設計と合わせて「詳細設計」とよばれることもある。）

要求分析と設計フェーズをより高品質かつ効率よく行うために，「構造化手法」（機能中心アプローチとデータ中心アプローチがある），「データフローダイアグラム（DFD：Data Flow Diagram）」，「E-Rダイアグラム（Entity-Relationship Diagram）」，「オブジェクト指向開発方法論（object-oriented methodology）」などが提唱，利用されている。

③プログラミング（programming）：設計フェーズで作成された設計書（仕様書）にしたがってコンピュータへ命令を与えるプログラムを記述する。コンピュータに直接動作命令を与えるのは機械語（machine code, machine language）であるが，可読性や生産性などを考慮しほとんどの場合，なんらかのプログラム言語[3]が用いられる。どのプログラム言語を用いるかは，開発するシステムとの適合性や開発環境，実行効率などから選択される。また，プログラムの記述形式（書法）[4]を同じ開発プロジェクトにおいて統一，標準化しておくことで後工程のテストや稼働後の保守が容易となる。

---

3　代表的なプログラム言語として，従来はCOBOL，PL/Iなどが多かったが，近年はJava，VisualBasic.net，C#，Cなどの割合が増えている。（(独）情報処理推進機構（IPA）。(『ソフトウェア開発分析データ集2022』2022年，13頁）

4　プログラムの記述形式の統一化，標準化については，コーディング規約，変数や識別子などの命名規則，構造化プログラミング（Structured Programming）に代表される手法などがある。

④テスト：作成されたプログラムが設計通りに動くかを検証する工程で，単体テスト，結合テスト，システム（総合）テストから構成される。

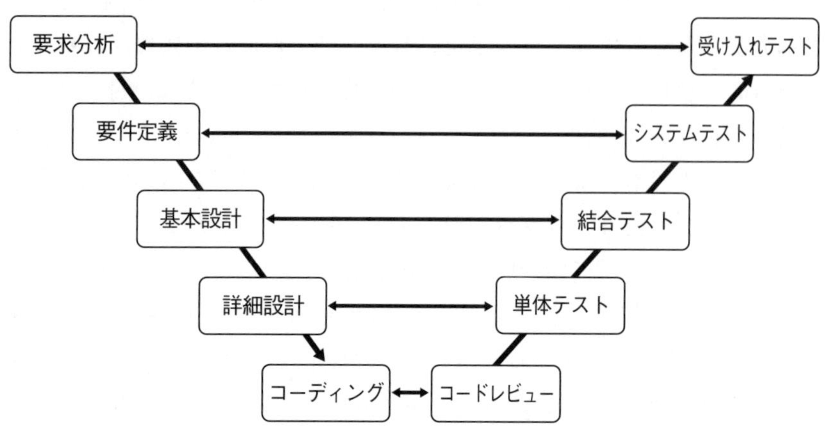


図表9-2　開発工程とテスト工程のＶ字モデル例[5]

単体テストは，個々のプログラム単体での動作テストである。記述されたコードが設計書に沿いその意図に従い正しく動作することを確認する。専門のテスターがテストを行うこともあるが，プログラム記述者（プログラマ）がプログラミングの工程内で行うことも多い。

結合テストは複数のプログラム（モジュール・部品）を組み合わせて行うテストで，単体テストの後に行われる。単体で正しく動作したプログラムを関連するほかのプログラムと結合させた状態で動かし，データの受け渡しや機能の連携などが正しく動作するかを検証する。

システム（総合）テストは結合テストの後にシステム全体を対象として実施される最終テストで，実際の使用環境に近い形で全機能を動かして要求仕様通りの機能と性能を満たしているかを確認する。ユーザーが試用し承認を与える[6]。

---

5　Ｖ字モデルには，工程のとらえ方により対応するテストフェーズが異なる場合もある。（例：要件定義⟷運用テスト，基本設計⟷システムテスト，など。）

⑤移行・稼働：すべてのテストが終了しユーザーの承認が得られた後にいよいよ本稼働を迎える。その時点で稼働しているシステムが無い場合であれば新たなシステムにそれまでの人間系の業務を変えて開始すればよいが，すでに動いているシステムから新たに開発したシステムに移行する場合には相応の作業が必要になる。旧システムからのデータ移行，業務移行などを，いつ，どのようにやるか，それらのリハーサル，また，万が一，移行がうまくいかず障害が発生した場合の対応計画の立案などが必要となる[7]。

上記の工程をいかに遂行しシステムを完成させるかについての代表的な考え方が「システム開発ライフサイクル（SDLC：Systems Development Life Cycle）」と呼ばれるものである。SDLCは，プロセスを（後戻りさせない）Onewayのものとして考えるものと工程を反復させて徐々に完成度を上げていこうと考えるものに大別される。前者の代表的考え方がウォーターフォール・モデルで，後者の代表的な考え方が反復型開発である。

### 2.2　ウォーターフォール・モデル

1960年代末期の議論で最初に提案されたモデルで，SDLCそのものとして捉えられることも多い。このモデルの考え方は，上記の計画から廃棄までのプロセスのうち，おもに「計画」→「要求仕様策定」→「設計」→「プログラミング」→「テスト」→「移行・稼働」を各工程ごとに管理可能な作業単位（フェーズ）に分割し，それぞれのフェーズの完了を

6　あらゆる状況を想定しても完全無欠なテストは困難である。1972年にACMチューリング賞を受賞したダイクストラは，「テストはバグ（欠陥）の存在を示すには有効だが，バグが存在しないことは証明できない」と言った。Dijkstra E. W., 1972. “The humble programmer”, *Communications of the ACM*, 15（10）: 859-866.

7　システム移行時のトラブル発生は影響が大きい。銀行合併のような大規模なシステム移行の場合，移行計画の立案から実際の移行・稼働まで数年かかることもある。移行作業の工数がシステム開発全体の35～40%を占めるというデータがある。（『日経SYSTEM』2007年５月）

待って各工程で作業した成果物を後工程につなぐというものである。あたかも水が上流から下流に流れる滝（waterfall）のように作業を進め，原則として上流には戻らないことからこの名がつけられている。

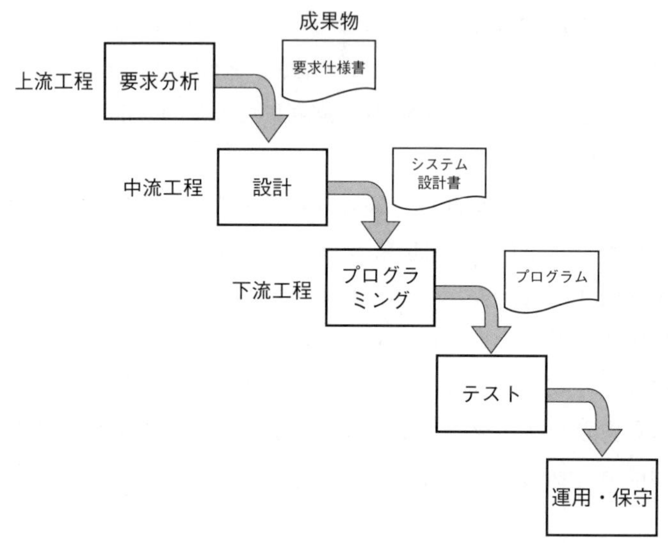


図表9-3　ウォーターフォール・モデル

実際には，厳密にすべての工程を前工程に戻さない（手戻りさせない）で開発が完了するかというと難しいことが多く，プログラムの単体テスト，結合テストで内部設計のミスがわかったり，テストフェーズでユーザーの試用を経て機能の一部を設計フェーズに戻して修正するような場合もある。一般に，遡る工程がより前工程になるほど開発負担（コスト，工数，時間等）が増大する。

### 2.3　反復型開発

反復型の考え方は，システムの基本的な一部をとりあえず作ってみてユーザーの試用と評価を受けて手直ししながら完成形に近づけていくというものである。反復型にはいくつかのバリエーションがある。

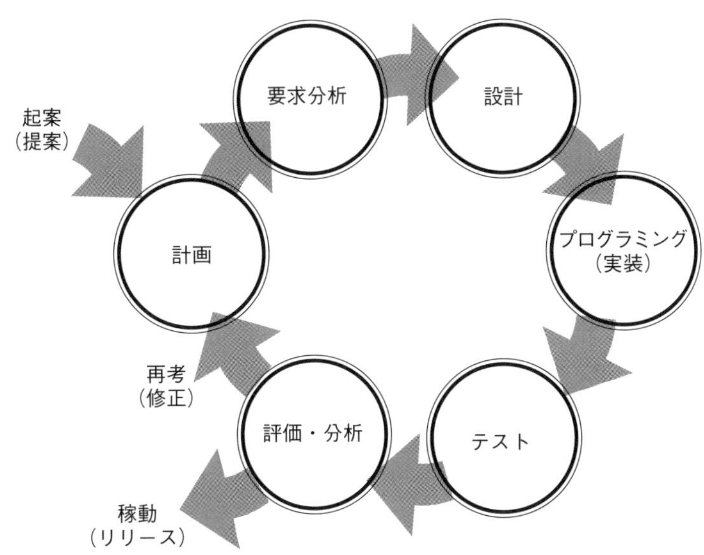


図表9-4　反復型開発の概念例

#### (1)　ソフトウエア・プロトタイピング（Software Prototyping）

プロトタイプ（原型）を作り，ユーザーが試用することで問題点などを洗い出したうえで本稼働のためのソフトウェアを開発する手法である。評価後の原型を使わずまったく新しく本稼働用のソフトウェアを開発する手法（使い捨て型）と原型に手を加えながら漸進的に本稼働用の完成形を開発する手法（進化型）がある。

一般に，プロトタイピングは，ユーザーが直接操作してやりとりする場面が多い（オンラインなどの）システム，とくにユーザーインターフェイスの要求定義の確定や設計に有効である。

プロトタイピングの実施には，CASE（Computer Aided Software Engineering）ツールやVisual BasicなどのGUI（Graphical User Interface）処理の記述に優れたプログラム言語が用いられることが多い。

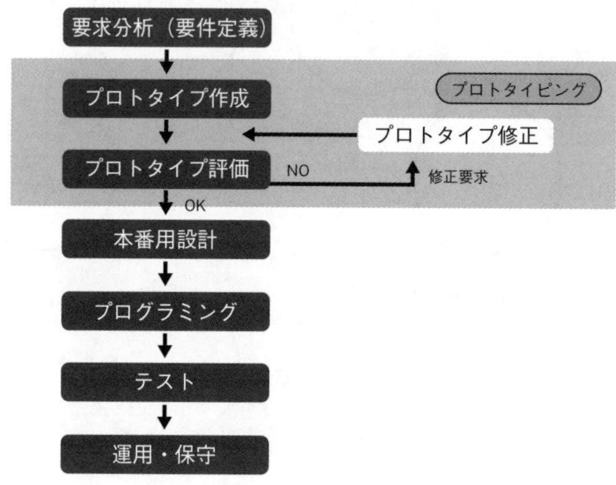


図表9-5　プロトタイピングの概念例

### (2) スパイラルモデル（Spiral Model）

設計，プログラミング，テスト，試用を経て，ユーザーから出された要望によって設計を修正し，プログラムに修正を行い再度試用し，改善と機能追加を行うという一連のプロセスを反復させながら徐々にシステムを完成させていく手法である。1988年にベームが提唱したもの[8]では，1回のループを6ヶ月～2年で行うものとされた。

大規模なシステム開発にスパイラルモデルを適用する際には，システ

---

[8] Boehm B. W., 1988. "A Spiral Model of Software Development and Enhancement", *IEEE Computer*, 21（5）: pp.61-72.

ムを機能などによっていくつかのサブシステムなどに分割しループを回していくことも見られる。開発の初期段階でシステム全体の要件定義を固めなくてもユーザーの試用と評価によって少しずつ要件を固めていけるという点で変更に対して柔軟性が高いが，一方で当初想定よりも仕様が肥大化しやすくコストが増大することもある。

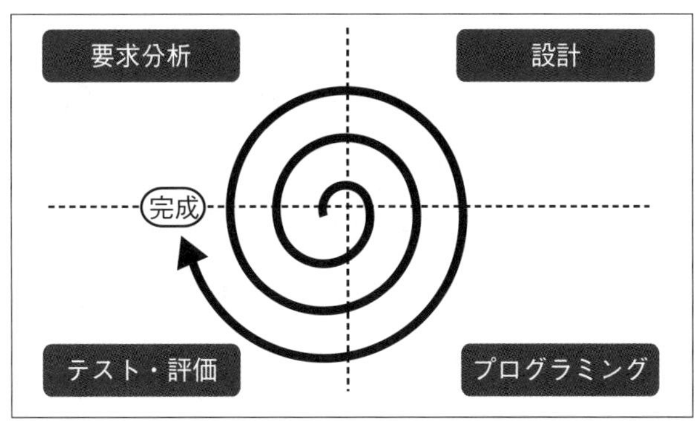


**図表9-6　スパイラルモデルの概念例**

### (3) アジャイル開発（agile software development）

Agileは「俊敏な，すばやい」の意であるが，システムの開発対象を多数の小さな機能に分割し，その機能ごとに要求分析，設計，プログラミング，テストを行い，ユーザーが試用，検証した後に，問題がなければ次の機能を追加的に開発する。一つの機能を作りこむ反復したサイクルのことを「イテレーション」と呼び，イテレーションを継続してシステム全体を構築する。一つのイテレーションは一般に1～4週間程度で実施する。アジャイル開発が行われる現場では，プログラミングされた機能をすぐにテスト，評価し，フィードバックを行うため，その機能に関係する人（ユーザーを含む）が場を共有し意思疎通を活発に行うことが多い。

エクストリーム・プログラミング（XP），スクラム（Scrum），ユーザー機能駆動開発（FDD：Feature Driven Development），Dynamic Systems Development Method（DSDM）等の開発手法がアジャイル開発に分類される。

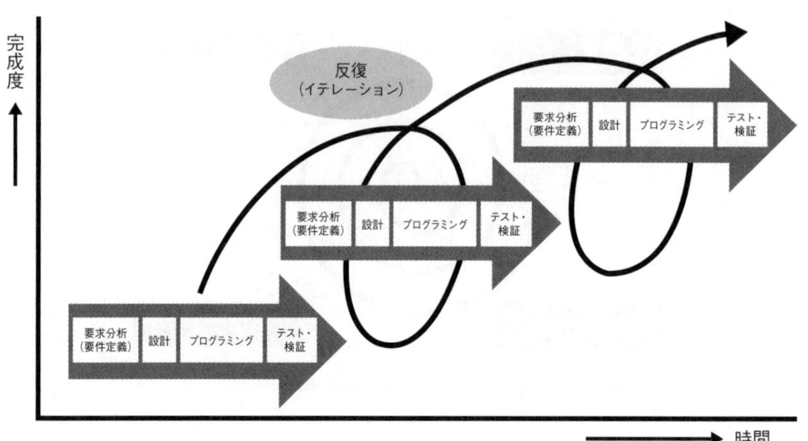


**図表9-7　アジャイル開発の概念例**

アジャイル開発に代表される探索的・漸進的に開発を行うという考え方の前提には，ユーザーが求める要求仕様を最初から完全に決めることはできない，またそれゆえに，1回の工程でユーザーが完全に満足するシステムを完成させることは無理，ということがある。実際，ユーザーと綿密に要求仕様を策定し外部設計で使い勝手を確認してドキュメント（設計書）に従って開発を行っても，プログラムが完成し試用した後になってユーザーが仕様変更を求めることもしばしばみられる。ユーザー自身が本当に何をやりたいのか実際に使ってみてからでないと認識できないこともあるし，開発を進めている（時に1年を超える）間にユーザーをとりまく環境が変化してしまうということもある。

以上，代表的なシステム開発方法論を紹介したが上記以外にも様々な方法論が提案，利用されている。しかし日本におけるシステム開発の事例を見ると，その方法はウォーターフォール・モデルをとることが圧倒的に多い[9]。その傾向は特にエンタープライズ系といわれる大規模なシステムになるほど顕著であるが，下記のような様々な理由がある。

1）反復型は開発にかかるコストと時間の見積もりが困難である。

2）反復型はユーザーの要求のブレと肥大化を招く。

3）ウォーターフォール型は工程を分けて分業し，管理がしやすい。

自前で開発をすべて行うのであればこれらの問題点はある程度吸収しうるかもしれないが，（社外である）SIerに開発を委託する場合，「いつまでに何をつくるか」が明確でなければ見積もりが困難であり契約上のリスクが発生する。また，大手SIerを元請けとして複数の開発業者によって開発が進められる場合，工程や機能ごとに分業化されることも多く，ウォーターフォール型のほうがプロジェクト全体の管理がやりやすいということもある。

[9] IPAのデータによると，1,370件の開発プロジェクトのうち1,377件（97.2%）がウォーターフォール型で，反復型は29件（2.1%）となっている。IPA『ソフトウェア開発分析データ集2022』，2022年，18頁。

# 3. 開発の実際とプロジェクト管理

| 作業項目 ＼ 作業期間 | | 1年目 | | | | | | | | | 2年目 | | | | | | | | | | | | 3年目 |
|---|---|---|---|---|---|---|---|---|---|---|---|---|---|---|---|---|---|---|---|---|---|---|---|
| | | 7 | 8 | 9 | 10 | 11 | 12 | 1 | 2 | 3 | 4 | 5 | 6 | 7 | 8 | 9 | 10 | 11 | 12 | 1 | 2 | 3 | 4 |
| | 現行業務の分析 | ■ | ■ | ■ | | | | | | | | | | | | | | | | | | | |
| | 業務機能設計 | ■ | ■ | ■ | | | | | | | | | | | | | | | | | | | |
| | 信頼性の検討 | | ■ | ■ | ■ | | | | | | | | | | | | | | | | | | |
| 基本設計 | 運用方式の検討 | | ■ | ■ | ■ | | | | | | | | | | | | | | | | | | |
| | ハードウェア･ソフトウェア構成 | | ■ | ■ | ■ | | | | | | | | | | | | | | | | | | |
| | 画面・帳票の一覧，概要 | | ■ | ■ | ■ | | | | | | | | | | | | | | | | | | |
| | データベース概略設計 | | | ■ | ■ | | | | | | | | | | | | | | | | | | |
| | 基本設計書まとめ | | | ■ | ■ | | | | | | | | | | | | | | | | | | |
| 詳細設計 | 機能詳細検討 | | | | | ■ | ■ | | | | | | | | | | | | | | | | |
| | 画面・帳票の詳細設計 | | | | | | ■ | ■ | | | | | | | | | | | | | | | |
| | データベース設計 | | | | | | ■ | ■ | | | | | | | | | | | | | | | |
| | 詳細設計書まとめ | | | | | | | ■ | ■ | | | | | | | | | | | | | | |
| 開発・導入・研修 | ソフト製造 | | | | | | | | | ■ | ■ | ■ | ■ | | | | | | | | | | |
| | 結合テスト･総合テスト | | | | | | | | | | | | | ■ | ■ | | | | | | | | → |
| | 試験運用 | | | | | | | | | | | | | | | ■ | ■ | ■ | ■ | | | | |
| | 研修 | | | | | | | | | | | | | | | ■ | ■ | ■ | ■ | ■ | | | ★本稼動 |

図表9-8　開発スケジュールの例

上図はある自治体における比較的大規模な業務システムの開発スケジュールの実例である。約750万件のデータを約7,500台のPCで扱うクライアント－サーバー型のシステムで，開発費用は約1.5億円である。旧システムが無かったため，システムやデータ移行に関わる作業がないが，設計の前段階の企画・計画フェーズまで入れれば約２年余を費やしている。

また，近年ではゼロからすべてのプログラムを作らずに[10]SIerが一定の機能を持ったソフトウェア（パッケージソフト）を提供し，それをベースとしてユーザーの独自機能を付加する（カスタマイズ）ことでシステムを構築することも増えている。財務会計･給与計算，グループウェア，販売・顧客・在庫管理などの個別の業務ごとのパッケージソフトの導入，

10　パッケージソフトや既存システムから一切の流用なくすべてを最初から開発することを「スクラッチ開発（scratch development）」という。

あるいは様々な業務や部門をまたいで統合・一括して情報を管理するERP（Enterprise Resource Planning）パッケージの導入などがある。すでに提供される機能が保証されておりプログラミングやテストの工程が小さくなるので開発期間とコストの削減につながる。パッケージを導入してシステム開発を行う際の工程も基本的には，企画→要件定義→開発→運用→保守という流れであるが，要件定義フェーズにおいて「フィット＆ギャップ分析」を行う必要がある。フィット＆ギャップ分析とは，導入を想定しているパッケージが基本的に備える機能とユーザーがシステム化後に実施しようとしている業務の適合（フィット）部分と乖離（ギャップ）部分を洗い出す作業である。これによって，業務に合わせて追加的にカスタマイズを実施するのか，あるいはパッケージに合わせて業務のやり方を変更するのか，等の判断が必要となるので，ERPパッケージ導入のような全社に影響を及ぼす場合にはフィット＆ギャップ分析に数か月を費やす企業もある。一般に，カスタマイズが増えるほど本来のパッケージの持つ一貫性などの優位性を損ない，開発期間，コストとも増加する。

さらにクラウド環境の普及に伴い，自前でハードウェア環境のみならずソフトウェアもインターネット経由でサービスとして利用すること（SaaS: Software as a Service）で「作らない，持たない」システム導入も進んできている。自社でシステムを保有・管理する必要がないためコスト削減が見込まれる。

システム開発のやり方には上記のように様々なものがあるが，いずれのやり方をとるにせよ，各作業が予定通りに着実に進んでいるかを管理－開発プロジェクト管理－する必要がある。プロジェクト管理のやり方についても様々な手法が提案，実施されている[11]。一般的なプロジェクト管理では，

1）進捗管理　作業計画と進捗実績の乖離をチェックし，必要があれば作業と人員等をコントロールする。

2)品質管理　作成されたプログラムやシステムの品質基準を決めて，それを確認するためのテストやレビューを計画，実施して品質を維持する。

3）変更管理　仕様や環境等の変更要求をリストアップし，対応状況を把握するとともに設計書等の成果物の整合性を維持する。ソースコードや設計書等の変更履歴の管理，バージョン管理やライブラリ管理，バグトラッキング（欠陥への対応）などを含む。

4）コミュニケーション管理　プロジェクトメンバー間で共有すべき情報とその保管方法，連絡方法などを決める。

5）作業環境管理　プロジェクトメンバーが効率的に作業を実施できるよう作業環境を整える。

6）リスク管理　プロジェクト遂行にあたって危惧されるリスクを想定し，それらを排除，もしくは発生した場合の影響を小さくするよう事前に対応を行う。

といった管理が必要とされる。

しかし，これらのプロジェクト管理を行ったからといってかならずしもすべての開発プロジェクトが成功裏に終わるわけではない。2016～21年のIPAの調査[12]によると，稼働後に品質，コスト，納期の３つすべてで当初計画通りに成功したと回答したプロジェクトは全体の71.3%にとどまる。また2021年の日本情報システム・ユーザー協会（JUAS）の調

---

11　代表的なプロジェクト管理手法の一つが米国PMI（Project Management Institute）が策定したPMBOK（Project Management Body of Knowledge）と呼ばれる知識体系である。PMBOKは管理対象を「知識エリア」として，統合，スコープ（範囲），タイム（スケジュール），コスト，品質，人的資源，コミュニケーション，リスク，調達，ステークホルダーの10領域を示している。また，日本工業規格はJIS Q 10006（ISO 10006）として「品質マネジメントシステム－プロジェクトにおける品質マネジメントの指針」を規定している。

12　IPA『ソフトウェア開発分析データ集2022』，2022年，27頁。

査では，開発規模500人月以上のシステム（255件）で，予定通り完了したプロジェクトは全体の13.9%にとどまり，39.4%が予算を超過し，23.5%が品質に不満を感じている[13]。2017〜2018年に実施された日経BPコンサルティングの調査では，成功率は52.8%となっている[14]。こうした開発プロジェクトの失敗は時に発注者（ユーザー）と開発者（SIer）の間で訴訟問題に発展することもある。

ユーザー側，ベンダー（SIer）双方のリスクを避けるために，システム開発の委託／受託契約を結ぶ際に，提供するサービス（要件の定義，内容，範囲，品質，稼働率など）をSLA（Service Level Agreement：サービス品質保証）として明示，合意し，それを達成できなかった場合の罰則（ペナルティ）も決めておくことがある。また，システムの運用開始後にも稼働率などSLAで合意したサービス品質を維持するためにSLM（Service Level Management：サービスレベル管理）と呼ばれる活動を継続的・定期的に実施する。

## 4. 情報化投資と評価

2020年における日本の民間企業による情報化投資は2015年価格で約15.2兆円（前年比0.4％減）で，その内訳はソフトウェアが最も多く8.9兆円となっている[15]。多額のお金をかけてシステムを開発する以上は，それに見合った効果が得られなければならない。開発前の計画段階で費用対効果を推計するのはもちろんであるが，本稼働が進み運用・保守が行われるようになっても，再度，費用対効果が達成されているか，とくに運用・保守にかかる経費が当初想定の範囲内なのか等を中心に導入効

13　一般社団法人 日本情報システム・ユーザー協会『企業IT動向調査報告書2022』JUAS，2022年，149-150頁。

14　「スケジュール」「コスト」「満足度」の３条件を満たすプロジェクトを成功と定義し，1,745件の開発プロジェクトを分析している。『日経コンピュータ』2018年３月１日号，28-29頁。

15　総務省『情報通信白書 令和４年度版』2022年，46頁。

果を測定し検証する必要がある。一般に企業の投資評価方法は，その評価基準の違いによって下記のようなものがある。

・回収期間　投資額が収入によって回収される長さを基準とする。回収期間（Payback）法など。
・収益率　投資額に対する収益の大きさを基準とする。ROI（Return On Investment：投下資本利益率）法，IRR（Internal Rate of Return：内部収益率）法など。
・利益額と時間価値　得られる利益額と時間価値を基準とする。DCF（Discount Cash Flow）法，NPV（Net Present Value：正味現在価値）法など。

いずれの方法も初期投資額，毎年のキャッシュフロー，使用期間，（割引率）がわからないと正確な計算と評価はできない。しかし，初期投資額以外の項目は不確定なことが多い。たとえば，利益額（キャッシュフロー）を考えても，システムの効果で省力化が進みコストが削減したことで生まれた利益なのか，景気動向を受けて売り上げが増加したことで生まれた利益なのかを，システムの寄与度合いを明確に区分して計算するのは困難である。

そのような経緯もあり，近年は投資額をいくつかのカテゴリーに分けてそれぞれを異なる視点で評価することが行われている[16]。たとえば，経済産業省がJUASに委託して策定した「IT投資価値評価ガイドライン（試行版）」では，前述のROI法，NPV法に加えて，業務処理時間や顧客満足度などのKPI（Key Performance Indicator）の設定，システム利用者の満足度，機能や投資額などの他社との比較（ベンチマーク），（システムを開発しない場合の）機会損失を評価手法としてあげている[16]。

16　経済産業省「IT投資価値評価に関する調査研究（IT投資価値評価ガイドライン（試行版）について）」2007年，11頁。

## 参考文献

玉井哲雄『ソフトウェア工学の基礎』（岩波書店，2004年）
（独）情報処理推進機構（IPA）『共通フレーム2013』（IPA/SEC，2013年）
平野雅章『IT 投資で伸びる会社，沈む会社』（日本経済新聞出版社，2007年）
宮川公男・上田泰編著『経営情報システム（第４版）』（中央経済社，2014年）
情報処理学会編（伊藤ほか著）『情報システムの分析と設計』（オーム社，2022年）

## 学習課題

1．開発され稼動している情報システムの事例を見て，どのような開発方法論が採られたかを確認してみよう。
2．情報システムの開発事例を集め，その規模や機能により採られる開発方法論が異なるかどうかを確かめてみよう。

# 10 経営情報におけるサイバーセキュリティ

藤井　章博

**《目標＆ポイント》** 本章では，「サイバーセキュリティ」の基本的事項を企業経営の立場から述べる。組織が保有する情報資産を安全に利活用するための基本的な考え方，法律，経営に求められる取り組みを概説する。近年，サイバーセキュリティの重要性が高まる中，リスクを抑えるためのガイドラインが公的機関等によって提供されている。ここでは，その概要とリスクに関する基本的な考え方，技術，関連する法律について述べる。
**《キーワード》** セキュリティポリシー，リスク，インシデント，公開鍵暗号方式，共通鍵暗号方式，認証，プライバシー，ランサムウェア，マルウェア

## 1．経営における情報セキュリティの意義

今日，「サイバーセキュリティ」に関する議論は，社会活動の様々な分野に及んでおり，情報技術の観点から安全・安心な社会基盤を築くことが求められている。本章では，特に企業経営におけるサイバーセキュリティを中心に解説する。

はじめに「サイバーセキュリティ」という用語の定義に触れておこう。「サイバーセキュリティ基本法」という法律では，「サイバーセキュリティ」という用語を次のように定義している。

**電磁的方式によって記録・発信・伝送・受信される情報の漏洩・滅失・**

**毀損の防止など安全管理のために必要な措置，および，情報システムや情報通信ネットワークの安全性・信頼性を確保するために必要な措置が講じられ，その状態が適切に維持管理されていること**

まず，「電磁的方式」という用語に象徴されるように，コンピュータやネットワークシステムに深く関わる問題を取り扱うという，技術的な側面がある。加えて，「必要な措置を講じ，適切に維持管理する」という点では，サイバーセキュリティの問題は，経営管理上の課題であるという点を示唆している。経済産業省の策定する「サイバーセキュリティ経営ガイドライン（2015年）」でも，サイバーセキュリティは，明確に企業組織における経営上の問題であり，経営におけるIT投資の割合とその中でのサイバーセキュリティ投資をどの程度行うのか経営戦略上の重要な課題であるとしている。

このような法律に照らすと，サイバー攻撃により，経営組織の個人情報や安全保障上の情報が流失した場合は，経営者の経営責任が問われることもある。上述したガイドラインでは，経営者が認識すべきである3つの原則を挙げている。（以下引用要約）

(1) ビジネス展開や生産性の向上にはITの利活用は不可欠であり，このことによりサイバー攻撃の脅威が避けられないリスクとなっている。そこで，リスクをどの程度受容するのか，セキュリティ投資をどこまでやるのかは，経営者がリーダーシップをとって対策を推進すべきである。
(2) 問題は，子会社や系列企業，サプライチェーンのビジネスパートナー等を含めたセキュリティ対策が必要である。
(3) 平時からのセキュリティ対策に関する情報共有など関係者との適

切なコミュニケーションが不可欠である。
(以上，ガイドライン，経営者３原則)

また，2019年末に始まったCOVID-19によるコロナ禍は，世界中で甚大な被害を出し，就業環境に大きな変化をもたらした。情報ネットワークを介したリモート接続を利用した「テレワーク」が大規模かつ急速に浸透し，そのことに伴う情報技術の環境整備も迅速に進められている。政府は，「テレワークセキュリティガイドライン」を策定し，「検討すべきこと」「方式の解説」「対策の一覧」などを提示している。2021年に策定されたこのガイドラインで特に強調されている点を本文から以下に引用する。

**既知の攻撃手法への防御を念頭に構成されたセキュリティ対策だけでは十分な防御が難しくなってきており，オフィスネットワーク内に攻撃者が侵入することを前提にセキュリティ対策の在り方を再検証するゼロトラストという考え方に注目が集まっています。**

ここで，「ゼロトラスト」という概念に関して触れておく。これは，自社企業の外部ネットワーク（インターネット）と，自社内部ネットワーク（LAN）との境界による防御（境界型セキュリティ）には限界があり，内部ネットワーク内にも脅威が存在しうるという考えのもとで，データや機器等の単位でのセキュリティ強化を謳うものである。すなわち「内部であっても信頼しない，外部も内部も区別なく疑ってかかる」という「性悪説」に基づいた態度が求められるというものである。

コロナ禍でリモート環境の利用が拡大したという事実は，経営の効率化に資する情報技術を積極的に導入するという「怪我の功名」という側面がある一方で，企業経営の立場からサイバーセキュリティにおいて新たなリスクに対処する必要性を生み出した。

これらの状況から分かるように，本章で扱うサイバーセキュリティは，技術的な要因もさることながら，経営上の問題として取り組むべき重要な課題であることを強調しておきたい。

## 2. リスクの考え方および脅威となる技術的要因

サイバーセキュリティを守るために，経営者は後に述べるセキュリティポリシーを策定することなどを通じて対策を講じていくことになる。はじめに行わなければならないことは，守るべき対象はなにで，それに対してどの程度のリスクが存在するのかを見積もることである。図表10-1は，情報システムの「脆弱性」とシステムに対する「脅威」および「資産（の価値）」を軸に取り，リスクの大きさをキューブ（立方体）

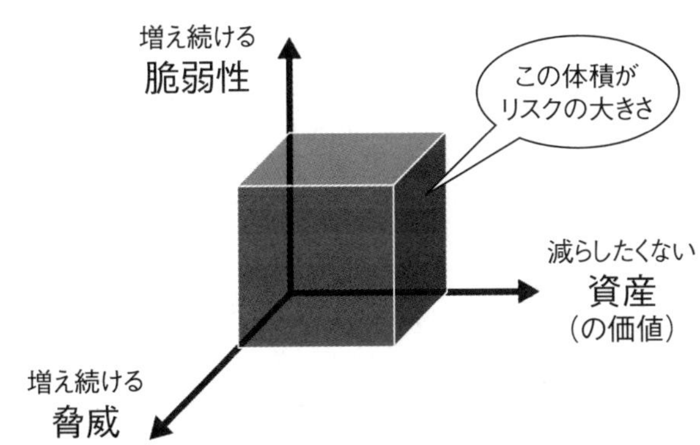


**図表10-1　リスクキューブ**

（出所：http://securityresponse.symantec.com/content/en/us/enterprise/Media/security_response/whitepapers/Risk_Management.pdf）

の体積で表現したものである。体積が大きいほどリスクは大きいと考えられる。脅威は，攻撃を受ける可能性の増加によって高まる。脆弱性は，「情報システムへの投資が十分でない」あるいは，「社員の情報セキュリティへの意識が低い」などの要因で高まる可能性がある。自社の製品の競争力を左右するような特許や設計情報を情報システム内に保有する場合は，資産価値が大きいということになる。

より詳細なリスク分析が必要な場合は，それぞれの領域をさらに「時間軸」と「空間軸」で明確に分けて項目を挙げることが必要になるかもしれない。また，脅威に対しても，さらにその「発生確率」や「被害の規模」を統計的期待値の観点から分析し，詳細なリスク評価を行う場合もある。

## 3. セキュリティポリシーの策定

リスクを回避するために，組織がどのようにセキュリティ対策に取り組んでいくのかということを定める文書が「セキュリティポリシー」である。これは，行動指針における憲法のような役割をもち，組織内の行動を規定するあらゆる規範や指針の基礎となる文書である。次ページの図表10-2は，情報処理推進機構（IPA）によるその概念図である。

基本方針：企業がサイバーセキュリティ対策を実施することを社内外に宣言する。「なぜセキュリティが必要か」という「Why」について規定し，企業の経営方針，目的，責任などを明確にするものである。

対策基準：当該組織内のルール集であり「何を実施しなければならない

か」という「What」について記述する。適用範囲や定義，責任と要件，遵守義務などを規定する。

実施手順：対策基準で定めた規程を実施する際に，「どのように実施するか」という「How」について記述したもの。マニュアル的な位置づけの文書であり，詳細な手順が記述してある。

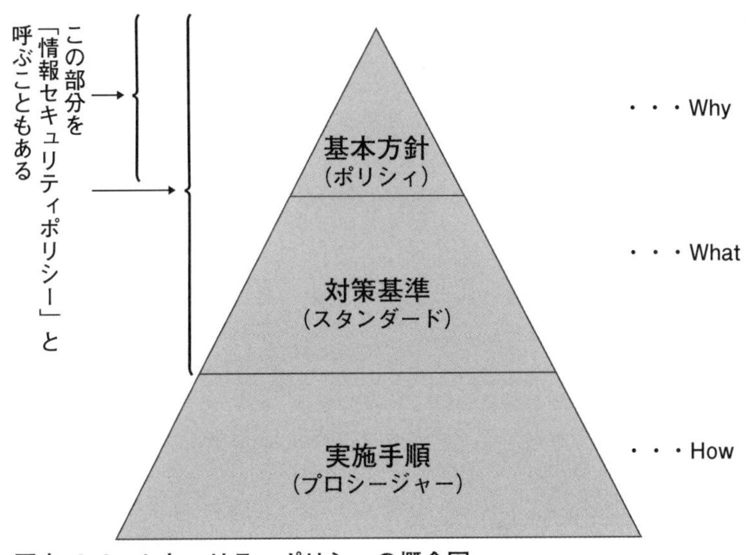


図表10-2　セキュリティポリシーの概念図

経営者の主導のもとに組織がまとまってサイバーセキュリティリスク対策を実施するためには，この「セキュリティポリシー」を策定することで，行動の規範を定めることが出発点となる。具体的な実施手順に落とし込む際には，ヒト・モノ・カネの面で割けられる経営資源の制約の範囲内で現実的に可能な対応を検討しなければならない。

## 4. 情報セキュリティを守るために遵守すべき法律

本節では，企業経営の観点から重要と考えられる情報セキュリティ関連の法律について概観する。表に代表的な法律をまとめる。

| 通称 | 正式名称 | 概要 |
| --- | --- | --- |
| サイバーセキュリティ基本法 | 同左 | 国としての基本施策を規定 |
| IT基本法 | 高度情報通信ネットワーク社会形成基本法 | 情報通信ネットワーク社会の形成に関する基本施策を規定 |
| 電子署名認証法 | 電子署名および認証業務に関する法律 | 電子署名を押印と同等に通用させることなどを規定 |
| 公的個人認証法 | 電子署名等に係る地方公共団体情報システム機構の認証業務に関する法律 | 自治体などの行政手続に関する規定 |
| 個人情報保護法 | 個人情報の保護に関する法律 | 特に企業等が営利目的で収集した個人情報の保護に関する施策の基本事項を定めている |
| マイナンバー法 | 行政手続における特定の個人を識別するための番号の利用等に関する法律 | マイナンバーの取得や保管，活用などについて規定している |
| 迷惑メール防止法 | 特定電子メールの送信の適正化等に関する法律 | 宣伝メール等の送信ルール等に関して規定している |
| 不正アクセス禁止法 | 不正アクセス行為の禁止等に関する法律 | Webアプリ等を利用する際のIDやパスワードに関するルールを規定している |
| 電子契約法 | 電子消費者契約及び電子承諾通知に関する民法の特例に関する法律 | インターネットでの商取引におけるルールを規定している |
| プロバイダ責任制限法 | 特定電気通信役務提供者の損害賠償責任の制限及び発信者情報の開示に関する法律 | プロバイダの責任範囲，コンテンツに関して責任を持たない。 |

**図表10-3　サイバーセキュリティ　関係法令一覧**

まず，2020年に改訂，施行された「サイバーセキュリティ基本法」では，サイバーセキュリティに関する施策を総合的かつ効率的に推進するための基本理念を定め，国の果たすべき役割，政策の基本的事項を規定している。この法律の目的には，「サイバーセキュリティに関する施策に関し，基本理念を定め，国及び地方公共団体の責務等を明らかにし，並びにサイバーセキュリティ戦略の策定その他サイバーセキュリティに関する施策の基本となる事項を定める」とある。また，「脅威の深刻化その他の内外の諸情勢の変化に伴い，情報の自由な流通を確保しつつ，サイバーセキュリティの確保を図る」としている。

同様に，国や地方公共団体の高度情報通信ネットワーク社会の形成に関する基本理念及び施策の策定に係る基本方針を定めたものに「IT基本法（高度情報通信ネットワーク社会形成基本法）」がある。この法律により，「高度情報通信ネットワーク社会推進戦略本部」が設置され，重点計画の策定・推進が行われている。

「電子署名認証法」は，電子商取引などの効率化のために電子署名を押印と同等に通用させることなどが規定されている。また，自治体などの行政手続にオンライン化を促進させるために電子署名の利用を規定する「公的個人認証法」が制定されている。

「個人情報保護法」は，2005年に成立し，個人情報の保護に関する施策の基本事項を定めている。国及び地方公共団体の責務等に加え，入手した情報の管理や追跡（トレーサビリティ），利活用のための匿名化等に関する規定がされている。同法は，３年に一度改正されるが，2020年の改定では，「個人情報の利用停止を企業に請求できる権利」いわゆる「オプトアウト」を消費者が企業に要求できるようになった。これに伴い，情報開示要求に対応する義務が生じるなど，ネットビジネス等での運用に留意すべき点が増えている。この法律においては，5,000人以上の個人情報の運用を行う企業は，法律に基づいて一定の規則に従うことが義務付けられている。また，このことに関連して，個人情報を取り扱う事業者は，「プライバシーマーク」と呼ばれる認証資格を取得し，自主的により高い保護レベルの個人情報保護に努めることが推奨されている。

国民全員に割り振られているマイナンバーは，今後税金をはじめ幅広く活用されていくと考えられる。マイナンバー法は，その取得や保管，活用などについて規定している。

「迷惑メール防止法」では「原則としてあらかじめ送信の同意を得た者以外の者への送信禁止」「一定の事項に関する表示義務」「送信者情報を偽った送信の禁止」「送信を拒否した者への送信の禁止」などが定められている。これにより，たとえば，名刺交換した相手に宣伝メールを送る際にも注意が必要となる。

「不正アクセス禁止法」では，Webサイト等にアクセスする際に必要となる識別符号（IDやパスワードなどを指す）に関する情報が主な対象となる。こうした情報を不正に取得し，保管したり，そのような不正行為を助長する行為を禁止する法律である。フィッシング詐欺は，この法律で規制されている。

「電子契約法」では，インターネットでの商取引において，画面の操作ミスによる契約（発注，購入など）を無効にすることや，事業者側に意思確認のための措置を取らせること，契約成立のタイミングなどを規定している。過去に,「ワンクリック詐欺」と呼ばれる詐欺が問題になった際に，新たに導入された法律である。これにより，Web画面上のボタンを押しただけで，何らかの「契約成立」と表示されるような不正行為を排除できる。

「プロバイダ責任制限法」は，インターネット上の情報流通のためのシステムの機能を提供している事業者に関する法律である。対象となる事業者としては，営利事業を目的としたプロバイダ等に加えて，企業や大学も含まれる。これは，何らかの権利侵害が発生した場合に，情報を発信した者を特定するために必要な発信者情報（IPやタイムスタンプ等）の情報開示を請求するための法律である。開示に際して，民事上の責任（損害賠償責任）を制限するというものである。

その他，特許法と著作権法など，知的財産権についての法律も情報セキュリティの観点から関係の深い法律である。たとえば，保護の対象になる寸前のアイデアや設計図などが漏えいしてしまうことは重大な脅威になる。さらに，近年は秘密特許に関する議論もされており，知的財産権の内容を公開することなく権利保護を実現する法体系も検討されている。

海外に展開している企業や海外の顧客情報を保持する企業おいては，当然，その国や地域の法律を遵守する必要がある。たとえばEUにおいては，「EU一般データ保護規則：GDPR（General Data Protection Regulation）」が規定されている。

## 5. サイバーセキュリティ関連技術

企業経営における情報セキュリティへの対処は，前述したようにポリシーの策定を基礎とし，その上に運用体制を整備しなければならない。本節では，特に技術的な項目に焦点を当てて脅威に対する備えに関する事項を概観する。技術の詳細については，より高度な専門書を参照されたい。

| 脅威 |
| --- |
| コンピュータ・ネットワークへの不正侵入 |
| 盗聴，情報の搾取・漏洩 |
| マルウェア（ランサムウエア・ウイルス・スパムメール） |
| サービス・機能の妨害 |

まず，脅威として存在するものを表に列挙する。コンピュータやネットワークの運用において，ID・パスワードに相当する「識別符号」が用いられる。他人の識別符号や識別符号以外の情報や指令を用いてコンピュータやネットワークシステムに侵入することが脅威として存在する。これは，結果的に盗聴や情報の搾取・漏洩といった被害に繋がる。マルウェアは識別符号が正しく運営されている状況でもメールへの添付などによって感染する場合もあるため，従業員に対する情報セキュリティ教育を通じて対策意識を高めるなどの処置が必要である。マルウェアは単体で被害をもたらさない場合でも，不正アクセスのための「バックドア」と呼ばれる進入路を提供するなど，次の脅威の準備的な役割を担うものもある。サービス・機能の妨害とは，別名「DoS（Denial of Service）攻撃」と呼ばれるもので，Webサイトなどの情報システムに対するアクセス負荷を増大させることで機能の低下を企むものである。この脅威は，正常な状態との境界線があいまいで巧妙な攻撃があり得るため，技術的に高度な対処が求められる。

技術面の対応を分類すると，「認証」，「アクセス制御」があり，それらに「暗号技術」の適用が行われる。暗号技術は，ランサムウェアが登場するまではセキュリティを防御する側の要の要素技術であったが，悪用されることによって被害をもたらす側で利用されるようになった。以下では，まず「暗号技術」と「認証」に関して概要を解説する。その後，攻撃する側の技術として「ランサムウェア」と「DoS攻撃」について述べる。

### 5.1　暗号技術の概要

暗号技術は，情報通信システム上で交換されるデジタル情報の安全性を保つ技術の基本である。暗号では，もとの文書を「平文」，暗号化した文書を「暗文」，暗号化のための変換操作を「暗号化アルゴリズム」と呼ぶ。また，暗文を平文になおすことは復号と呼ばれる。暗号化アルゴリズムは，「暗号鍵」と呼ばれる情報を利用して実施される。暗号化アルゴリズムは，大別して「共通鍵方式」と「公開鍵方式」が存在する。以下の表は，これら２つの暗号化方式の比較を示している。実際に通信回線にパケットと呼ばれる伝送単位を送受信する際には，これらの方式を巧妙に組み合わせて安全な通信路を形成する。クレジットカードの番号やID・パスワード等の識別符号が伝送される際はこれを用いるのである。

| | 共通鍵暗号方式 | 公開鍵暗号方式 |
|---|---|---|
| 処理時間 | 少ない | 多い |
| 必要な鍵の数 | 多い（利用者の数の２乗程度） | 少ない（利用者の数程度） |
| 代表的方式 | DES暗号 | RSA暗号 |
| 特徴 | 一つの暗号鍵で一回の通信 | 二種類の暗号鍵（公開鍵と秘密鍵）を組み合わせて利用する。 |

また，鍵を運用する際の信頼性を高めるためにPKI（公開鍵認証基盤）と呼ばれる仕組みが存在する。日常的にネットでのアクセスの際に利用されるSSLとHTTPSでは暗号鍵の交換や暗号化，復号が自動的に実行されている。かつてこれらは，たとえばクレジットカードの情報を記入し，パスワードを入力する際に限定的に利用されていたが，今日インターネットブラウザを介して何らかのサービスにログインする際には，ほぼ定常的に利用されるようになっている。

### 5.2　認証

個人を特定する「認証」動作の基本は，識別符号であるIDとパスワードを用いて個人の特定を行うことである。一般に認証には，表に示す３

つの要素を活用する。パスワードとIDを「固有の知識」であるとみなすと，IDとパスワードによる認証は，一種類の要素しか利用していないことになる。たとえば，クレジットカードを利用して暗証番号を入力する場合は,「固有の物体」であるカードそのものと暗証番号という「固有の知識」を利用しており，サインをする場合は，保有者の「固有の特徴」である筆跡を利用していることになる。たとえば銀行口座の利用に際して，より強力な認証を必要とする場合は，カードと暗証番号に加えて指紋の認証を行うシステムの導入も進んでいる。入出国管理に際して，眼球の虹彩を検査することも一般的に行われている。

| 固有の知識（What you know） | パスワードなど |
|---|---|
| 固有の物体（What you have） | カード本体 |
| 固有の特徴（What you are） | 指紋認証 |

## 5.3　システムの階層構造

情報通信システムは，階層構造で構成されている。下位層では，物理的な諸元や電気信号レベルで情報が扱われ，階層が上位になると，アプリケーションやユーザ単位での制御となる。たとえば，我々がWebサイトを閲覧し，クレジットカードを利用して買い物をするような状況をみてみよう。伝送・蓄積されるデジタル情報の保護は，信号の暗号化技術が司る。また，アプリケーションを利用するレベルでは，認証に係る要素技術によって識別符号に関する処理に対処している。すなわち，システムは複合的･階層的な構造をもち,各階層において情報セキュリティを保つための対処がされている。

つぎに攻撃する側の技術について概観しておく。これらの脅威に対処するためには，利用する情報システムにセキュリティ対策を怠らないことが基本である。脅威の可能性として，特に「コンピュータウイルス」と「DoS攻撃」について述べる。終わりに，近年特にその脅威が顕著となっている「ランサムウェア」について述べる。

### 5.4　コンピュータウイルス

サイバーセキュリティに対する脅威として最初に挙げるのは，コンピュータウイルスである。生物学上の用語である「Virus:ウイルス」という言葉は，1980年代の半ばに自己増殖するプログラムに対して使われ始めた。それは，コンピュータウイルスは，次のような性質を持つからである。

#### (1)　自己伝染機能

自らの機能によって自らを複製し，他のシステムに伝染する機能

#### (2)　潜伏機能

発病するまで症状を現わさない。特定の時刻や，発症まで一定の時間や処理回数を重ねるなどの機能を持つ。

#### (3)　発症機能

プログラムやデータの破壊を行ったり，設計者や利用者の意図しない動作をする機能。

今日，被害をもたらす悪意のあるソフトウエアを表す用語としては，「マルウェア（Malware）：障害をもたらす動作をするソフトウエア」という用語も利用される。感染する場所によって，コンピュータウィルスを分類すると概ね次となる。

①プログラムファイル感染型：拡張子として.com や　.exe をもつ実行型ファイルやアプリに感染する。

②ブートセクタ感染型：ブートセクタとは，OS等を起動するためのプログラム領域を指し，この部分に感染する。

③複合感染型：システム領域感染型とファイル感染型の両方の特徴を有する。

④マクロ感染型：ワープロや表計算ソフトのマクロ機能を悪用して感染や増殖する。

⑤Webサイト感染型：トロイの木馬やアドウェアと呼ばれるもので，Webサイトの閲覧を通して感染する。

## 5.5　DoS 攻撃

次に，DoS（Denial of Service）攻撃の概要について説明する。企業の広報用ホームページや販売用ページは，顧客や消費者からのページ（サイト）へのアクセスを通じてサービスを提供する。DoS攻撃とは，そうしたサイトへの不要なアクセスや通信負荷をかけることで，正統にサービスを受けたいと願う利用者の利便性を損ねることを意図した攻撃である。こうした攻撃は多くの場合多数の分散された場所から仕掛け，一つ一つのアクセスに悪意がないように偽装することがある。これは特にDDoS（Distributed DoS）攻撃と呼ばれる。本来，サービスを提供するサイトは多くのアクセスによって利用されることを前提に設置されているから，アクセスの回数や状況からそのアクセスが悪意があるものであるのかそうでないのかを判定するのは容易ではない。攻撃する側の手法も巧妙になっており防御のために高度なネットワークアクセス監視が必要である。

## 5.6　ランサムウェア

これは，マルウェアの一種であり，感染したコンピュータでは，システムのハードディスクドライブが暗号化され，利用者が当該システムへアクセスできなくなる。この制限を解除するため，マルウェアの作者が被害者に身代金（ransom，ランサム）を支払うよう要求する。北米における2020年度の事例では，身代金の要求額が3000万ドル（約33億円）にのぼる。今日，ランサムウェアを利用した被害の額が年々増大しており特に注意が必要である。

## 6. むすび

図表10-4は，日本ネットワークセキュリティ協会の「2018年情報セキュリティインシデントに関する調査報告書」による情報漏えい原因の比率である。「インシデント」とはサイバーセキュリティ分野においてリスクを脅かす事件の発生を示す場合に特に用いる用語であり，「情報漏えい」はその代表的なものといえる。この原因は，「人為的なミス」が大部分で紙媒体による漏えい件数が最も多い。したがって，情報セキュリ

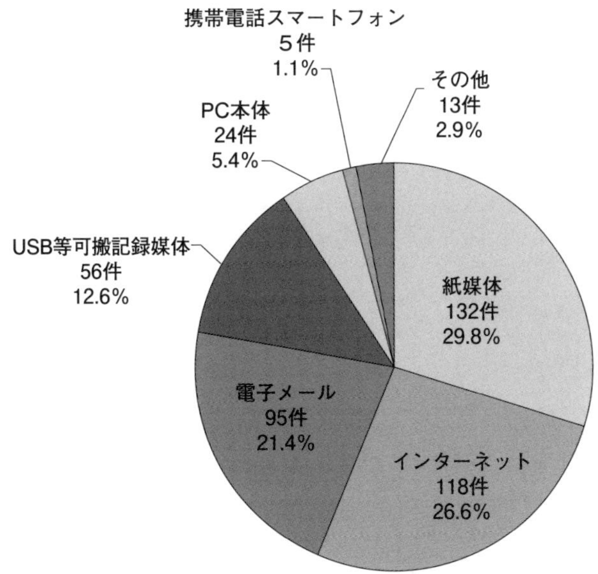


**図表10-4　「情報漏えい原因」の実態調査結果**
（NPO日本ネットワークセキュリティ協会）

ティの向上には，設備・技術の観点のみならず，教育や人的経営資源の質向上も重要な観点である。

報告書によると，個人情報の漏えいだけを取り上げても，それによる損害賠償額の想定額は，約2700億円と想定されている。近年は，金融・保険分野で漏えい件数は減少傾向にあるのに対して，教育・学習支援業において増加傾向にあることが指摘されている。地方自治体等公務に関する情報漏えいは，全体の約３割を占め恒常的に高い状況にある。

一旦インシデントが発生した場合に企業が被る被害は多岐にわたる。たとえばランサムウェアに感染した場合，身代金を支払わないことが推奨されているが，復旧のための経済的損害は避けられない。同様に事故対応のための費用や損害賠償費用，また事業の中断による利益損失を被る。さらに，風評被害などの無形損失も考えられる。こうした被害，損失による損害額は，高額になる傾向にあり，情報セキュリティに関する意識を高めることは，中小企業を中心とした企業・組織が広く求められている。

## 参考文献

山田恒夫『情報のセキュリティと倫理』（放送大学教育振興会，2018年）
独立行政法人情報処理推進機構『情報セキュリティ読本』［五訂版］（実教出版株式会社，2018年）
織茂昌之『情報セキュリティの基礎』（日本理工出版会，2002年）
白井　豊『インターネット時代の情報セキュリティ実践対策』（日本理工出版会，2002年）
情報セキュリティ技術教科書，情報セキュリティ資格試験教科書
「2018年情報セキュリティインシデントに関する調査報告書」（日本ネットワークセキュリティ協会）
「インシデント損害額調査レポート2021年」（日本ネットワークセキュリティ協会）

## 学習課題

1．具体的な産業分野や企業名を取り上げ，そこでは何が情報資産となりうるか検討してみよう。
2．セキュリティを脅かすインシデントは，必ずしも高度な技術を必要としないものも考えうる。日常的な業務の中でどのような不注意が情報漏えいにつながるか検討してみよう。

# 11 ネットビジネスの展開

藤井　章博

**《目標&ポイント》** 情報通信技術の発達とその社会への浸透によって，企業の経営管理手法の多くの側面に影響を与えてきた。本章では，特に情報ネットワークの登場とその利用拡大によって誕生した新しいビジネスの形態を「ネットビジネス」と呼ぶ。まずその基本的な理解のために，ネットビジネスを構成する主要な要因を取り上げて解説する。今後登場することが期待される新しいネットビジネスは，情報通信技術分野の要素技術の進展によってもたらされるため，現在進展しつつある技術分野のもとで新しいビジネスモデルの可能性について言及する。

**《キーワード》** ビジネスモデル，クライアント・サーバ型システム，電子商取引，情報の源泉，ビッグデータの活用，人工知能，ブロックチェーン，IoT

## 1．ネットビジネス隆盛の背景

21世紀におけるビジネスには，情報技術の役割が大きく影響をおよぼしている。ここで改めて，今日のネットビジネス隆盛の背景となる情報技術の発展を振り返ってみよう。1970年代までに成熟した大型コンピュータの設計開発は，個人用コンピュータの開発へと応用されていった。この段階では，まだビジネスとコンピュータの関係は限定的であった。1980年代後半になると，個人用であるパーソナルコンピュータの日常社会への浸透が進んだ。この時期を境に消費行動や経営管理におけるコンピュータの役割が急速に大きくなっていった。

1990年代に入ると情報ネットワークの利用拡大が進み，同時期に登場したWeb技術によって，多種多様なクライアント・サーバ型アプリケーションがパーソナルコンピュータ上で利用されるようになってきた。消費行動の観点では，このようなアプリケーションの代表は，店舗に行かなくても気に入った商品を購入できるという電子商取引（Electric Commerce）である。また，経営管理の観点では，クライアント・サーバ型アプリケーションによって経理情報の管理や，勤怠管理などの社内業務の効率化が図られるようになった。

さらに，2000年前後に日本において初めて携帯電話でのWebサイトの閲覧機能が利用されると，ユビキタスコンピューティングという言葉に表現されるように情報端末を常時携帯して生活するスタイルが幅広く受け入れられるようになる。それは，2010年ごろから拡大したスマートフォンの利用によって加速していく。特に，消費者の側におけるこのような生活スタイルの変化は，ネットビジネスの発展にとっての重要な要因となっている。

更に，AI（Artificial Intelligence）の応用範囲が拡大し，IT関連技術があらゆる場面に浸透していることや，ブロックチェーン技術が経済活動の根幹である通貨の在り方を根本的に変革する兆しを見せていることなどが，新たなネットビジネスを生み出す強力な要因となっている。

2022年本章執筆時点では，DX（Digital Transformation）という標語が政府の政策の重点項目として掲げられ，それに伴って企業経営の重要なキーワードとなっている。この概念は，情報技術のもたらす効果を最大限生かすような組織経営や営業活動を目指すことと解釈されよう。このような潮流は今後も継続し，技術の進展に伴って発展していくと予想される。

## 2. ネットビジネスの発展

前節で述べた情報技術の発展の経緯をまとめて振り返り，ビジネス上の重要な要件を３つ挙げるとすると，まず80年代中盤以降のPCの個人利用がまず重要である。次に，90年代に進展したブラウザをインタフェースとするクライアントサーバシステムの利用とその背景にあるイントラネット／インターネットの活用がビジネス環境を大きく変化させた点を挙げよう。さらに，携帯型の情報端末の活用とそのことによるSNSの利用拡大が重要である。

特に物販を中心に情報技術と経営形態のこれまでのネットビジネスの歩みを俯瞰してみよう。1990年代にはWebの登場による流通の革命的な状況が誕生する。たとえば書籍の販売の分野で，「クリックアンドモルタル」という用語が登場し経営学分野で盛んに議論された。これは，既存の「ブリックアンドモルタル（煉瓦と漆喰)」と表現できる書店などの実店舗に対して，「クリック」としてコンピュータの利活用を象徴させる韻を踏んで，情報技術を駆使した複合的な販売・流通形態を構築することを表現している。

Webサイトを通じて直接商品を周知し販売するこのような電子店舗の形態は，流通コストの劇的な削減をもたらした。1950年代以降に大型スーパーや量販店が登場した。このことによって，特に地方都市での商店街を介した流通は大きな変革を迫られた。このことは「流通革命」と表現された。同様に，1990年代以降に一般的となったWebサイトでの販売は，情報技術による新たな「流通革命」をもたらしたといえる。これは，消費者における「検索サービス」の活用と密接にかかわっている。Webを利用した物販・流通においては，大規模な製品情報の告知が容易におこなえ，顧客情報や購買活動を一括管理できる。そこで，多種多様な電子店舗の集合体である電子モールの形態が登場した。巨大に成長した電子モールは，物流業界における「プラットフォーム」の役割を演じるようになる。世界各国でこうした物販のプラットフォームを提供する企業は，1990年代に登場し急成長し現在に至っている。

## 3. ネットビジネスの類型化

次に，ネットビジネスモデルについて検討する上で考察の助けになるいくつかの視点を示す。「ビジネスモデル」という用語は，一般に幅広く利用されているが，その明確な定義というものは存在しない。たとえば，ビジネスモデル学会では，「定義が曖昧なのに，誰もが直観的に議論できることこそが，シンボリックな概念としてのビジネスモデルの魔力」であるとしている。とはいえ，ネットビジネスを論じるために，基本的な視点を示すことは意味があるといえよう。はじめに，サービス内容や情報技術の機能の観点から４つの基本的な要因を取り上げる。

### 3.1　ネットビジネスを規定する要因

図表11-1

| ビジネスモデルを規定する要因 | |
|---|---|
| ①サービス内容 | 最終製品や提供されるサービス内容や情報提供の形態等を示す要因 |
| ②エンティティ | 事業に関連する経済主体およびその役割を規定する要因 |
| ③収益構造 | 各経済主体の利益・収益の源泉・取得形態などを規定する要因 |
| ④機能モデル | 情報処理の方針等，技術的な内容を規定する要因 |

サービス内容：最終製品やサービス内容および情報提供の形態等を規定するものである。たとえばネット上での物販であれば，商品検索機能を提供し，決済・配送・アフターケア等の窓口を提供するサービスを提供するネットビジネスであるということになる。

エンティティ：事業に関連する経済主体の役割を規定したものである。たとえば，ある物販サイトが特定企業の営業部門の販売を行う場合は，エンティティは単一の企業となる。一方，商品を提供する多数の販売元の集合でサイトが形成されているような場合は，そのサイトは電子的な商業モールの役割を担っているため，そこに参画しているエンティティは多数の商品提供者とそれらを取りまとめるサイト運営会社となる。

収益構造：各経済主体の利益・収益の源泉・取得形態などを規定するものである。広告収入はその典型であり，無料のブログサイトに広告が表示されるのは，それによって運営されているからである。別の例として，「freemium:フリーミアム」という造語を取り上げてみよう。これは，「free: 無料」と「premium: 有料会員サービス」を組み合わせたものである。一つのネットビジネスにおいて基本的なサービスや機能を無料で提供しつつ，より洗練された，高度なサービス，機能を求める客に対しては，有料の会員サービスを提供するものであり，現行のネットビジネスで多く実践されている典型的な収益構造である。

機能モデル：技術的な要因を規定する。たとえば，Webサイトの画面をブラウザで操作する，スマホアプリの位置情報などにもとづいてメールを送る，などの機能がこれにあたる。ネットビジネスの場合，PCやスマートフォンの操作画面が顧客との最初の接点となる場合が多い。機能モデルは，そのサイトを構成するプログラムやデータがどのような関係をもって構成されているかを表す。

### 3.2　ネットビジネスにおける情報の流れ

次に，あるネットビジネスが誰のためのサービスを提供するのか，という視点を説明する。これは，サービス内容を左右するデータや情報がどのように利用されるか，という視点に立って分析の軸を設ける考え方である。何らかのネットビジネスモデルは，そこで利用されるデータや情報の源が存在する。たとえば，ネットショップは，一つの企業が自社の商品情報を掲載する場合もあれば,多くの商品提供者から情報を集め,まとめて掲載する場合もある。そこで，サービス内容の中心的な役割を担うエンティティにおいて，情報がどのように扱われるか分析する。情報の提供の源と情報の提供先という２つの軸によって図表11-2のような４つの形態が考えられる。

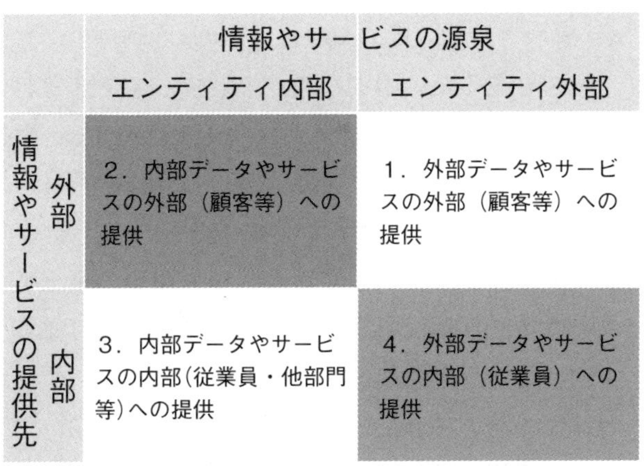

| | | 情報やサービスの源泉 | |
|---|---|---|---|
| | | エンティティ内部 | エンティティ外部 |
| 情報やサービスの提供先 | 外部 | 2．内部データやサービスの外部（顧客等）への提供 | 1．外部データやサービスの外部（顧客等）への提供 |
| | 内部 | 3．内部データやサービスの内部(従業員・他部門等)への提供 | 4．外部データやサービスの内部（従業員）への提供 |

図表11-2　ネットビジネスにおける情報の流れ

#### (1)　外部データの外部（顧客）への提供

たとえば，物販の市場サイトを運営する場合がこれにあたる。サービスの運営会社は，商品提供する各社から商品情報を収集し，それを顧客に提供している。

**(2) 内部データの外部（顧客）への提供**

たとえば，自社の製品情報をWebサイトで発信することや製品の直接販売の受付を行うサイトを運営することがこれに相当する。

**(3) 内部サービスの社内への提供**

たとえば，自社製品に関する技術情報を営業部門の人員に効率的に伝えるようなシステムが考えられる。また，社員の勤怠情報管理をWeb上で実施するサービスもこれに相当する。

**(4) 外部サービスの社内への提供**

たとえば，外部の文献サービスを社内に提供することが挙げられる。クラウドを通じてワープロや表計算などのビジネスアプリケーションを社員に提供することも含まれる。

ネットビジネスを語るための別な視点として，エンティティの立場を表すB:Business，C:Customer/Consumer，P:Person/Pearを利用して表現することもよく行われる。たとえば，B2Cとして顧客向けビジネスを，B2Bとしてビジネス間の取引を表す。B2B4Cとして，顧客向けのサービスを企業間の連携によって実現する形態を表現する場合もある。また，SNSを利用した個人の主観に基づく製品の評価を提供する場合を「P2Pマーケティング」などと呼ぶ場合もある。

ではここで「ふるさと納税」の仲介ビジネスの例を挙げて，上述した観点からビジネスの構造の分析を試みる。これは，地方自治体への納税の窓口を利用者に提供し，納税者へ返礼品の発送を仲介する事業である。税収を期待する多数の自治体の情報を集約して，ワンストップでふるさと納税のポータルをWebによって提供している。これは，自治体の税務関連情報の納税者への提供である。同時に各自治体に返礼品を供給する物販事業者の情報も併せて提供している。これは，地方の物販事業者の商品情報の集約を行い，集金や発送という業務の支援を行っている。納税業務に関しては，納税者側，自治体側の業務を一部請け負う形で利便性を提供し，税収の一部から手数料収益を得ていると想定される。この例のように，Webの利用がもたらす情報の集約化によって新たな事業形態が様々な分野で登場している。

ネットビジネスモデルは，「電子店舗」や「ショッピングモール」「消費者コミュニティの形成」といった基本的なモデルを出発点として様々な派生が考案され，実際に世の中に登場してきた。それらの中では定着したものもあれば，短期間に消えていったもの，別の形態に発展したものなど様々である。

## 4．新しいネットビジネスを生み出す要因

本節では，新たなネットビジネスが生まれる背景と要因について考えてみよう。これまで，情報技術の世界で登場する新しい要素技術がネットビジネスの誕生のキッカケとなりそれらを発展させていく環境を提供してきた。図表11-3は，新しいネットビジネスを生み出す要因を列挙している。既存の形態をネットビジネスに移行させたり，新たなネットビジネスを生み出す場合の要因となる事柄をまとめてある。

たとえば，仮想現実感（VR: Virtual Reality）や拡張現実感（AR: Augmented Reality）と呼ばれる画像処理の技術が，一般的なスマホでも容易に利用できるようになった。この技術は商品を選ぶ際に活用することで店舗在庫の縮小などのコスト削減を伴う新しい接客サービスの形態を生み出している。

図表11-3

| ネットビジネスを生み出す要因 |
|---|
| ①新しいサービスへの期待 |
| ②既存のサービスにおけるコストの削減 |
| ③既存のサービスの付加価値の付与，増大 |
| ④収益増大のための新しい機能の導入 |
| ⑤既存の生産活動の補完や支援 |
| ⑥情報交換のための場を創造 |

このように，これまで新たな情報技術の機能が世の中に広がると，それを核とする新しいサービスが登場してきた。情報の流通が効率的に行われることは，コスト削減や付加価値の増大，収益の増大に結び付いてきた。以下では，基本的かつ重要と考えられる情報技術の要素を具体的に挙げながら，新しいネットビジネスの可能性に関して検討する。

### 4.1　検索サービスとの関係

アプリケーションソフトウエアの観点から，「情報検索サービス」が宣伝や商品告知，我々の消費者としての購買活動に「大きな影響を」与えている。今日，我々は，商品を購入する際，Google等の検索サービスを商品情報収集の出発点とする場合が多い。検索する際に検索窓に打ち込まれる検索語は，その利用者の潜在的な購買欲求を反映している可能性が高い。その際検索に利用される「検索語」は，商品を提供する側にとって重要な情報となっている。検索語に応じて各個人向けに提示する広告は，著しく優れた効果をもたらす。何らかの商業活動に結びつきそうなデータとしては，まずそれぞれの消費者の検索履歴に始まって，その人の町でのウインドウショッピングの際の散歩経路などまで様々考えられる。検索サービスに限らず，電子商取引において消費者の側で入力された情報は，マーケティングにおける有効な情報源であり，今後のネットビジネスは，何らかの形で検索という行為によって得られた情報に基づくものとなろう。

### 4.2　スマートフォンの活用

2021年現在5G（第五世代）と呼ばれる通信インフラが整備されつつある。このことにより，スマートフォン上での動画像の送受信とAIによる処理結果の表示など大容量の情報処理がより身近なものとなることが期待される。スマートフォンは既に個人の日常生活に深く浸透しており，新しいネットビジネスはこの利用を基本的な基盤となろう。具体的には，ウインドウショッピングの際に，個人の嗜好に合致した店舗の紹介や，個人の体形に合わせた新製品の試着画像の提供などが挙げられる。

### 4.3　5Gと通信容量広帯域化の可能性

通信容量の広帯域化は，上述したスマートフォンに限らず情報機器の活用の幅を広げる。特にスマートフォンに搭載されたカメラを利用すれば，VRやAR，さらにはMR（Mixed Reality：複合現実感）と呼ばれる環境が容易に実現できる。5Gインフラが整備されれば，高帯域伝送による高精細な動画像の視聴がより身近になる。また，低遅延という利点によって，高精細動画像の双方向通信が活用されることが期待できる。そこで，特に動画像処理に関連するデータの送受信が容量や即時性の面からより活発にやり取りされるため，これをネットビジネスの新たな機能に活用する動きは増大するであろう。

### 4.4　クラウドコンピューティング

ネットビジネスには，アプリケーションを提供するインフラが不可欠である。クラウドコンピューティングを利用することでこうしたコストを削減でき，技術進化や事業の成長にも柔軟に追随できる。2020年ごろから，大手のクラウドベンダーは「リフトアンドシフト」と呼ぶ概念を盛んに提唱し，企業活動における既存のクライアント・サーバ型のシステム（これを「オンプレミス」と呼称する）をクラウドコンピューティング環境に移行するよう促している。クラウド環境では，事業規模の違いに応じて費用対効果を最適化する形で計算機資源を導入できるとしている。一方，そのような先進的かつ大規模なクラウドコンピューティングを提供するグローバルなベンダーによる寡占化が進行しており，そのような状況を懸念する意見もある。いずれにしても，新たなネットビジネスの展開に伴う技術的基盤にクラウドコンピューティング環境は欠かせない。

### 4.5　AIの活用

コンピュータの登場以来，その情報処理の結果を人間の行う認知行動や知識処理に近づける工夫がされてきた。深層学習と呼ばれる手法の技術的な成功をきっかけに，2010年代から一般的なビジネスの環境でも，AIが利用され，急激にその応用範囲が広まっている。商品の流通に目を向けると，トレーサビリティ情報に始まって，在庫情報，POS（Point of Sales）情報に至るまで多種多様な情報が収集・蓄積される。AIは，こうした大量の「ビックデータ」を効果的に分析することによって経営上の判断を部分的に支援できるようになっている。AIに関しても，これまで一般的なソフトウエアが辿ってきたように「コンポーネント化・部品化」の流れにあり，高度な機能がクラウドコンピューティング環境を通じてネットビジネスの実践に利用できるようになっている。

### 4.6　IoTの可能性

「ユビキタス（Ubiquitous）コンピューティング」や「IoT（Internet of Things）」というキーワードは，家電製品やセンサーなど多様な情報機器が通信ネットワークを介して相互に情報連携を行う状況を指している。腕時計型の計測機器で生体情報を定期的に計測し健康管理するアプリも幅広く利用されるようになっている。環境に遍在する情報通信機器から収集されるビックデータは，AIでの処理に供される。たとえば，農業生産やその流通過程において新たなネットビジネスを牽引する要素技術として期待される。

### 4.7　ブロックチェーン技術の可能性

2009年に「ビットコイン」と呼ぶ暗号通貨の使用が開始された。これはブロックチェーン（blockchain）と呼ばれるハッシュ暗号を利用した台帳に，価値を伴う有形・無形の財の取引記録を分散的に記録するもので，中央銀行や単一の管理者を必要としない分散型のデジタル通貨である。これを利用することで政府や企業の決済機能が劇的に変化する可能性がある。2021年には，ビットコインを自国の法定通貨として承認した国が現れた。

ブロックチェーンを利用すれば，信用を担保して価値を移譲するための仕組みの本質的な機能を情報技術だけで構築することができる。このことは，通貨のみでなく自己の正当性や他者の信用を確認する必要のある多種多様なアプリケーションに適用させられる可能性があることを意味している。この仕組みをNFT（Non-Fungible Token）と表現する場合もある。さらに，スマートコントラクトと呼ばれるプログラムをこのブロックチェーンの運用に付加すると，勘定帳の適切な運用など規約に伴う手続きの実施に関して信頼性を確保できる。たとえば，「イーサリウム」と呼ばれるプラットフォームが稼働しており，独自のブロックチェーンネットワークを運用することができる状況にある。この技術には多様なアプリケーションの可能性があり、将来像を巡って色々な検討がされている。

## 5. むすび

本章では，ビジネスの特徴を理解するために有用と考えられる基本的な視座を提供し，さらに現在進行中の先進技術の発展がビジネスに及ぼす可能性を考察した。

20世紀の後半から，情報通信関連技術の進化が社会変化の基本的な潮流を作り出すという構造があった。これは，今世紀もしばらく続くと考えられる。

## 参考文献

Paul Timmers, "Business Models for Electronic Markets" European Commission Focus Theme, 1998

Ravi Klakota, Marcia Robinson, "e-Business: Roadmap for Success", Addison Wesley, 1999

ラビ・カラコタ／マルシア・ロビンソン「e-ビジネス　企業変革のロードマップ」ピアソン・エデュケーション

青木利晴監修『Webサービスコンピューティング』電子情報通信学会，2005年。

五月女健治・片岡信弘・工藤司・石野正彦『インターネットビジネス概論』共立出版，2011年。

栗原聡監修『人と共生するAI革命』NTS，2019年。

鈴木淳一監修『ブロックチェーン3.0』NTS，2020年。

## 学習課題

1．身近なネットビジネスの具体例を取り上げ，3.1で述べた４つの要因，及び3.2で述べた情報の流れの観点からどのように構成されているか分析してみよう。

2．人工知能に関する話題として，新たにニュース等に取り上げられた革新的な技術に着目し，そこからどのようなネットビジネスの創出が可能か検討してみよう。

# 12 会計情報の入手と利用

齋藤　正章

**《学習のポイント》** 企業が1年間行った経営は，会計情報という形で集約される。本章では会計情報をどこで入手し，どう利用すればよいかについて解説する。

**《キーワード》** 有価証券報告書，金融庁，EDINET，XBRL，貸借対照表，損益計算書，収益性の分析，安全性の分析

## 1．有価証券報告書の入手

### 1.1　有価証券報告書とは

有価証券報告書は，金融商品取引法によって，事業年度終了後3カ月以内に内閣総理大臣へ提出することが義務となっている書類で，金融商品取引所に上場されている有価証券の発行者等がその提出者となっている。

有価証券報告書に記載される事項は，第1部「企業情報」として，

- 企業の概況：経営指標，沿革，事業の内容，関係会社の状況など
- 事業の状況：経営方針と経営環境及び対処すべき課題等，事業等のリスクなど
- 設備の状況：設備投資等の概要など
- 提出会社の状況：株式等の状況，配当政策，役員の状況，コーポレート・ガバナンスの状況等など
- 経理の状況：連結財務諸表，個別財務諸表，会計方針など

が記載されており，上場企業の詳細な情報を見ることができる。

### 1.2　有価証券報告書の入手

有価証券報告書は，金融庁が開設しているEDINETというWebサイトから入手できる。

EDINETとは，「金融商品取引法に基づく有価証券報告書等の開示書類に関する電子開示システム」のことをいう。EDINETでは，XBRLを利用して有価証券報告書等の書類を作成し，掲載している。ここで，XBRLとは，各種財務報告用の情報を作成，流通及び利用できるように標準化されたXMLベースの言語「eXtensible Business Reporting Language」の略である。

## 2．会計情報の重要性

上述のように有価証券報告書は企業情報の宝庫であるが，企業が事業年度に行った経営は，会計情報という形で集約される。実際，有価証券報告書の本文冒頭には，「企業の概況」として，会計情報やそれを加工した主要な経営指標等の推移が示されている。また，「経理の状況」では連結財務諸表や提出会社の個別財務諸表が記載されている。これらの財務諸表は公認会計士や監査法人による監査済みのものであり，会計情報としての信頼性が担保されている。本節では，財務諸表の代表格である貸借対照表と損益計算書の構造について解説する。

### 2.1　貸借対照表

貸借対照表はバランス・シート（B／S）とも呼ばれ，一定時点（決算日）における会社の財政状態を表し，「資産の部」「負債の部」「純資産（資本）の部」の３つから構成される（図表12-1)。

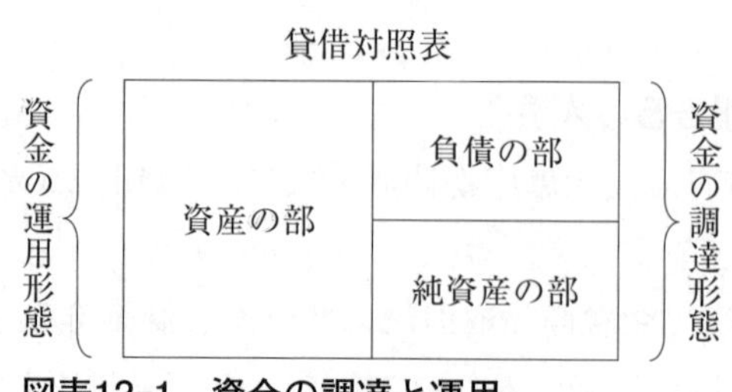


**図表12-1　資金の調達と運用**

「資産の部」は会社の資金がどのように運用されているかを表し，一方「負債の部」と「純資産の部」はその資金をどのようにして調達しているかを表す。そして，「資産の部」は「負債の部」と「純資産の部」の合計と常に等しくなる。バランス・シートと呼ばれるのはそのためである。

「資産の部」=「負債の部」+「純資産の部」

そして，この「資産の部」の合計を「総資産」といい，また，「負債の部」と「純資産の部」の合計を「総資本」という。

貸借対照表の構成を示すと図表12-2のようになる。

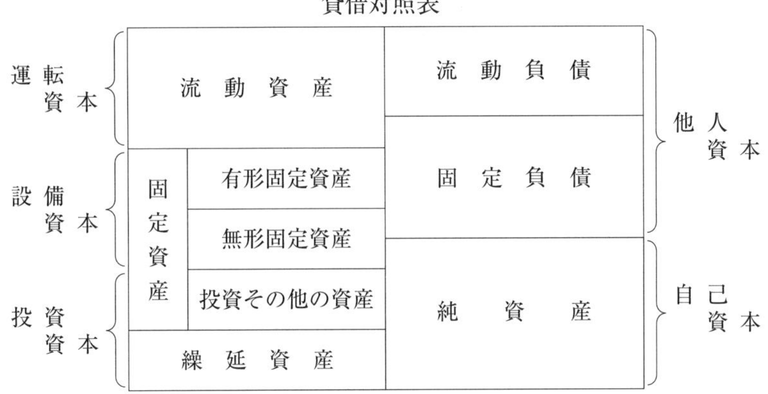


**図表12-2　貸借対照表の構成**

まず，貸借対照表の右側を見てみよう。「負債の部」は将来支払う債務であり，いずれも会社が他人から調達した資金であるため「他人資本」という。そして，後述の営業循環基準によるもの及び支払いが１年以内のものを「流動負債」とし，１年超のものを「固定負債」とする。

また，「純資産の部」は出資者が払い込んだ資本金・資本準備金と利益を源泉とする利益剰余金から構成され，「自己資本」と呼ばれる。

このように貸借対照表の右側は，会社を運営する資金のうち外部から調達した金額を調達源泉別に表示している。

次に貸借対照表の左側を見てみよう。

「資産の部」は，大きく分けて「運転資本」「設備資本」「投資資本」の３つから構成される。

まず，「運転資本」としては営業循環基準による資産および１年以内に現金となる予定の資産から構成される「流動資産」が表示される。ここで，営業循環基準とは，投下された資金が回収されるまでのサイクル上にある資産を流動資産とするというものである（負債の場合は，棚卸資産を後払いで購入した場合，その金額が流動負債となる）。

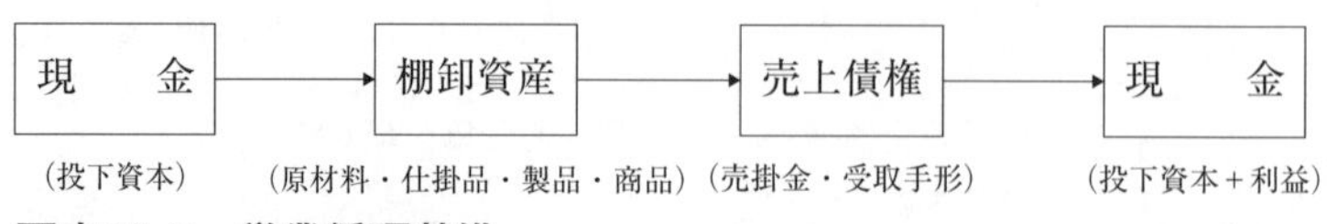


**図表12-3　営業循環基準**

具体的な貸借対照表を例示すると，以下のとおりとなる。

貸借対照表　（単位：百万円）

| 資産の部 | 第X1期 | 第X2期 | 負債・純資産の部 | 第X1期 | 第X2期 |
|---|---|---|---|---|---|
| Ⅰ　流動資産 | | | Ⅰ　流動負債 | | |
| 現金・預金 | 400 | 200 | 支払手形・買掛金 | 550 | 600 |
| 受取手形・売掛金 | 700 | 850 | 短期借入金 | 500 | 400 |
| 棚卸資産 | 250 | 300 | 流動負債合計 | 1,050 | 1,000 |
| 前払費用 | 200 | 50 | Ⅱ　固定負債 | | |
| 流動資産合計 | 1,550 | 1,400 | 長期借入金 | 600 | 800 |
| Ⅱ　固定資産 | | | 負債合計 | 1,650 | 1,800 |
| 有形固定資産 | 3,000 | 3,600 | Ⅲ　純資産 | | |
| 減価償却累計額 | △1,750 | △2,000 | 資本金・資本剰余金 | 850 | 850 |
| 固定資産合計 | 1,250 | 1,600 | 利益剰余金 | 300 | 350 |
| | | | 純資産合計 | 1,150 | 1,200 |
| 資産合計 | 2,800 | 3,000 | 負債・純資産合計 | 2,800 | 3,000 |

**図表12-4　貸借対照表の例**

### 2.2　損益計算書

損益計算書（P/L）は，一定期間（決算日までの1年）における会社の経営成績を表し，収益・費用・利益によって構成される。

損益計算書は，図表12-5のような構成になっている。

損益計算書では，会社の利益を5つに分けて表示する。それらは，利用者に経営成績に関する重要な情報を与えるものである。

損益計算書

<table>
<tr><td rowspan="8">経常損益</td><td rowspan="5">営業損益</td><td>売上高</td></tr>
<tr><td>売上原価</td></tr>
<tr><td>売上総利益</td></tr>
<tr><td>販売費及び一般管理費</td></tr>
<tr><td>営業利益</td></tr>
<tr><td rowspan="3">営業外損益</td><td>営業外収益</td></tr>
<tr><td>営業外費用</td></tr>
<tr><td>経常利益</td></tr>
<tr><td colspan="2" rowspan="2">特別損益</td><td>特別利益</td></tr>
<tr><td>特別損失</td></tr>
<tr><td colspan="3">税引前当期純利益</td></tr>
<tr><td colspan="3">法人税・住民税及び事業税</td></tr>
<tr><td colspan="3">当期純利益</td></tr>
</table>

**図表12-5　損益計算書**

**①　売上総利益**

一般に粗（あら）利益とも言い，会社の本業となる商品販売やサービス提供により得られる直接的な利益であり，売上高から売上原価をマイナスして求められる。

各種利益の出発点となるものであり，この売上総利益が赤字であるような会社は事業を続行していくことが難しいと言える。

**②　営業利益**

「売上総利益」から販売費及び一般管理費をマイナスして求められる。その会社の本来的な営業活動から得られる利益である。近年では，本業から得られる利益が重要視されるため，注目度が高まっている利益である。

**③　経常利益**

「営業利益」に営業外収益（受取利息，受取配当金，有価証券売却益など）をプラスし，営業外費用（支払利息，有価証券売却損など）をマイナスして求められる。

その会社が経常的な企業活動を行った結果として得られた利益である。営業利益と同様，会社の経営成績を測る場合によく使われる利益である。

④ **税引前当期純利益**

「経常利益」に特別利益（前期損益修正益，固定資産売却益など）をプラスし，特別損失（前期損益修正損，固定資産除却損・売却損など）をマイナスして求められる。税金を計上する前の総合的な利益である。

⑤ **当期純利益**

「税引前当期純利益」から法人税・住民税及び事業税をマイナスして求められる。当該事業年度の最終的な利益で，この利益が出資者への配分と内部留保の対象となる。

損益計算書を例示すると，図表12-6のようになる。

| 損益計算書（第X２期） | （単位：百万円） |
|---|---|
| Ⅰ　売　上　高 | 10,000 |
| Ⅱ　売上原価 | 7,500 |
| 　　売上総利益 | 2,500 |
| Ⅲ　販売費・一般管理費 | 2,140 |
| 　　営業利益 | 360 |
| Ⅳ　営業外費用 | |
| 　支払利息 | 60 |
| 　税金等調整前当期純利益 | 300 |
| 　法人税・住民税及び事業税（30%） | 90 |
| 　当期純利益 | 210 |

**図表12-6　損益計算書の例**

# 3. 財務諸表分析

## 3.1 財務諸表分析の目的

財務諸表を分析して何を明らかにするかによって，主として収益性の分析，安全性の分析，効率性の分析に分類することができる。

**収益性の分析**とは，投下された資本に対して利益の獲得がいかに行われているかに関する分析である。企業はまず利益をあげなければならないから，収益性の分析は最も重要な分析となる。

**安全性の分析**は，会社の支払能力に関する分析である。支払能力とは，負債を返済するための資金繰り状況をいう。短期的な支払能力を流動性，長期的な支払能力を財務安全性と区別することもある。

**効率性の分析**とは，企業がいかに効率的に経営を行っているかを分析する。ここで，効率性とは，投下された資金が効果的に利用され，収益を生み出しているかどうかをいう。

財務諸表分析の目的の違いは，利用者の視点の違いと言える。株主の立場からは，企業の収益性や効率性および成長性が重視されるだろうし，元金と利息の支払能力に関心のある債権者の立場からは，収益性だけでなく安全性が重視されるのである。

### 3.2　財務諸表分析の方法

#### ①　実数分析法と比率分析法

実数分析法は，貸借対照表・損益計算書といった財務諸表そのものから様々な情報を読み取ることであり，絶対分析法とも呼ばれる。たとえば，当期の売上高から前期の売上高を控除して，売上高にどれだけの増減が生じたかを分析する方法である。

比率分析法は，財務諸表の数値を比率にして分析する方法で，たとえば，当期の売上高から前期の売上高を控除したものを前期の売上高で割って，売上高成長率（増収率）を計算する。比率分析は，その比較容易性から最も広く行われ，かつ重要な方法である。しかし，比率のもつ性質をよく理解して利用しなくてはならない。一例をあげると，ある大学において「留学生が前年度と比べて200％増だ。」というと，学生総数に占める留学生比率が相当増加するイメージを持ちがちだが，実際は１名から３名に増加しただけということもある。このとき学生総数が100名だとすると，対留学生比率は１％から３％へ２ポイントだけ増加したことになる。

② **時系列分析法とクロスセクション分析法**

時系列分析法とは，分析対象とする企業の財務諸表数値を何期間かにわたって順を追って連続的に分析する方法をいう。これに対し，クロスセクション分析法は，時期を定め，分析対象企業の数値を同業他社の数値や業界平均あるいは標準値と比較する分析方法である。実際の分析にあたっては，どちらの分析を採用するかではなく，両方の方法を採用することにより，財務諸表分析がより詳細で完全なものに近づくといえる。

## 4. 収益性の分析

利益を獲得する能力を収益性という。利益の絶対額は規模の影響を受けるから，利益額だけでなく，それを獲得するのにどれだけ資本が投入されているかを同時に考慮しなければならない。つまり，収益性の良し悪しはアウトプット（利益）とインプット（投下資本）を対比して判断される。これを**資本利益率**という。

$$資本利益率(\%)=\frac{利\quad益}{平均資本}\times 100$$

分母の平均資本とは（期首資本＋期末資本）÷２で計算される。平均をとるのは，分子が損益計算書の数値（フロー情報）に対し，分母が貸借対照表の数値（ストック情報）であるので，ストック情報を擬似的にフロー化し，分母分子の数値の対応関係を一致させるためである。

ところで，資本利益率とひとくちに言っても，資本には他人資本，自己資本（株主資本），あるいはその合計の総資本があるし，利益にも上述のように，売上総利益，営業利益，経常利益，税金等調整前当期純利益，当期純利益がある。このように，資本と利益の組み合わせは複数存在するが，ROA，ROEという特に重要な２つの資本利益率についてとりあげよう。

① **ROA：総資産利益率**

企業が使用する資本は株主資本（自己資本）と債権者から調達した資本（他人資本）である。この２つの資本の合計を総資本という。経営の立場からは，使用資本（総資産）の全体に対していかに利益を獲得したかを測定する収益性指標が有用となる。それが総資産利益率（ROA：return on Asset）であり，次のように定義される。

$$\text{総資産利益率}(\%)=\frac{\text{営業利益}}{\text{平均総資産}}\times 100$$

分母の総資産は，負債と株主資本の合計であるから，それに対応する分子には負債のコストや税金を控除する前の営業利益（EBIT）が選ばれている。営業利益の代わりに経常利益が使われることも多い。図表12-4及び６の数値でROAを計算すると，

$$\frac{360}{2{,}900}\times 100=12.4\%$$

となる。

② **ROE：自己資本利益率**

株主に帰属する利益は当期純利益であり，株主が提供しているのは自己資本（株主資本）であるから，株主にとって最も重要な収益性指標は，次式で定義される自己資本利益率（ROE：return on equity）である。

$$\text{自己資本利益率}(\%)=\frac{\text{当期純利益}}{\text{平均自己資本}}\times 100$$

自己資本＝株主資本（純資産）でもあるので，株主資本利益率ともよば

れる。

この比率によって，株主の投下資本がどれほど有効に使われているかを判断することができる。1年間に行われたすべての企業活動の結末がこの数値に集約されるという意味において，ROEは最も包括的な収益性指標といえる。数値例では，

$$\frac{210}{1{,}175} \times 100 = 17.9\%$$

と計算される。

## 5. 安全性の分析

企業にとって，利息の支払は債権者に約束したものであるから，利益がどのように変動しようと，固定的に発生する。その限りでは債権者はリスクを負担しない立場にある。しかし，企業が倒産すると，利息だけでなく元金の回収も困難となるから，債権者は回収不能リスクを負っている。財務の安全性を分析する目的は，債権者の立場から，債務の弁済能力を明らかにすることにある。

短期の返済能力（流動性）は，近い将来に返済を要する流動負債とその支払手段となる流動資産のバランスによって表される。これを流動比率という。

$$流動比率(\%) = \frac{流動資産}{流動負債} \times 100$$

数値例（第X2期）では，

$$\frac{1{,}400}{1{,}000} \times 100 = 140\%$$

と計算される。流動比率が100％未満である場合，短期の支払能力に疑問符がつく。130％を超えていることが望ましいとされる。しかし，流

動資産のなかには，販売過程を経なければ現金化されない資産（棚卸資産）や現金回収を予定しない資産（前払資産）が含まれているので，流動性をより厳格に判断するには，それらを除外する必要がある。この比率を当座比率という。

$$当座比率(\%)=\frac{当座資産}{流動負債}\times 100$$

当座資産には，現金預金，短期有価証券，売上債権が含まれる。当座比率は，酸性試験比率ないしクイック・レシオとも呼ばれる。この比率は100%を超えることが望ましいといわれる。数値例では，

$$\frac{1{,}050}{1{,}000}\times 100=105\%$$

と計算される。

流動性を表すこれらの指標は，一定水準を上回ることが要求されるが，高ければ高いほど良いというものではない。増資などによって現金保有額を大きくすれば流動性を高めることはできる。しかし，資本の利用には必ずコストが発生するから，必要以上に流動性を高めるのは好ましくない。つまり，どの程度の安全性を追求するかは，収益性の観点から判断すべきである。

短期の支払能力を改善できるか否かは，直接的には，長期資金を潤沢に調達できるかどうかにかかっている。また，固定資産をどのような資金源泉で賄うかもそれに大きな影響を与える。固定資産は，減価償却という手続を経て回収されるから，現金化に長期間を要する資産である。その購入資金を返済期日が早期に到来する短期の借入金で賄うとすれば，即座に流動性の低下を招くから，返済の必要がない資金源泉（自己資本）で賄うのが最良であろう。したがって，自己資本に対する固定資産の割合が長期的な財務の安全性を判断する指標となる。これを固定比

率という。

$$固定比率(\%)=\frac{固定資産}{自己資本}\times 100$$

この比率は100%以下であるのが望ましい。数値例では,

$$\frac{1{,}600}{1{,}200}\times 100=133.3\%$$

と計算される。しかし,わが国の平均的な企業がそうであるように,負債依存度が高い資本構成のもとでは,この数値だけでは実態を見誤るおそれがある。社債などの固定負債で固定資産投資を賄うケースが大いにあり得るからである。そのため,分母に固定負債を加えて修正する方法が用いられる。これを固定長期適合率という。

$$固定長期適合率(\%)=\frac{固定資産}{固定負債+自己資本}\times 100$$

数値例で計算すると,

$$\frac{1{,}600}{2{,}000}\times 100=80.0\%$$

となる。

資本構成を測る指標として,自己資本比率という尺度もよく用いられる。これは,総資本に占める自己資本の割合である。

$$自己資本比率(\%)=\frac{自己資本}{総資本}\times 100$$

数値例では,

$$\frac{1{,}200}{3{,}000}\times 100=40.0\%$$

と計算される。

以上述べた安全性の比率はどれも貸借対照表数値を利用したストック

情報であった。これに対し，営業活動の成果によって，利息の支払をカバーできているかどうか損益計算書数値を利用したフロー情報が注目を集めるようになってきている。企業は元金や利息の支払ができなくなったとき，つまり，債務不履行に陥ったときに倒産するからである。本業で稼ぐ利益によって利息を支払う余裕がどれほどあるかを測定する指標が，インタレスト・カバレッジ・レシオである。

$$\text{インタレスト・カバレッジ・レシオ(倍)} = \frac{\text{営業利益}}{\text{支払利息}}$$

数値例では，$\frac{360}{60} = 6$ 倍と計算される。

## 6．効率性の分析

企業に投下された資金が効果的に利用され，収益を生み出しているかどうかを測定するのが効率性の分析である。

資産利用の効率性を測る尺度として，総資産回転率がある。この指標は，総資産１円当りどれだけの売上高を生み出せるかを表す比率である。

$$\text{総資産回転率(回)} = \frac{\text{売上高}}{\text{平均総資産}}$$

前述のROA（総資産利益率）は，売上高を媒介にすると，総資産回転率と売上高営業利益率の２つの比率に分解される。

$$\text{総資産利益率(\%)} = \frac{\text{売上高}}{\text{平均総資産}} \times \frac{\text{営業利益}}{\text{売上高}} \times 100$$

売上高営業利益率は，売上高１円当りどれだけの営業利益が獲得されるかを表す比率であるから，採算性の良しあしを測る尺度になる。数値例では，それぞれ

$$\frac{10{,}000}{2{,}900}=3.4\text{倍},\quad \frac{360}{10{,}000}\times 100=3.6\%$$

と計算される。総資産回転率と売上高営業利益率のいずれの比率も高くなるほど，ROAは増大する。それぞれの値は業種によって異なるが，一方を高めようとすると他方の低下を招くという背反関係にあるのが通例なので，それをいかに打破するかが経営の課題となる。

## 参考文献

金融庁「EDINETについて」 https://www.fsa.go.jp/search/20130917.html
EDINET https://disclosure.edinet-fsa.go.jp/
三枝幸文，石垣美佳『基礎から学ぶ 簿記会計・経営分析』税務経理協会，2020年。

## 学習課題

1．興味のある会社を選び，EDINETから有価証券報告書を入手しよう。
2．選んだ会社の「経理の状況」にある財務諸表について，実数分析，比率分析をしてみよう。
3．非財務の情報についても読み込み，その会社についての総合的な感想をまとめてみよう。
4．その会社の同業他社を1社選び，同様に分析し，比較してみよう。

# 13 情報活用と社会

出口　弘

**《学習＆ポイント》** 本章では企業や組織の活動が情報処理技術の発展やインターネットによってどのように変化し，さらに人々のコミュニケーション環境の場がマスメディアからパーソナルメディアへと拡大するなど，新しい現実がこの四半世紀の間にどのように構築されてきたかを学習する。次にそれが社会に如何なるインパクトを与え，結果として経営上の課題，産業構造上の課題，社会や働き方にとっての課題，倫理的な課題など様々な課題が生じてきているさまについて学習する。そのうえでどのような新しいマネジメント上の課題が出現したか，及び新たなビジネスモデルが我々の暮らしや働き方に何をもたらすかを理解する。

**《キーワード》** インターネット革命，クラウドとフォグ，プラットフォーム，ダウンサイジング

## 1．産業革命以降の世界

産業革命以降，我々の社会では大きな変動が立て続けに生じてきた。そこでは技術と社会がスパイラル状に変化してきた。その変化は明治維新後にイギリスに遅れて日本でも生じた。産業構造の変動は，それを司る近代の企業組織を発展させ，またそこで働く人々の生活を伝統社会のそれと比べて大きく変化させていった。技術がもたらす新しい産業や働き方，それに対応する組織や制度の発達，その結果としての生活世界の大規模な変容がスパイラル状に生じていった。この社会技術複合体

（Socio-Technological Complex）の変化は，断続的に大規模な社会の慣習や制度の変容，技術の変容を伴いつつ現在まで続いている。産業革命の初期には蒸気機関をはじめとして様々な機械の発展が我々の社会を大きく変えた。それは同時に石炭によるエネルギー革命を生じさせた。引続く電力の登場，モータの登場，石油化学プラントの登場など科学技術全般にわたる新しい社会技術複合体が次々と形成され発展してきた。これらの変化は人類の歴史の中で特筆すべきものであり，そのインパクトは時代の渦中にある多くの人々の想像を超えるものでもあった。にもかかわらず，それがもたらしたインパクトは決して想像が不可能なものではなかったことは1828年生まれのフランスの小説家ジュール・ヴェルヌの『月世界へ行く』『海底二万里』『八十日間世界一周』などの作品群を読めばわかるだろう。ところがおおよそ半世紀前，1960年代頃から従来にない技術が我々の社会に出現し，それが社会技術複合体としての我々の世界を根底から変えていった。それが情報技術である。情報処理の技

**図表13-1　階差機関**（写真提供　Courtesy of the Computer History Museum/ユニフォトプレス）

術そのものは，1791年にイギリス生まれのチャールズ・バベッジに遡ることができる。彼の考案した階差機関（Difference Engine）は歴史上初めて設計されたプログラム可能な機械式計算装置である。だがこの階差機関は結局最後まで完成することはなかった。後世にそれが実際に動くことは証明されたが，今日のコンピュータの直接の先祖というわけではない。

IBMの商用コンピュータIBM-360が登場したのは1964年，最初のマイクロチップであるインテルのi-4004が誕生したのが1971年である。この今からおよそ半世紀前に我々の社会に登場したコンピュータ技術は，従来の機械・エネルギー・化学反応に基づく技術では想像のできない形で我々の社会・組織・経済・制度を変えつつある。とりわけ四半世紀前に始まった商用のインターネットは，市場の構造や我々の生活世界の相互作用を根底から変容させてしまった。本章ではこの社会技術複合体の変化を，情報技術，とりわけインターネットの影響に焦点を当てて概観する。また続く次章ではそれが経営システムと産業構造にどのような影響を与えつつあるか，また今後の社会や産業構造をどのようにデザインするべきかについて論じていきたい。

## 2. 情報技術がもたらした新しい現実

情報技術は，この半世紀ほどで，社会技術複合体としての世界に新しい現実を立て続けにもたらしてきた。それは産業革命以来，様々な機械やエネルギー，化学物質がもたらしてきた変化に匹敵する，あるいはそれを超える変化を地球社会にもたらしつつある。何よりも「地球社会」という概念そのものが，インターネットの発展を抜きにしては語れない。さらにインターネットは，長い間前提とされていた自由市場という，需要と供給で取引が決まり，財やサービスを提供する組織間では基本的に連携（アライアンス:alliance）はないものとする市場的相互作用の大前提を大きく変化させた。それは企業組織のあり方や企業で働く人々の働き方も大きく変化させつつある。社会的相互作用の前提となる情報共有やファクトの共有についても，新たに生じて来たパーソナルメディアは，前世紀の社会の前提となっていたマスメディアを中心として形成される社会的な共有知の概念を危ういものとしている。

新しい現実の出現に対応し，産業革命以来我々の社会は，変化を既存の制度や社会の枠組みの中で扱えるように政策やマネジメントの概念そのものも発展させてきた。たとえば，企業に於ける事業部制組織という国別や製品別に事業を統括する組織構造の出現は，著名な経営学者であるA. D. チャンドラーが多角化戦略と密接に関連することを明らかにし，「組織構造は戦略に従う」という名言を残した。これは当時の米国の技術と市場と制度の状況が，企業の巨大化と多角化を促進させ，結果としてその新しい現実に適応するための新たな組織構造として事業部制が出現したと理解することができる。また政策としての独占禁止法は，自由市場という前提を守り，新規の企業の参入が常に可能な競争可能（コンテスタブル）市場を守るために導入された。その前提には「巨大化する企業による大量生産が，収穫逓増と呼ばれる大量生産に伴う生産コストの引き下げを可能とすることで，新規参入の妨げと独占・寡占による市場支配につながる」という市場の失敗に関する認識がある。このように企業や社会は，新しい現実の手綱を握りつつ，それと古い現実を滑らかに接続すべく努力を払ってきた。別の言い方をするなら，技術のイノベーションは，同時に制度のイノベーションやマネジメントのイノベーションを惹起したとも言える。このような社会技術複合体での技術と社会の同時変容は国民国家という大枠の中で発展してきた。産業革命と連動して生じてきた企業組織を中心にした技術のイノベーションが新たな市場を創出し，労働者は企業組織に帰属することで生産に従事し付加価値形成の配分を得る。国民国家が企業を担う人材の基本的な教育システムを提供すると同時に，失業保険や年金などの労働市場の流動性を確保するためのセーフティネットを提供するという枠組みは，大きく崩れずに現在までかろうじて命脈を保ってきた。だが情報技術の出現とインターネットの発展は，全く異なる現実を広く社会技術複合体としての地球社会にもたらそうとしている。まずプラットフォーム型の産業構造という強い組織間アライアンスを前提とした組織・産業構造が生み出された。これによりアライアンスが存在しないことを前提とした古い市場観は過去のものとなった。強いアライアンスを持つ組織間関係が前提となった市場が流通領域では当然のものとして構築されつつある。これに伴い，組織と労働者の関係も急速に変化しつつある。

情報技術の出現とインターネットの発展が既にもたらし，いまなおもたらしつつある変化を時代の渦中にあって読み解くことは難しい。これは単に技術的制度的イノベーションとして何が生じるのかを予想することが難しいということ以上の原理的な困難を内包している。科学的知識に基づいた検証可能な命題は，既に存在する現実に対してしか適用可能ではない。いかなる可能性があるか，それがどのような社会技術複合体としての新しい現実をもたらす可能性があるかについて，物理法則に基づく天体現象の予測のように予測することには原理的に困難である。未だあらざるもの，我々が構築することで初めて世界に立ち現れる可能性のある新しい現実に関して知を構築する作業のためには，実証主義的な科学の作法を逸脱する知の運用が求められる。たとえばSNS（Social Networking Service）出現以前のマスメディア中心の時代に，SNSでメディアの構造がドラスティックに変容することについてメディア論として議論することができたであろうか。それは「未来学」とは言われたとしても,「社会科学」とは見なされなかったであろう。むろん社会科学は自然科学的な知の構築の範囲を超えた知の構築や運用を今までも行ってきた。しかしSNSが出現する前にSNSの社会的影響を語ることが難しいように新しい現実は常に我々の想定を超えた変化を我々の社会にもたらす。それゆえ科学技術,とりわけ情報技術のもたらす新たな社会的現実とそれに伴う社会技術複合体での,技術イノベーション,組織イノベーション,制度イノベーションを論じるには方法論的議論が欠かせない。企業の収益最大化という視点だけで社会が変化していった時,そこでは人々の働き方を含めた今まで想像もしなかった組織と市場の失敗が待ち受けているかもしれない。

実際,インターネットは地球を一気に一つの情報ネットワークとしてまとめ上げ,そのうえで新しい自由なコミュニケーションの基盤を与えた。選挙制度の発達していない非民主主義的な国家の中にはこの新しいコミュニケーションのありように規制をかけようとしたり,それを国民の監視のために利用する傾向も見受けられる。だが,多くの民主的国家では,インターネットを新たなコミュニケーションの基盤として,それも人だけではなく,機械やソフトウェア同士,さらには機械やソフトウェアと人とのコミュニケーションの必須の社会的インフラとして積極的に発展させ,そのうえで知の構築と討議空間の構築を行えるように技術も制度も進化しつつある。しかしこのような流れは,情報

**図表13-2 テッド・ネルソン**
(写真提供 ユニフォトプレス)

技術の歴史の中での必然的な変化であったとは言い難い。今日我々が自明のように使っている，ワールドワイドウェブ（WWW）の基盤基盤である，ハイパーテキストという様々な情報を相互参照する情報技術が構想されるにあたっては，一人の社会科学者のビジョンが大きく影響を与えた。社会科学者のテッド・ネルソンは，1963年にハイパーテキストという概念を提唱し，すべての知識が互いに相互参照できる地球規模の知のネットワークを構想した。彼はザナドゥー・プロジェクト（Project Xanadu）をスタートさせそのビジョンの普及とシステムの実現のために奔走した。だが彼の構想したザナドゥーのソフトウェア（OpenXanadu）は，2014年にようやくそのシステムがリリースされるなど，ザナドゥー・プロジェクト自体は事実上失敗したプロジェクトであった。しかしこのハイパーテキストのビジョンそのものは，早くからWWWに取り入れられ，今日の地球社会のビジネスからコミュニケーションまで共通で不可避のインフラとして成長した。歴史にもしはないが，このハイパーテキストの概念が提唱されなかったとしたら，インターネットはもっと科学技術よりのネットワークとして発展し，今日のような不可避の地球社会のインフラには少なくとも21世紀初頭の段階ではならなかったかもしれない。

ビジョンの構築が社会技術複合体による新しい現実の構築に先立って先導役を果たす例はこれだけではない。インターネットそれ自体が，強烈な分散化の理念の下でグローバルに構築されたネットワークである。今日インターネットというと，TCP/IPプロトコルを基盤とするThe Internetを指し示すものと受け止められている。しかしこのThe Internetの前身として，UUCP（Unix to Unix Copy Protocol）と呼ばれるプロトコルでつながれた小文字で記される“internet”の時代が存在した。今日のThe Internetはその資産の上に構築されたネットワークである。UUCPは，バケツリレー方式とも呼ばれ，マシンからマシンへ情報の転送を繰り返すことでネットワーク上で情報を伝達することのできるプロトコルである。このUUCPという分散的な基盤の上に構築されたinternetの上に電子メールとニュース・システムが提供され，歴史始まって以来初めて人類は，特定の企業や国家に依存しない地球規模の情報流通と共有の手段を手に入れたのである。このinternetを発展させるにあたって，分散化の理念が広く共有され主導的な役割を担った。The Internetの歴史を語るにあたって，しばしば核戦争で影響を受けない軍事ネットワークの構築のための技術が基盤となったという言説がなされる。またTCP/IPが実装されたUNIXオペレーティング・システムの4.2BSDの開発はアメリカ国防高等研究計画局（DARPA: Defense Advanced Research Projects Agency）の支援を受けて行われた歴史的経緯があるのも事実である。しかし同時にThe Internet（本章と次章では特に断らない限り，インターネットという場合はこのThe Internetを指し示すものとする）は，特定の政府や権力によって止められることのないように慎重に配慮されたネットワークとして，オープンソース・ポリシーの下で，多くの技術者の協力の下で発展してきたネットワークである。このインターネットの当初の理念の一つに，決して情報の島を作らないという理念がある。実際当時の電子メールのシステムは，アメリカンオンラインや，ニフティサーブのように電子掲示板システムというコミュニケーション・サービスを提供している企業のシステムの内部だけで閉じており，互いに異なるサービス同士でメールのやり取りをすることはできなかった。これに対してinternetからThe Internetに引き継がれた電子メールは決して情報の閉じた島を作ることなく世界を覆い尽くすことを理念としていた。このグローバルでかつ分散的な情報インフラを構築する必要があるという理念は，インターネットのガバナンスとインターネットのアドレスを与えるドメインネーム・システムの構築でも引き継がれた。インターネットのIPアドレスと呼ばれるアドレスに，「企業名.co.jp」や「大学名.ac.jp」などインターネット上の名前を割り当てるシステムは，DNS（Domain Name System）と呼ばれ，インターネットの基幹のシステムの一つである。これは1998年に米国で設立された非営利団体ICANN（Internet Corporation for Assigned Names and Numbers：アイキャン）によって管理されている。このDNSによる地球規模でのインターネットのアドレス名管理は，一国の政府によってインターネットが管理されることのないようにするという理念のもとに設計された。現在ICANNのもとで，それぞれのドメインを管理する「レジストリ」と呼ばれる複数の組織と，実際にDNSアドレスの申請に基づいてアドレスを割り当てる民間の「レジストラ」と呼ばれる複数の業者により，インターネットのアドレス名割当は管理されている。このインターネットという国家を超えた共通のプラットフォームとしてのネットワークを維持するという理念は，アラブの春と呼ばれるアラブ地域で民衆が自由化を求める運動の中で具体的な形で実証された。このときインターネットを国の意思で切断をしようとしても，常に迂回路が構築可能であるインターネットの特性は発達しつつあるソーシャルメディアと呼応する形で，国家によって縛られないメディア利用とその上の討議を可能とした。

ただしその後，国によってはインターネットとSNSの規制を行い，インターネットの当初のビジョンとは異なる，国民の発話の監視システムとしての方向へと向かう動きもみられる。ジョージ・オーウェルの小説『1984年』に描かれた超監視社会がインターネット上で構築される可能性さえ危惧される新しい現実が生じつつある。

社会技術複合体の発展途上では，ビジョンの構築と同時に社会のインフラを構築するために，政府のみならず企業自体が大きく貢献してきた。ビジョン先行で社会を変えていく企業のことを指し示す，ビジョナリー・カンパニー（Visionary Company）という言葉がある。企業は単に収益最大化や株主還元を目的として活動するだけでなく，特定のビジョンを推し進める中で自らのビジネスを展開することがある。それが結果として社会技術複合体の中で生じた課題を政府に頼ることなく解決してしまうことにつながる。ここでは「ディジタル・デバイド」（Digital Divide）と呼ばれた社会的課題が，企業の技術開発でいかに消滅したかについての事例を示そう。20世紀の終わりの頃に，コンピュータ・リテラシーを持った人と持たない人の間で，深刻なリテラシー・ギャップが生じ，これが大きな社会的亀裂を生むのではないかという危惧が指摘され，大きな社会的課題として認識された。これが「ディジタル・デバイド」と呼ばれる問題である。ところが，このディジタル・デバイドは，タブレット端末とスマートフォンの登場により，あっけないくらい問題とされなくなった。小さな子供から老人まで，簡単に直感的に利用でき，インターネットを使った情報の利活用や，様々なコミュニケーションが可能な技術が安価に普及したことで，コンピュータの技術的利活用という技術的リテラシーとは独立な，インターネットを利活用したビジネスやコニュニケーションに関する社会的リテラシーが成立し，それがディジタル・デバイドという懸念された亀裂をふさいでしまったのである。その背後には単なる技術開発ではなく，人間にとって直感的な情報機器を実現しようとする，アップルの創業者，スティーブ・ジョブズの強烈なビジョンと個性が強く影響した。

## 3. プラットフォーム型の産業構造

社会技術複合体の中で生じてきた新たな課題にプラットフォームの

ロックインがある。インターネットの発展は，経営組織とその戦略にも大きな影響を与えた。企業の大規模化と多角化戦略が事業部制組織を必要としたように，インターネット時代には，まず流通領域で組織のありようとその戦略が大きく変化していった。ただしそれは，チャンドラーが「組織構造は戦略に従う」というほどには単純な変化ではなかった。結果的には変化は固有の企業戦略とそれに適応した組織構造を生み出したが，それは一種の後付け的な理解でもある。インターネットという情報技術をコアに生み出された，自律分散を一つの理念にしていたはずのコミュニケーションのネットワークは，収穫逓増に基づく独占よりもはるかに強力なプラットフォームのロックインという寡占・独占の構造をこの世界に生み出していった。

プラットフォーム型のサービスを提供するビジネスは，今日一般的となっている。それ自体単独では意味がないか効用が低いプラットフォームというサービスを前提として，その上に上位の財やサービスの提供が可能となるような，基盤となる財やサービスのことをプラットフォーム型の財やサービスと呼ぶ。今日インターネット上では，様々な財やサービスがインターネットを前提としてその上で提供されており，その意味でインターネットそのものが巨大なプラットフォーム財とみなされる。複数のプラットフォーム財の間の競争は，単純な市場競争とは異なり，プラットフォーム上で利用可能となる財やサービスをどれだけ集めたかというプラットフォームとその上の財やサービスとの間のアライアンスを基盤とした競争の構造を取る。通常の市場での取引の相互作用は，売り手と買い手の二者間関係を基本とする。しかしプラットフォーム財では，プラットフォーム財の供給者（売り手）と，その上のサービスの供給者（サービスの売り手でプラットフォームの買い手），そのプラットフォーム財とサービスを利用する利用者（プラットフォームとサービス両方の買い手）の三者間関係の相互作用が基本となる。簡単な事例として，ゲームマシンとゲームソフトの関係を挙げよう。ゲームマシンはゲームソフトのためのプラットフォーム財とみなせる。ゲームユーザはゲームマシンの純粋な能力ではなく，たくさんのゲームソフトが利用可能なゲームマシンを選択する傾向が強い。さらにゲーム提供会社はたくさんのユーザが使っているゲームマシンの上に優先的にゲームソフトを提供する強いインセンティブがある。

プラットフォーム財の効用がこのプラットフォーム財とその上のサービス財，サービスのユーザの三者間関係の中で動的に変化するというのがプラットフォーム型のビジネスの大きな特性となる。たくさんのサービス財がその上に集積したプラットフォームは，プラットフォームの使いやすさなどのプラットフォーム自体の効用に加えて，サービスが集積したことで利用者にとって利便性が増すという意味での利得が上乗せされる。同様にサービス提供者にとっても，多くの利用者が用いているプラットフォームは，そのプラットフォームをビジネスに用いるということに関して超過の効用を得る。このようにプラットフォーム財は，それを利用するサービス提供者とサービスをそのプラットフォーム上で利用する利用者の数によってその効用が動的に変化する。この性質により市場を構成するプラットフォーム財を提供する企業と，そのプラットフォームを利用するサービス財の提供企業は強いアライアンス関係を持つ。またサービスの利用者も特定のプラットフォームに引き寄せられやすい。それゆえプラットフォーム型の産業構造のあるところでは，プラットフォーム間の競争は，このアライアンスに影響され，プラットフォーム企業の強い寡占や独占が生じやすい。 プラットフォーム型の産業でのロックインという名前で呼ばれるこの寡占化の進展は，従来の独占禁止法が前提としていた論理とは異なる形で生じている。独占禁止法はたくさん生産すれば生産コストが低下するという収穫逓増を前提として生じる自然独占という市場の失敗を補完するための政策的な解決手段として導入された。しかしプラットフォーム型の産業構造ではその寡占・独占の由来が異なるのである。

従来の市場の流通構造の中でもプラットフォーム型の構造は見いだせる。店舗はサービスや商品を提供する場であり，その意味でプラットフォームとしての役割を果たす。消費者は店舗を利用することでそこで提供されるサービスや商品を購入する。しかしそこでは，特定の店舗が独占的地位を確立し，他の店舗の参入が不可能な環境を作るということは想定されていなかった。無論スーパーマーケットのような大規模店舗が参入した地域で地元の商店街が崩壊し，さらにそこでスーパーが撤退したため，地元に著しい不利益が生じるなど，個別の課題は多々ある。しかしプラットフォーム型のビジネスがもたらす構造的な変化とは異なる次元の問題である。さらに言えば財やサービスの流通を，財やサービスを提供する上流のものづくり企業が抑える，系列というあり方も，比較的古いビジネスモデルとして，日本では自動車業界や，家電業界で行われてきた。

現在，流通領域を中心にプラットフォーム型のサービスが様々に展開されつつある。その中にはネット流通のAmazonや，検索エンジンのGoogleなどプラットフォーム型のビジネスで寡占・独占状態を実現することに成功した企業がある。これらのプラットフォーム型のビジネスでは，単にプラットフォームが持つロックインしやすい特性を利用するだけではなく，インターネットを利活用することで利用者の個人データを集め，いわゆるビッグデータを蓄積しそれをビジネスに利活用している。これによりマスメディアの時代に主流であったグループ・インタビューなどのマーケティングの手法が時代遅れになりつつある。プラットフォームの利用者のデータを利用したビジネスの最適化は，利用者の特性の推定，その特性に基づいた財やサービスの推薦を一つの基本としつつ，様々なマーケッティングの手法を開拓し続けている。そこでは顧客のプライバシーの中まで踏み込みかねない顧客情報の収集とそれに基づく商品やサービスの推薦が行われている。この顧客の購買情報は，顧客と企業との相互的な購買関係の中で生成されたものであるが，それに対して顧客の側には十分なアクセス権や利用権が認められていないという現状がある。

## 4. 情報ネットワーク社会での企業のあり方

企業とは何であるのか，いかなるものであるべきなのかという問いは，時代とともに変化する。その時代の制度や技術の境界の中で，企業自体も様々な工夫をしてきた。しかしそもそも企業がいかなるものであるべきなのかという目的についても，歴史的文化的経緯で，国や文化によりその理解は異なる。かつて日本で日本的経営が称揚された時代には，企業は日本型の村落共同体を一つの原型にしているという議論もなされた。いずれにせよ従来の働く場としての企業の多くでは，その内部でキャリアラダーと呼ばれる経験と能力に基づく昇進の階梯と，その階梯を上昇するための能力開発（ケイパビリティ・デベロップメント）の機会が与えられていた。また福利厚生のみならず，社会的人間関係のネットワークであり，そこに所属することで何らかの利便性が与えられる資本財としての，社会関係資本をある種のコミュニティとして提供してきた。しかしその状況は，今日急速にかわりつつある。今日の企業は，利益最適化のための装置としてしばしば振舞おうとする。そこには付加価値形成の中心となる部門と，中心部門が構築したビジネスモデルを実現するための労働を提供する役割を担う周縁部門の間に，従来にない深い溝が刻まれつつある。いつでも置き換えることのできる周縁の低付加価値コンポーネントとして扱われる労働部門を含む形でデザインされる企業の組織設計は，労働者を置き換え可能なものとして最適化の装置に組み込むという指向性を鮮明に示している。そこでは，社会関係資本を労働者に提供するどころか，内部で能力開発の可能性が閉ざされた働き方が当たり前のようにデザインされている。

従来の流通市場では，大規模店舗による地域での小規模店舗の崩壊や，様々な課題が時代とともに生じてきた。製造業を上流とした系列と呼ばれた流通の構造も，家電業界ではすでに崩壊し，カテゴリー・キラーと呼ばれる家電量販店の成長はそれを後押ししてきた。さらにこの四半世紀流通領域では，フランチャイズ型のサービスが急成長してきている。そこでは本部（フランチャイザー）が計画を立て，加入店舗（フランチャイジー）から集まった情報を元に最適化計画を立てて，店舗への品物の配送や販売の指導などを行っている。このような流通領域の構造変化は，単純な配分の最適化という経済学の市場観とは異なる現実が構築されたことを示している。

産業革命以降の世界では，社会技術複合体として経済社会の環境は早い速度で変化し続けている。その途上で機械化など新しい技術の導入が人々の労働の形態に強い影響を与え，従来からあった仕事を不要とするという変化は今日に始まったことではない。産業革命の初期には，大規模な機械の打ちこわしという抗議活動が行われた。大不況が生じた1920年代の米国では，機械の導入によって小作農から大量の失業が生じた。スタインベックの小説『怒りの葡萄』には当時の社会技術複合体の変動の中で生じた，不要とされた人々の苦悩が描かれている。技術だけでなく，また制度だけでもなく，社会技術複合体の全体として社会と技術の変化を読み解くという視座は，産業革命以降の絶えず変動する人工物としての社会を運営していくためには必須のものである。しかし，これはディシプリンとしての一つの学問の範囲に収まるものではない。経済学は，国民国家を前提とした市場の中での価値の生成と分配の均衡や，そこでの労働や投資の役割を明らかにしようとする。しかしそこでは技術の役割はイノベーションと生産性という限られた視点でしか語られない。経営学は一つの企業の視点からの収益最大化の方法を明らかにしようとし，そこでは技術開発は大きな課題となる。だが技術そのものが社会に与える影響を陽に課題とすることは少ない。他方で工学の側は，自分たちの領域の技術の有効性に対する評価をディシプリンの内部で行うが，それは極めて局所的なアカデミックな評価であり，社会に与える影響でも，ビジネスとしての可能性でさえない。また政治による利害の調整だけでもこの問題を解決することはできない。このような異なる知の体系をつなぎ合わせ，技術と制度の両側面から可能なシナリオを探索し，それに基づき適切な討議空間の中で認識を共有するという，社会技術複合体をマネジメントするための知の枠組みを醸成する努力が必要となる。

インターネット革命以降の世界では，情報技術が出現したことで，従来のものの生産を中心とする社会とは異なるプラットフォーム構造のような強いアライアンスを持つ市場構造が出現した。この強いアライアンスは，従来の収穫逓増原理による独占を緩和する制度的な枠組みとして作られた独占禁止法という法制度では，適切に制御することのできない強大なロックイン構造をB2C市場にもたらした。この社会技術複合体の構造を前提とした時，企業の最適戦略として，プラットフォーム上で他社のサービスを排除する競争戦略が必然的に出現する。2022年現在，GAFA（Google, Amazon, Facebook（現Meta）Amazon）あるいはそれにMicrosoftを加えたGAFAMと呼ばれる企業群が，流通とサービスの巨大なプラットフォームの覇権を争っている状況が続いている。これらの企業が巨大なプラットフォーム経済圏を作る中で，産業の寡占化と個人の購買データの扱いが社会的な問題としており，EUでは一般データ保護規則（General Data Protection Regulation：GDPR）」が運用開始されている。このような財やサービスとその流通のためのプラットフォームとの関係は，情報化やネットワーク化と無関係に，従来の市場でも生じている。流通のプラットフォームがその上で提供される特定の財やサービスと垂直統合されることで，他のサービスに対して排他的に運用されるという戦略は古くから存在する。たとえば映画館のネットワークは国内外で多く映画の製作会社と垂直統合され，自社の映画を配給することを基本としてきた。また自動車の流通のネットワークも日本国内では自動車会社ごとに自社の車を扱うように系列単位で構築されてきた。これに対して，米国では独立系のディーラーによる流通が基本であった。それゆえ日米貿易摩擦で日本の自動車のディーラー網が排他的で不公正な貿易慣行であるとやりだまにあがったこともある。この種の流通のネットワークでのプラットフォームとその上で提供される財やサービスの垂直統合による排他的な戦略は，過去に様々に行われてきた。その意味では今日の情報ネットワーク上で，それが一つの企業戦略として用いられたとしても不思議はない。しかし他方で，情報ネットワーク型の市場はプラットフォーム型の産業構造を取りやすく，そこに垂直統合の戦略が取られることで，競争が著しく阻害される恐れがある。極端に参入可能性が制限された市場が容易に成立するのである。我々は技術と同時に企業とはどのようなものであるべきで，どのような制度のもとでそこでどのようなゲームをするべきなのかについての新しい現実もまた同時に構想する必要がある。

## 参考文献

平成24年版　情報通信白書
http://www.soumu.go.jp/johotsusintokei/whitepaper/ja/h24/html/nc1212c0.html
根来龍之『プラットフォームの教科書』（日経BP社，2017年）

## 学習課題

1．インターネットがなかった時代と現在のコミュニケーション環境の差を比較して，一体何がどのように変わったかを，技術やビジネス面のみならず人の心理や社会のありようまで含めて比較してみよう。
2．ディジタル・デバイド（Digital Divide）がなぜ社会的な問題と認識され，それがどのように問題視されなくなったのかを具体例を調べて考えてみよう。

# 14 人と技術の融合

出口　弘

**《学習＆ポイント》** 本章では今日の巨大な社会技術複合体としてのネットワーク社会が我々の生活や働き方あるいは産業構造にどのような影響をもたらすかについて，前章の議論を受けさらに進んだ理解を試みる。この四半世紀インターネットを利活用したビジネス領域では，巨大プラットフォーム企業の出現など企業と消費者の関係が大きく変化した。IoT（Internet of Things：もののインターネット）や人工知能や3Dプリンターなどの技術はさらに大きな変化を我々の社会にもたらし，多様な財やサービスの生成プロセスがダウンサイジングされ，それらが疎に結合したビジネス生態系が構築される可能性も見えつつある。この社会技術複合体のあり方を学習し理解することが本章の課題となる。

**《キーワード》** IoT（Internet of Things），クラウドサービス，ダウンサイジング，コンポーネント・ビジネスモデル

## 1. 新しい現実への対応という課題

高度に情報化された市場では，情報技術によって可能となる，様々なアライアンスがビジネスのステークホルダー（利害関係者）の間に存在することを前提として，取引の場としての市場が構築される。そこでは古い市場の概念が通用しないビジネス環境が人工物として構築されつつある。社会技術複合体の中で新たに生じる市場での様々なアライアンスや新たな競争のありようは，古典的な「機械」による生産性の上昇を中心にイメージされてきた企業間の「競争」のあり方や，そこでの人々の

「働き方」をも大きく変化させる。その変化は現在も続いている。これにどのように国や組織や家計が対処するかという，企業のありようと，国による制度設計，そこでの人々の働き方のビジョンそのものが未だに十分に構築されていない。他方で次の四半世紀の間に多くの労働者は企業に所属することがなくなるのではないかという予想も出されている[1]。本章では，この新しい現実に対するビジョンの構築と，新たな社会的課題に対して，企業と労働者，政府，教育，技術の様々な社会的なステークホルダーが全体として課題解決のためにどのような仕組みづくりを必要とするかについて考えていきたい。この新しい現実への社会的マネジメントが本章の課題となる

## 2. IoTという第二次のインターネット革命

社会技術複合体の変化の中で，ひと，もの，ソフトウェアがネットワーク上で結びつくIoTと呼ばれる新たな創発が問われている。IoTという言葉で語られる技術は今日では多岐に渡る。IoTの概念の中核にあるのは，あらゆるものがインターネットにつながる時代が来るという認識である。初期インターネットは，大型コンピュータやワークステーションをつなぐ電子メールと分散型の電子ニュースのネットワークとして成立した。それが今日では，スマホやタブレットなどを通じ，たくさんの人々をつなぐコミュニケーションのインフラのみならず生活全般のインフラとなりつつある。これが2020年代には，地球上に存在する50億以上の様々な機械やそこで動いているソフトウェアがインターネットにつながり，そのことが巨大な市場と新しいものづくりやサービスの仕組みを生み出すと考えられている。

日本ではセンサー技術のことをIoTという言葉で語ることも多いが，インターネットにつながるのは無論センサーだけではない。またつな

---

1　リンダ グラットン著（池村千秋訳『ワーク・シフト―孤独と貧困から自由になる働き方の未来図〈2025〉』プレジデント社，2012年）

がった情報はどのように処理されるかについてのビジョンもまだ錯綜している。2018年現在は，クラウド型のシステムが流行っており，インターネット上のサーバにセンサーのデータを集めて行う監視や，保全のためのデータ解析など，いくつかのフラッグシップ・モデルのことをIoTと理解している人々も多い。しかしIoTの本質は，膨大な数の機械やソフトウェア，それに人々が様々な形でインターネット上で接続することで，新しい現実とそれをもたらす仕組が，企業や産業のみならず社会全般に構築される，第二のフェーズのインターネット革命であるという点にある。

IoTで人や機械やソフトウェアを接続しデータを送るのに中心的に用いられる技術に，Publish/Subscribeというデータ転送のプロトコルと，データのやり取りを媒介するMQTTブローカというデータ中継装置がある。人やものやソフトウェアをクライアントとしそれらの間でトピックと呼ばれるタグを用いてデータのやり取りを行うPublish/Subscribeという通信形式（プロトコル）は，従来クライアントとサーバのやり取りでウェブで使われていたHTTPという通信形式と比べ効率が良く，膨大な機械やひとやソフトウェア（以下ノード）どうしが常時データをやりとりするプロトコルとして優れている。このPublish/Subscribeというプロトコルでは，トピックを指定してデータをブローカに転送すると，そのトピックを欲しいと登録していたノードすべてにデータは転送される。トピックを介在することで，N対Nのデータ転送が相手のアドレスを指定することなく可能となるのが，Publish/Subscribeプロトコルの優れた点である。むろんIoTを構成する技術は他にも多くある。インターネットの初期に様々なネットワークの概念が錯綜し，それがやがてTCP/IPというプロトコルを基軸としたThe Internetとその上の諸サービスに進化していったように，IoTも次第にその技術とビジネスの

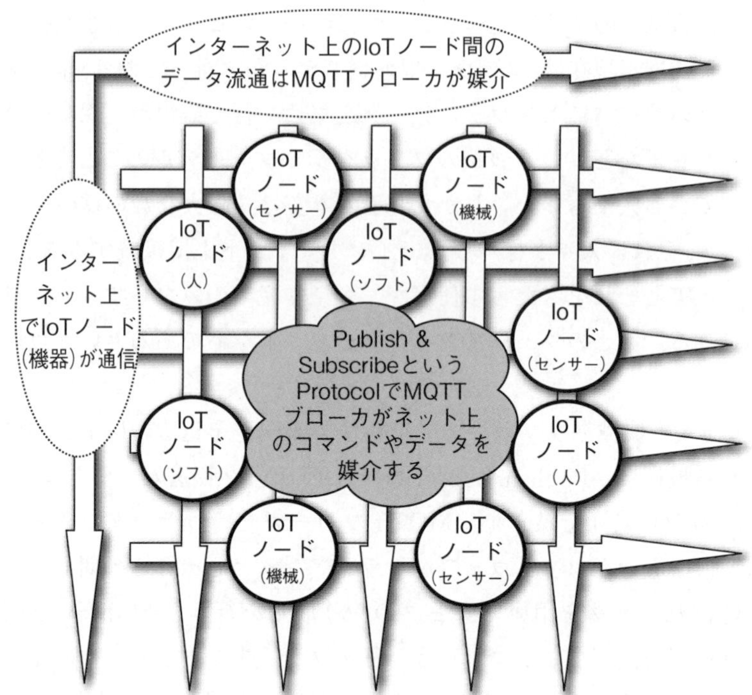


図表14-1　IoTノードのインターネット上での相互結合

生態系が進化し共通認識となる全体像がデザインされるようになるだろう。

IoTではインターネット上で，ものや人，ソフトウェアが様々なデータをやり取りすることで従来不可能だった新しい仕事やビジネスの生態系が構築されることが期待されている。それゆえIoTは，流通領域のみならず製造領域でも大きな変化を生じさせることが期待されている。だが製造業や産業構造，それを取り巻く社会がどのように変化するかについては，ドイツを中心に主唱されている，industry 4.0や日本の内閣府が主唱する，Society 5.0などの政策的キャッチフレーズが先行し，具体的なアーキテクチャや制度設計を欠いたビジョンが横溢している。

むろんインターネットの初期に，SNSなどのアプリケーションが出現することが想像できなかったように，IoTという膨大なひと，もの，ソフトウェアなどからなるノードが接続することでいったいどのような新しいサービスや仕組みが登場し，それが世界をどう変えるかを現時点で見通すことはできない。それは予測するのではなく，ビジョンを構想し，構築すべきことがらでもある。「もの」に関する技術と「もの」としての製品が中心であったインターネット以前の時代に比して，インターネット時代には，ソフトウェアという「こと」の生産がビジネスで重要な地位を占め，さらに「もの」と「こと」を連結させることのできるプラットフォームのような「しくみ」が市場を大きく支配する。IoT時代の仕組みを構想し実現する中で，企業の利益最大化だけでなく，我々の社会がどうあるべきか，どのような働き方を人々は望むのかという視座が重要となる。

今日，人工知能やビッグデータといった古くて新しい技術も，コンピュータとネットワークの進化で新たな経営の道具立てとして脚光をあびつつある。これらの変化の背後には，情報ネットワークの進展と同時に，コンピュータのダウンサイジングと能力の向上がある。人工知能という用語は特定の技術を示す言葉ではなく，広く人間の知識処理をコンピュータで行うための領域を指す用語であり，学習やパターン判別などの最適化技術や，言語処理などがその代表となる。この人工知能の基礎理論は実は四半世紀前とあまり変化していない。それにもかかわらず，現在人工知能は企業ビジネスに大きく取り入れられるようになった。その背後にあるのは，コンピュータが安価で高性能になったことで四半世紀前には実用的ではなかったアルゴリズムが簡単に実行できるようになったという環境変化がある。さらに個々のロボットが学習したものをインターネット上で集めて全体として学習させ，その結果を個々のロボットにフィードバックするというようなことも容易となった。結果として様々なアルゴリズムがビジネスで利活用できるようになり，人工知能のビジネス上でのブームを巻き起こしたのである。これは科学技術と経営戦略との間の関係が，従来のハードな技術と情報技術の間で相当の落差があることを意味している。日本は，この情報技術を経営戦略に利活用するところで，大きな遅れをとっている。日本の企業がかつて作っていたコンピュータも，オペレーティングシステム（OS）も，コンピュータ言語さえ現在ではほぼ開発を行っていない状況がある。このような中で日本での経営と情報技術との関係は，世界の最先端のR＆Dの状況からは隔絶したものとなりつつある。

IoTを含む新しい技術の潮流の中では，ものとソフトウェアと人が相互に密接に連携したシステムの構築が求められる。そのためには一つのコンピュータの中で動くソフトウェアとも，コンピュータのネットワークとも異なる技術が必要となる。さらに加えて，様々な資本設備や情報システムのダウンサイジング（小型化と低価格化）が急速に進んでおり，それらがネットワークと結びつくことで，新しいビジネスモデルのみならず，それらと共進化する新しいマネジメントのありようが可能となりつつある。IoT（Internet of Things）とはこの新しい可能性を総称する用語である。時にはIoE（Internet of Everything）とも呼ばれる。これは機械のような「もの」と「コンピュータ」だけでなく，「人」も，「人工知能のようなソフトウェア･エージェント」も含むあらゆるものがネットワーク上で結ばれるからである。情報をやり取りすることのできるあらゆる知的ノードが結びつき様々な仕事をする。それをマネジメントするシステムもまたダウンサイジングされることで，より微細な様々な情報を入手して管理することが可能となる。この新しい可能性に対して，それがいかなるビジネスを生み，それと同時にいかなる組織とそのマネジメント方法を生み出していくのかは，今の時点では明白ではない。しかしながら産業革命以降の世界は，技術とビジネスとそれを行う企業組織と，そこで働く人々の働き方と，そのビジネスの生態系や産業構造を制度的に規定する国家が互いに共進化することで発展してきた。この社会技術複合体の変化そのものを予測したり管理することのできるいかなる経済や組織の理論も存在しない。新しい現実について，古い現実を描写する理論を修正して使える範囲は限定されている。産業革命以降の世界では，組織構造については，職能制組織，事業部制組織，マトリクス組織，分社化など様々に模索されてきた。だが，市場と組織の関係については単純な市場での売買が仮定されており，組織間の強い依存関係（アライアンス）は想定されてこなかった。この前提の下で競争相手がいつでも参入可能な市場を前提にした産業政策が行われてきた。ただし，企業が大量生産により生産コストを下げて市場を独占し，新規企業の参入を難しくするような状況に対しては，独占禁止法という形で規制を行ってきた。しかしインターネットという新しい現実は，企業と企業，企業と顧客の結びつきを全く異なったものへと変容させつつある。企業間の情報のやり取りは，電話回線や専用のディジタル回線を利用して企業間の取引情報をやりとりする電子データ交換（EDI：Electronic Data Interchange）からインターネット上でのEDIに変化し企業内のビジネスプロセスとの連結もより便利となって行った。さらに顧客との関係は，ウェブ（Web: World Wide Web）によって劇的に変化した。顧客がパソコンやタブレット端末，スマートフォンを持つ環境が普通になった現在，ウェブを利用したオンライン取引が急速に普及している。また検索エンジンやSNSを含め，ユーザの嗜好や購買行動についての膨大なデータを集めることで，それに基づいたマーケッティングが発達しつつある。この膨大なデータは現時点ではそれを集めた企業だけが利用権を持つ。しかし顧客データは当該の顧客と企業の共創（Co-Creation）により得られたという考え方からは，顧客も自分が生成に関与した自分に関するデータを扱う権利があるという主張も成り立つ。もし顧客が自分に関するデータを他者に利用させる権利を持ち，適切なAPI（Application Program Interface）と呼ばれるインタフェイスを介在として自分のデータを利活用できるなら，データの蓄積で生じるロックイン効果を緩和し，データの利活用に対して消費者に魅力的な提案を行った企業が市場に参入できるチャンスが広がる。このような方向での制度の設計はすでに欧州では行われ始めており，2018年にはEUにより「一般データ保護規則（General Data Protection Regulation：GDPR）」が導入された。

## 3. 経営システムの変化：クラウドとフォグ

IoTによる産業構造の大変動という新たな現実の構築の過程で，経営情報システムは大きな変化を遂げざるを得ない。コンピュータの発展そのものが，経営と情報処理を不可分としてきた。当初そこで発展した経営情報システムは，大型の計算機を中心としたものであった。そこではまず企業の事務処理を中心として情報システムが構築されて行った。人事・会計など企業の基幹のビジネスプロセスがコンピュータで処理されるようになった。ビジネスデータをどのように蓄えて利活用するかという問いかけの答えとして発展したのがデータベースである。とりわけリレーショナルデータベースと呼ばれるデータベースは，データのテーブルを相互に連関させ大きなデータを一つのまとまりとして管理できる画期的なものであった。このデータベースを中心に企業の情報は蓄えられ，様々に利活用するシステムが構築されていく。その過程で，企業間の受発注のシステムや，顧客情報の管理（CRM:Customer Relationship Management）システムなど新しいシステムが構築されて行った。しかしインターネット以前の世界では，企業の情報システムは大規模で，多くの場合企業の自社運営（オンプレミス：On-Premises）システムとして構築されていた。しかしインターネットの普及により，2000年代以降は，アウトソーシングされたクラウド上のシステムとして運営管理が外部化されるようになりつつある。しかしそれは企業の情報システムがその企業専用の一体型（モノリシック：Monolithic）なシステムとして開発されるかどうかということとは別である。一体型で開発されるシステムは，メンテナンスも修正も大きな労力とコストを必要とする。そこで一方でビジネスプロセスの標準化という観点からERP（Enterprise Resource Planning）パッケージと呼ばれる業務標準化のシステムが多くの企業で用いられるようになった。企業の財務会計は，国ごとに会計標準に多少の差異があるにせよおおよそ共通であり，それに人事管理や顧客管理のシステムを合わせた総合パッケージを標準的なビジネスモデルとすることで，企業ごとにカスタマイズする形でシステム構築を行う。企業の基幹システムは，データベースを中心としてビジネスソリューションを構築している。それをクラウドの上で実行するのが，クラウドソリューションと呼ばれている情報システムの構築法である。クラウドサービスは，当初はハードウェアという基幹インフラがインターネット上で提供され，その上で企業が独自のシステムを一体型の専用システムとして構築する形でアウトソーシングが行われた。しかし次第にクラウドサービスは，インターネット上で提供される，ハードウェア的なインフラを示すIaaS（イアース：Infrastructure as a Service），オペレーティングシステムなどのプラットフォームを示すPaaS（パース：Platform as a Service），インターネット経由で提供されるサービスを示すSaaS

（サース：Software as a Service）と呼ばれる階層的なサービスの構造をとるようになった。イアースはハードウェアを，パースはその上のオペレーティングシステムなどのプラットフォームを，サースはプラットフォーム上で提供される様々なサービスを意味しており，これらを組み合わせて全体サービスを提供できることで一体型のシステム開発に比べ，効率的なサービスシステム開発が可能となると考えられている。

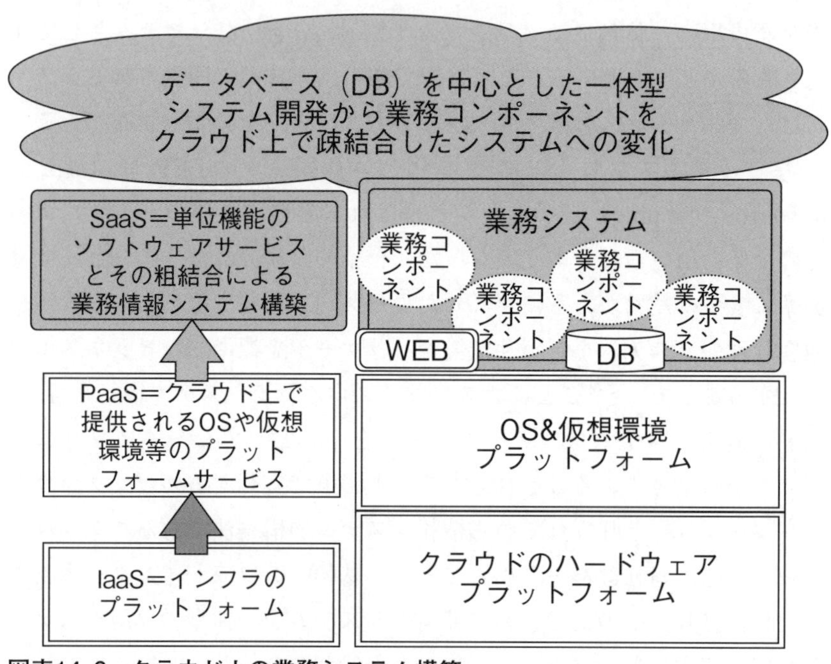


図表14-2　クラウド上の業務システム構築

クラウドサービス自体が階層的なシステムとして提供されるようになる中で，企業の情報システムの構築法にも変化が生じてきている。一体型のシステムの構築は，その設計実装だけでなく，保守運用や改変も大きな手間と時間がかかり，機動的なビジネスの変更に対応することは容易ではない。これはERPパッケージでも同様である。企業に必要なサービスを組み合わせることにより提供する，サービス指向アーキテクチャー（SOA）が注目を集めるようになってきた。これは企業のビジネスに必要なサービスを共通のインターフェイスでクラウド上でつなぎ合わせることにより柔軟なサービス構築を行うというアーキテクチャであり，そのためのネットワーク上の接続技術をエンタープライズ・サービスバス（ESB）と呼ぶ。このサービス指向アーキテクチャは，一体型のシステム設計をより柔軟にしたものであるが，それでも従来のウェブサービスとデータベース・ソリューションの組み合わせが基盤となる大きなシステム構成が主軸となる。それゆえさらにより小さなサービス（マイクロサービス）を単位とし，それをクラウド上で緩やかにつなぎ合わせる疎結合型のサービスも様々に模索されるようになりつつある。また仮想化環境と呼ばれる技術を用いて，作成したサービスモジュールを，異なったインフラのクラウド上に容易に移植することができる技術も発展してきている。これはシステムのポータビリティと呼ばれ，一箇所で開発したサービスを様々に異なる環境に実装することが容易となり，システムの開発効率を高めてくれる。このような変化の中で従来の，企業の情報システム開発の方法論も大きく変化しつつある。従来の情報システム開発では，システムがどのような機能を持つかという仕様記述を完全に決めたのち，その開発・実装を行う開発方法が主流であった。そこではプロトタイピングあるいはアジャイルと呼ばれるテスト的な開発を先行して行うことはあっても，仕様記述そのものは，現場の運用とは切り離して行われるのが普通であった。これに対してDevOps（デブオプス）と呼ばれる，開発（Development）と運用（Operations）の担当者が相互に連携することでシステムの開発を行おうという考え方も提唱されるようになり，次第により柔軟でダウンサイジングされたシステム開発へと企業の情報システム開発は向かいつつある。

ダウンサイジングとクラウド上でのサービス指向のアーキテクチャに基づく疎結合型のシステム設計という変化に加えて，オープン化とIoT化がさらに大きく情報システムの開発を変化させようとしている。しかしながら情報システム開発というビジネス領域では，日本はインターネットの普及以降，完全に世界の趨勢から遅れている。情報システムを実行するためのプラットフォームであるオペレーティングシステム（OS）の領域では，国産OSを目指した坂村によるTRONプロジェクトを最後として，日本の企業は開発を諦めてしまった。さらにプログラム開発の最も基本的な道具たるプログラミング言語についても，一部領域に特化した特殊な言語と個人が開発したRubyという言語を例外として，国産のプログラミング言語の開発は行われてこなかった。このような技術開発の状況の中で，日本のソフトウェア開発ベンダーは，顧客企業の注文に応える一体型の情報システム開発というビジネス生態系の中で生き延びてきた。しかしシステムのオープン化とダウンサイジングが進み，さらにクラウド上でのプラットフォームの階層化と，仮想化技術によるサービス・モジュールのポータビリティが進展する中で，従来型の企業の一体型の情報システムの開発方法そのものが確実に変化してきている。企業のニーズに合わせてサービスを柔軟に組み合わせて実装できる時代には，B2Cで生じたプラットフォームのロックインと同様のロックインがB2Bプラットフォーム上のシステム開発領域でも生じる可能性がある。ロックインは，より多くのサービスを集めたプラットフォームへのユーザ企業の集中という形で生じる。企業の情報システムの開発というビジネスそのものが，企業に密着する形で統合型の情報システムをオンプレミスあるいはクラウド上で開発するビジネスモデルから，巨大なB2Bプラットフォームのもとでのサービスの組み合わせのコンフィギュレーションを企業のビジネスの変化に合わせて迅速に行うビジネスへと急速に変容する可能性がある。これは日本のソフトウェアベンダーにとって厳しい経営環境への変化を意味するだろう。それに加えて，IoTにより従来利用されてこなかった様々なマイクロな情報が計測され，サービスそのものもダウンサイジングされ利活用されるようになる中で，情報システムを利活用する顧客企業側の企業のビジネス戦略も大きく変化せざるを得なくなる。

## 4. IoTとマネジメントのダウンサイジング

IoTの進展が，今後企業の情報システムのみならずそのマネジメントの形態をも大きく変化させることは確実である。企業のマネジメントは，計画と実測の差を認識するところから始まる。仕入れも，販売も製造も人事もあらゆる企業活動は，何らかの想定される企業活動に関する計画と，その実行，さらに実行結果の実測に基づいたPDCA（Plan計画・Do実行・Check評価・Action改善）のサイクルの中で行われる。このビジネスマネジメントのサイクルは企業情報システムの発展により精緻なものとなってきた。それでも測定が可能でマネジメントできる単位は従来は小さなものではなかった。これは，計画原価やスケジューリング，品質管理などの諸管理の単位を，実施の困難さとコストの観点から，事業所単位や大ロット単位などある程度大きな単位にせざるを得なかったからである。この状況をIoTは一変させる可能性がある。IoT時代に，様々な小さな仕事をネットワーク上での「もの」「人」「ソフトウェア」が結合したマイクロ・プロジェクトとして遂行することが可能となる。この場合，マネジメントの単位となるのは，医療でいうと一人の患者に対するクリニカルパス（Clinical Pathway：通称クリニカルパス，患者の治療を個別の医療行為をつないで計画化したもの）のようなひとまとまりのサービスである。モノづくりではこれは単品や小ロットでの生産を意味する。様々なビジネスにとっての最小ユニットはこのような小さな単位のプロジェクト型のワークフローとなる。このようにマイクロ・プロジェクト型のサービスは，ロット単位（製番単位）でのファブリケーション・サービスから，建築の内装工事，個人に対するサービスなど，様々なサービスによる付加価値形成の基礎単位となる。

このマイクロ・プロジェクトに対して，その計画と実際の差異をマネジメントすることが求められる。従来は，このマイクロ・プロジェクトベースでのマネジメントは実質的に行われてこなかった。これは従来はマイクロプロジェクトやそれを構成する個々のビジネス・タスクの単位で実際のビジネスプロセスをモニタリングし，データを収集する方法がなかった，あるいは非常にハイコストであったからである。それゆえ大規模なプロジェクトに対してのみプロジェクト単位での詳細なプロジェクトマネジメントが行われてきた。しかしIoTの新しい技術は，今後この状況を一変する可能性がある。

ここで原価管理を事例とする。従来の計画原価の設定では，測定のがわの限界から企業単位や工場単位，大ロット単位でしか実際原価の測定はできなかった。また計画原価を記述するために現金ベースの通常の簿記を用いることは，実測される時間や物量を単位としたデータと，金額評価されたデータとの間に溝が生じるだけでなく，情報の完全性という観点からも問題がある。個々のタスクで生じるサービスや仕掛品，製品の生産は，物量ベースの単位系を用いることで，計画概念と測定概念が一致する記述が初めて可能となる。

マネジメントの範囲にも変化が見られる。一つの企業の内部を超えてサプライチェーン全体での情報共有や利活用という方向にマネジメントが広がる可能性は，インダストリー4.0に代表されるIoTの大規模なシステム化の構想の中で注目を集めている。他方でよりダウンサイジングされた小さなビジネスユニットが企業の壁を超えて接続していくという分散型の組織という方向での広がりも模索されていくだろう。前者ではマネジメントの範囲のスケールアップが，製品や部品のサプライチェーンを通じてのトレーサビリティ（追跡可能性）の実現などの形で模索される。後者では，従来はコスト面や情報の取得という観点から不可能だった分散組織環境での小さなビジネスユニットのマネジメントへと注目が集まる。そこでは，分散と集中という２つの組織のマネジメントの新たな可能性が同時に模索されている。第一次のインターネット革命でも，分散化されたはずの情報ネットワークの上で，巨大なB2Cのプラットフォームが成長しサービスのロックインが生じた。IoTのビジネス生態系が発展する中でも，巨大な製造ビジネスのプラットフォームがサプライチェーンを横断する形で成長し，全体最適とコストダウンを模索する可能性がある。他方で，分散組織の形で，より多様で柔軟なサービスやものの生産が可能となり，ダウンサイジングされたビジネスの超多様な生態系を模索することも可能となる。この２つの可能性は必ずしも排他的なものではないが，今後の産業構造や世界経済全体に大きな影響を与える方向性でもある。

## 5. 新たな社会・組織・制度的なシナリオ

前説でも述べたような巨大なプラットフォームを前提とし，情報ネットワーク技術とそこで収集された膨大なデータを利活用し，収益最大化に特化したビジネスが様々に模索されている。最適化を指向したビジネスモデルが様々にデザインされる中で，そのデザインに情報ネットワーク技術を用いて収集されたデータが様々に利活用されている。だがそのような最適化を求める経営システムの構築そのものが, 組織のあり方や, そこでの人々の労働のあり方の現実を大きく変化させている。コンビニエンスストアなどの流通領域でのフランチャイズ・チェーン店では, センターのフランチャイザー側が, 加盟店のフランチャイジー側から吸い上げたPOSデータに基づき最適化されたビジネスモデルに基づいた経営情報システムを構築し, フランチャイジーに対する指導や商品の手配などを行っている。そこではフランチャイジー側は, フランチャイザー側からはいつでも取り替えることのできるコンポーネントとしてビジネスモデルは構造化されている。このようにビジネスモデル全体を疎結合で組み替え可能なコンポーネントの集まりとして設計して, 低付加価値のコンポーネントをアウトソーシングしたりオフショアすることで最適化を図る組織形態とビジネスモデルは, 1990年代にIBMによりコールセンターなど低付加価値コンポーネントのオフショア化を意識して構築された, コンポーネント・ビジネスモデルに端を発する。現在この種の低付加価値コンポーネントを入れ替え可能な形で構築するビジネスモデルは, フランチャイズ型のビジネス以外にも多岐に渡っている。近年ではクラウド・ソーシングやギグワークと呼ばれる, 必要に応じて外部の個人を外注の形で雇うビジネスモデルや, シェアド・エコノミーという名で呼ばれつつも, 実体としては個人が自動車という資本設備込みで外注されるウーバ (Uber) のようなタクシー代替のサービスが拡がりつつあるが, これらも, コンポーネント・ビジネスモデルと見なせる。コンポーネント・ビジネスモデルでは, 周縁の低付加価値コンポーネントで働く労働者は取替え可能な部品として扱われ, 組織内でのキャリアラダーや, ケイパビリティ・デベロップメントの機会を奪われている。

他方でビジネスのダウンサイジングの中でより多様で分散的な組織とそこでの新しい働き方が模索される動きも徐々にではあるが見えはじめ

ている。いずれにせよ働き方の変化と新しい企業組織のビジョンは表裏の関係にある。

新たな社会技術複合体へのリアリティ・シフトで生じる問題に対しては，技術単独でも，マネジメントでも，制度だけでも課題解決は難しい。人工物としての社会技術複合体の手綱を握るためのデザイン論が求められる。そのためには，実現されるべき世界に関するビジョンの共有を先ず行う必要がある。

日本では，第５期科学技術基本計画において我が国が目指すべき未来社会の姿として，情報社会（Society 4.0）に続く新たな社会を指すSociety 5.0という概念を導入し，サイバー空間（仮想空間）とフィジカル空間（現実空間）を高度に融合させたシステムにより，経済発展と社会的課題の解決を両立する，人間中心の社会（Society）を構築するというビジョンを提示した。

## 参考文献

シスコシステムズ合同会社Iotインキュベーションラボ『Internet of Everythingの衝撃』（インプレスR&D，2013年）
https://www8.cao.go.jp/cstp/society5_0/society5_0.pdf

## 学習課題

1．インターネット上で，様々な機器やソフトウェアや人が繋がることで何が可能となるのだろうか。身近な生活の例で考えてみよう。
2．企業の業務システムがクラウド上のシステムへと変化していく中で，企業の組織のあり方にどのような変化がでてきているかを考えよう。

# 15 経営情報学入門総括

佐藤　亮

**《目標＆ポイント》** 組織の中で人が扱う情報にはいろいろな表現方法があり，組織にはものごとを行う知識が情報的資源として生成され蓄積する。これまでの章で，組織と社会におけるデータ，情報，知識のあり方を学習した。本章では，さらに一歩進めて，組織が情報マシンとしての複雑さを持つことを理解する。業務を行うことによって蓄積される知識のどの部分をどのようなソフトウエアと組み合わせて経営に取り入れていくのかということが，経営戦略と組織構成において決定的に大きな比重を持つということであり，言い換えれば，適当な範囲の知識をプログラム化した業務を使って新たな体験を顧客に提供できるような新たなビジネスモデルが経営に大きなチャンスをもたらすことになる。

現代の企業は，情報を経営するということによって，人と組織が自らを変えていく能力として情報的資源を活かしていることを学習する。

**《キーワード》** 環境と組織の不確実性，情報マシン，組織，プラットフォーム，学習，知識創造

## 1. 経営の中の不確実性と情報の多義性

本章では，経営情報学入門のまとめとして，情報マシンとしての組織を述べる。これまでの学習の結果として，情報の多様な表現，情報の価値と利用の多様性，情報の意味を定める知識，知識の学習と組織文化，社会における情報の流通といったことが，現代の組織の発展のための経

営資源としての重要なものになっていることを理解できる。このような状況を明らかにするために組織を情報マシンと呼ぶ（詳しくは第２節で定義する)。ヒト・モノ・カネを効率的になるように常に最適に組み合わせて製造や提供を行う組織づくりは基本的前提だが，それだけでは成長のためには不足であり，組織に組み込まれ組織で生成する情報への新たな視点を強調するために，組織を情報マシンと呼ぶのである。環境と組織がより不確実で複雑になるにつれて，組織が情報マシンとしての性格を深めている。情報マシンとしての組織を経営することが，情報を経営するということである。

企業組織はモノやサービスを生産して顧客に販売するために，様々な仕組みを作り上げて実行している。組織の業務全体は基幹業務がつながるネットワークであり，市場の状況をとらえ，購入した様々な材料から部品を経て製品に至る変換のプロセスを持ち，組織として，協働する人や機械設備と情報によって動かす。

こうした企業の様々な活動は，図表15-1「目標追求システム・モデル」のように組織がオープンシステムとして，つまり，環境の中で活動する合目的な決定階層システムとして存在すると捉えることができる。

図で組織の外部にある環境には，自社のまわりの市場として，製品市場，資本市場，労働市場，原材料市場がある[1]。また，直接的に市場取引されないが組織に影響する環境要因として，競合他社，技術，そして，歴史や文化，個々人の価値観や生活習慣などを含む社会がある。

このように組織は，組織の内部の複雑性，および，外部環境とその関係性という２つの側面を持つ。環境は企業にとって需要や競合や技術などの組織の外の存在であり，環境の不確実性が根本的な問題となる。実際，生産・購買の在庫管理に関するオペレーションを行う時や，自社で保有する様々な技術のポートフォリオ管理，ビジネスモデルの開発など

1　伊丹敬之・加護野忠男『ゼミナール 経営学入門』日本経済新聞社，2003年。

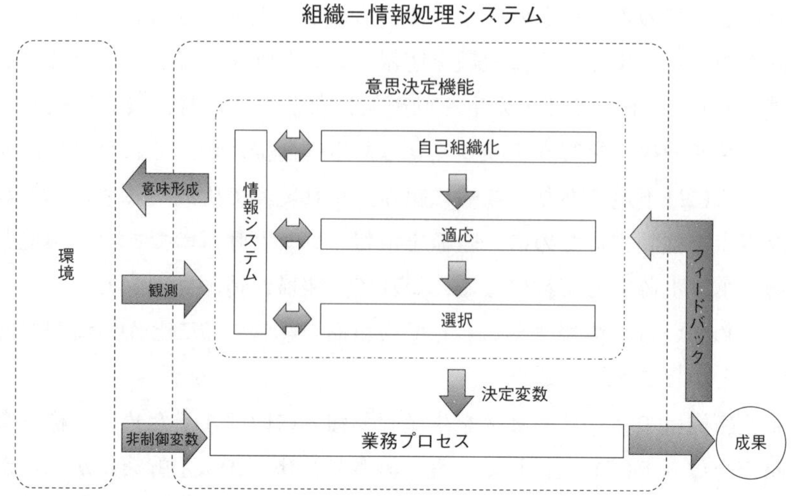


**図表15-1　目標追求システム・モデル**

のイノベーションにおいて，需要の不確実性は重要な問題であり続けてきた。7章で述べたように，GMのような歴史的イノベーションを継続している巨大企業であっても，1920年前後の需要の変動の際には，販売と製造のアンバランスによる過剰在庫が，大企業であるがゆえに部門ごとの人々の勢いを簡単には止めることができず，資金繰りの窮地に陥った。

インテルの場合は，パソコン（PC）のメモリー製造から撤退し，PCの中で演算を担当する中心部品であるMPUのイノベーションを何度も行い，また，部品としてのマーケティングも行って長期間にわたって成功した。MPUに限らず，周辺機器をMPUに見合った速度で高速にPCに接続できるように，SCSI（スカジー）に代わるUSB技術を開発することを決定し，さらには，周辺機器メーカーにUSBを実装できるようにするためのソフトウエア開発環境を配った[2]。こうした戦略的決定がうまくいくかどうかは，新製品や新規格であるがために，それまでの市場環境のデー

2　Gawer and Cusumano（小林敏男監訳『プラットフォーム・リーダーシップ―イノベーションを導く新しい経営戦略』有斐閣，2005年）

タからは原理的に分からないものである。外部環境の日々の変化の不確実性も，新技術や新製品の成長可能性の不確実性も大きな問題である。

環境ばかりでなく，組織のマネジメントと組織業績の関係も複雑で不確実である。たとえ環境変化がないとしても組織業績は不確実である。その理由は，組織構造は全体業務活動の分業と調整を必要とすること，さらに，部品を購買し製品を製造して販売することで組織としての利益という業績をもたらす業務活動は人間が行うということである。リトルの公式からは，それぞれの業務が独立に100％の稼働を行うなら，全体の足並みがそろわないためにスループットはある最大値以上には増やすことはできず，無駄な在庫が作られるという高コストで非効率な状態になることがわかる。

分業は基幹業務としていろいろな部門に分けて行い，各部門はそれぞれの目標にしたがった行動を行い，その部門の目標にとっての価値に向けた学習を行う。部門が違えば流通する情報が異なる。コミュニケーションを通じて，いろいろな決定階層の従業員が学習し実行する組織構造にしていく必要があるが，何をどのように学習するかは個々の人間である担当者に依存する部分が大きい。マネジメントが組織の成果を直接に決めているのではなく，マネジメント方策を通じて，組織を動かしている人間が学習し業務活動を行うことで，組織の業績となっているのである。

図表15-1「目標追求システム・モデル」とそれに含まれる決定に関わる諸要因は，組織の本社やトップマネジメントばかりでなく，部門の管理者や業務担当者が直面する状況にも現れる。環境の不確実性と組織の不確実性をマネジメントするために，様々な試みがなされている。

## 2．情報マシンとしての組織

情報と情報技術が組織や社会のいたるところで多様に使われている。

情報の生成と使用は不確実性に対する手段として有効であるため，情報がビジネスに影響し，あるいは組み込まれている状況を企業活動の拡がりの中に位置づけて，現在の情報と情報技術が組織における経営資源として重要であることを明確にする。環境と組織の不確実性に対処し成長するために，ディジタル情報とアナログ情報と知識をまとめあげて幅広く業務に組み込んでマネジメントする組織を情報マシンと呼んで，現代の企業組織の状況，そしてそのマネジメントのあり方を理解する。社会の新しい状況を理解することにもつながる。

人は仕事をする中で，多様な経験を積んでいる。経験は知識の源泉となることも多い。人々の経験と知識がITの急速な発達と融合することが増えていることが，組織を情報マシンとして認識して経営することの重要性を高めているのである。たとえば，銀行の窓口業務は多くがIT化されてATMに置き換わった。さらに紙の預金通帳を不要にする方向へと情報化が進んでいる。また，6章でみたように，航空会社が旅行の感動と体験をサイバーとリアルの組み合わせによって提供することを試み，その際に，自社開発の知識だけではないオープンな知識も組み合わせてプログラム化こともITとデータを利用することで可能である。さらには，13章で学習したように，仕事を細分化して仕事をこなす人を自社の従業員のかわりに個人事業主を探すというマッチングする仕事を情報技術によって低コストで効率的に代替したビジネスが，プラットフォームビジネスとして展開されている。つまり，業務に起因して蓄積される知識のどの部分をどのようなソフトウエアと組み合わせて経営に取り入れていくのかということが，経営戦略と組織構成において決定的に大きな比重を持つということであり，言い換えれば，適当な範囲の知識をプログラム化した業務を使って新たな体験を顧客に提供できるような新たなビジネスモデルが経営に大きなチャンスをもたらすことになる。こうしたことが広範囲に可能になっていることの根本的と言える原因を「多様な知識をいろいろな細分化レベルでソフトウエア化できること，そして，ソフトウエア化する際の障壁が社会として下がってきて技術的にもコスト的にも実現可能になっている」ことから理解できる。

一般に，人が組織内で行う仕事について，要求されることは明示的であっても，具体的にモノに働きかける作業の細かい作業手順や，具体的なデータや情報を用意する際の作業のやり方は，明示的に指定されることはほとんどない。その理由は，作業の際に起こりうるすべての状況を書き連ねていくことが，人が持つ時間が有限であることもあって，原理的に不可能だからであり，また，通常は業務を完了するために必要なことは担当者の常識と学習で十分だからである。このことはすべての仕事についていえるが，一つの典型例として，仕入れの仕事を見てみよう。スーパーや商店といった小売店で一般的な商品を仕入れるとか，たとえばアイスクリーム工場の原材料倉庫において，原材料となる香料，着色料，甘味料などを，製造品目の製造をできるように仕入れる業務である。どんなビジネスでも継続的に行われているので，仕入れている品目の在庫が必要であり，店で販売されたり，あるいは工場で使われて数量が減るので，不足しないようにしつつ，かつ，過剰にならないように注意しつつ必要に応じて発注する。つまり，仕入れ担当者は，変化する在庫数の管理を適切に行うということを仕事の目標として要求されている。一方で，小売店に来る顧客の行動は多様であって，顧客がどんな必要から何に注目しているかを販売の情報として取り出し，それを仕入れにどう活かしていくかについて，細かく指定されることはない。せいぜい「不足しないように，うまくやること」という程度の要求となる。売れ行きが変化しているとか，状況の変化が激しいようなときに，仕入れ担当者が，単に仕入れ量や仕入れ頻度を変えて対応しようとするのか，あるいは，市場が変わったとみるのか，または，販売の大量の記録データの中にどんな情報を見出して変化に対応しようとするのかといった対応策には，無限の可能性がある。仕入れ担当者がどれかの方法を選択するのである。原料倉庫の在庫管理でも，品目によってさまざまな可能性の中から，ある管理方法を結果として選択している。ジャストインタイムの在庫管理機能を，MRPとして計算方法を明示化して運用することで実現する場合もあれば，カンバンによるフィードバック情報を利用しながら作業全体の効率化のための学習と改善活動の組織構成を作ることを選択する場合もある。さらには，14章で学習したようなIoTを利用して工場全体の在庫を把握し，それをサプライチェーン全体の最適な在庫管理につなげることを目指す方向もある。

仕入れに限らず，一般に組織で行っている業務活動の担当者はそのようにして業務を通じて情報と知識を蓄積していく。直接的な作業ではない戦略立案の仕事や，あるいは，顧客行動のビッグデータ分析のような仕事でも知識は作られ蓄積するし，組織の中で知識の形成が方向付けられることもある。蓄積した個人的知識を形式化する場面では，文字によってマニュアルや操作のメモとして文章化することもあれば，計算方法や計算式として表現することがあるだろう。あるいはまた，業務上の判断条件や判断方式が客観化されることもある。形式化された情報と知識であるコンピュータプログラムは，入力に対して定められた計算によって，出力情報を出力する。したがって一見すると，誰でも同じようにプログラムを使った成果を得られるように思われるが，自社の環境や組織で利用するための工夫が要る。つまりは知識と体験が必要である。その違いが，同業種であっても会社によって業績が異なることの理由の一つである。現実はそうした事例にあふれている。こうしたことは新しいことではないが，現在の状況は，特に情報技術がビジネスと組織の多様な分解能レベルにおいて，組織の業務の分業化を進める方向にも，逆に，分業を統合する業務の一部をプログラム化する方向にも使われている点を強調できる。さらには，データの収集を低コストで実現し，集めたデータを使う知識のプログラム化もおこなうというように，多様に用いられているのである。業務のプログラム化が進めば，組織の中で人の行う仕事が変わり，人が持つ知識の有用性にも影響することになる。

フォードが自動車の大量生産システムを発明して工場を運転した際には，それまでの職人による生産の時代には存在しなかった，生産計画や製造ラインの監督を行うという当時の新たな仕事が現れてそれは間接業務と呼ばれた。しかも，製造ラインの組み立てや加工のような直接業務は当時の他の産業よりも賃金が高かったが，間接業務の方がより高い賃金であり，工場全体に影響する知識を扱っていた。

情報マシンとしての組織では，組織が情報を意味付けることを重視する。データも情報も量が多い上に，意味付けが単純ではない多義的な情報が存在する。また，組織の部門ごとに目標と業務の内容が異なるために注目している情報が異なる。知識のプログラム化の範囲を設定したり，他から組み入れて自社の知識を様々なレベルで生成したり有効に使う能力が現れていると言えよう。

以下ではこれまでの章で学んだ内容を，情報マシンとしての組織の中のデータ，情報，知識を整理する。

### 2.1　情報マシンは情報システムを用いて情報の多義性を削減する

コンピュータによる情報システムが組織の基幹業務で用いられている。つまり，購買，生産管理，販売，物流，財務会計，管理会計，顧客管理，人事といった業務で広く利用されている。４章で学習したように，大量生産と大量販売が社会的に可能であった1900年代前半には，大規模生産を効率よく行うための調整が必要であり組織的に実施されていた。第2次世界大戦後に，コンピュータをそうした日々の計画と実行の管理に使うことで，コンピュータとソフトウエアがその手段として発展した。コストリーダーシップ戦略を情報システムによって実現しようとする試みが盛んにおこなわれた。コストリーダーシップ戦略とは，規模の経済の原理によって大量に生産すれば1製品当たりの人件費や設備費用（減価償却費）が低くなるということが厳密に成立することを利用し，他社よりも1製品あたりのコストを下げることで，より多くの利益を得ようとする，つまり競争優位を実現しようとするものである。1980年代には急速に関係データベース管理ソフトウエアを用いた情報システムのビジネス利用が進んだ。情報システムをビジネスに合わせて製作するための知識である開発方法論も発展した。しかし，情報システムは形式的な知識であるため，専門家にとって模倣は困難ではなく，多くの大企業で実施された。やがては情報システムによる効率化と省力化は競争優位の手段となり得なくなった。

近年は全社的な情報システムや多くの情報システムを束ねることで，より一貫してビジネスで利用できるようにするための情報システムが利用可能になってきている。そこで必要な情報や知識は，自社で情報システムを開発し運営していく知識や技能ではなく，情報システムを道具として導入して，より競争力のある製品やサービスを戦略的に開発し，顧客の困りごとを解決するための考え方や方法を組織として見出していくことへとシフトしている。

一般的な基幹業務はネットワークとなっており，その中をモノと要求情報が流れる。モノと要求は組織内のあらゆる業務に在庫することになる。多品種変量の生産を行う企業では，そうした流れと在庫を整える必要がある。モノと情報の流れについて基本となる法則が，リトルの法則

（リトルの公式）である。広く一般の病院や会計処理等々のサービスを提供する組織の業務の流れについても成立し，業務の効率化とか，不良在庫という，普段なにげなく使っている言葉の意味を理解することができる。情報システムの利用法についての組織の能力を改善するための基本的知識として7章で学習した。

### 2.2　情報マシンはAIを使う

情報マシンとしての組織にとって人工知能プログラム（AI）が持つ意味と，利用の基本的な方向性を述べる。現在はチェスでも，将棋，囲碁においても，人類は人工知能プログラムにかなわない。世界最強のプロが，それぞれのゲームのために開発されたAIに勝てないのである。したがって，プロ棋士による対戦中の形勢判断の解説にはAIによる勝率が示され，その解釈が別のプロ棋士によって説明されることが多くなっている。人間の脳神経ネットワークを，簡単な数式で近似した人工的ニューラルネットワーク（ANN）という考え方をコンピュータプログラムにしたディープラーニングが使われている。囲碁の場合では，世界最強レベルのどのプロ棋士でもかなわないという意味で，人類を超えているプログラムの一つがアルファ碁である。人工知能研究の歴史では，オセロや三目並べ，将棋や囲碁などのゲーム盤があるゲームは一般にボードゲームと呼ばれ，人間の知性や直観力の秘密を明らかにすべく，いろいろな考え方の研究が長期間なされてきた。その中にはANNを使った研究もあったが，人間のプロのレベルには到底届かなかった。プロを超え人類を超えるアルファ碁のようなプログラムが作られたのは最近である。脳の仕組みを模倣することを多くの研究者がすぐあきらめる中で，まったくあきらめずに研究を進めた人たちがいた，ということでもある。

AIがその道のプロを超えたという驚くべき状況になると，いろいろなデスクワークの「人間の仕事がなくなりAIが代替できる」ような議論が活発になる。その結論は間違いである。プロの知性以上なのだから，人間のすべての知性をAIで実現できるというように，言葉の素朴なレベルで自分の知識創造を行ってしまうとその結論になるのであるが，人間を完全に代替することは，たとえば，自動車のAIによる自動運転の場合でも想定されていない。国土交通省でも，実現を目指す開発目標レベルの最大のものでもAIによる人間の完全代替の一歩手前までであって，「ある条件下では」AIが人間を代替できるようにするというレベルを設定している。「ある条件下」とは何かといえば，ゲームのように，起こりうる状況がかなりの程度定まっているということであり，したがって，その中で行動できる範囲もかなり定まるということである。

アルファ碁の場合で言えば，囲碁という19×19の盤を使うこと，ふたりのプレーヤーが交互に白黒の石を置いていき勝敗が定まるというルールがあることと，そして，その範囲で勝敗という正解が確定するというように，範囲が定まっている。実際，アルファ碁を強くするために，インターネットで行われたプロやプロ級の人たちのゲームのデータを大量に用いて，途中に現れる盤面という大量の状況についての打ち手の良し悪しを用いて，ANNのプログラムの中にある簡単で大量の数式の係数を調整した。調整するためのデータを，教師データというが，大量の良いゲームの結果が教師データとして使われた。考え方の基本となっているものは，28×28個のピクセル（白か黒の値を持つ一つの点）から成る領域に書かれた手書き文字認識などに使われるアルゴリズム（プログラム）であった。その場合も，たとえば数字の3を書いた多くの人間の手書き文字データを使える。正解がわかっているからである。いろいろな識別したい文字を書いた大量の正解がわかっているデータでプログラムの調整が終わると，手書き文字読み取りプログラムとして完成する。その後は，教師データにはない新しい手書き文字を読み込ませると，驚くべき正答率で読み取れるのである。手書き文字認識でのブレークスルーの技術の一つがパターン認識であり，アルファ碁でも囲碁ゲームのためのパターンを用意することに成功し，囲碁のパターン認識としての形勢判断ができるようになった[3]。

こうしたことから，現在のAIが非常な威力を発揮するのは，教師データとして使えるようなビッグデータが存在する領域である。逆に言えば，環境の変動幅も分からず，何が正解かも不明な在庫管理では，AIは使えない。しかし一方で，特定の在庫管理について実用的に有用な「ある条件」を設定できて，その条件での教師データとなるビッグデータを利用できれば，その条件での人間の判断を強力に代行できるようなAIを仕事に使うことができる可能性が高い。自動車のAI応用も同じ使い方になる。

道具は使いようと言う。情報マシンとしての組織はディープラーニング型のAIを道具として仕事に使うので，開発していくべき仕事の知識は，仕事に有用に使えるためのAIの使用条件と教師データとなるビッグデータを用意できることが可能なように業務範囲を設定できることである。たとえば，業務で頻繁に使う定型書類に書かれた内容をチェックする仕事であっても，すべてのあらゆる書類をチェックさせようとせずに，もっと限定する。内容の複雑性や多義性の削減のためにうまく限定できれば，AIによる代替の価値が大きいものになりうる。いわゆるデータサイエンティストによる分析の仕事とは異なる，重要なAI応用の知識である。AIのプログラムも自分で作る必要はなく市販のものを利用できるので，AIを評価できるように知識を蓄積していくことになる。

3　大槻知史『最強囲碁AI アルファ碁　解体新書―深層学習，モンテカルロ木探索，強化学習から見たその仕組み』翔泳社，2017年。

## 2.3　情報マシンは情報と知識を創造する

### (1)　環境の不確実性と組織の知識創造

世界が物質的に豊かになり顧客が求める価値が，生活で利用するモノを基盤としながらも，プラットフォームを使ったオンラインゲームであるとか介護サービスのような，コトへとシフトしている。５章と６章の議論では，高度成長期の雇用政策と人材育成方法として，従業員を従来の組織文化になじませていくような企業では，若手がすぐやめてしまって人材を確保できず，あるいはまた，正規社員と非正規社員の連携がうまく取れないことになる可能性が指摘された。

知識創造が重要であるがために，経営情報システムを「組織の価値創造活動を支援するシステム」として捉えることができる。知識の創造と活用を促進するには，場を提供し，知識資産を意識して蓄積し，リーダーシップによって，管理ではなく「機会を作る」ことでサポートする。情報技術が簡単に問題状況を解決するのではないが，活用することによって組織改革を促進や支援をできることがある。その方向へ情報技術を組織に組み入れていく能力が必要であり，育成していくことが大切である。６章では，情報技術を活用して組織変革を進めていく際に，変革すべき対象として，事業ドメインの変革，顧客との関係の変革，従業員のワークスタイルの変革の例を挙げた。それらのいずれかが変わることは，同時に，業務を実行している人が学習し人に蓄積される知識も変わっていくことになる。

### (2)　ネットビジネスモデル

情報ネットワークの登場とその利用拡大によって誕生した新しいビジネスの形態をネットビジネスモデルと捉えることができ。プラットフォーム型のビジネスも含まれる。11章では，情報通信技術分野の要素技術の進展と，新しいビジネスモデルの関連と可能性を述べた。検索サービス，５G通信，SNS，ビッグデータ，IoT，クラウド，AI，暗号通貨とブロックチェーンといった技術がビジネスのツールや設備として使われることで，新しいビジネスモデルにつながっていく。

ネット関連技術を組み合わせることで，従業員の仕事と成果を監視しチェックするコストが下がり，プラットフォームビジネスの情報マシンが要求する仕事を行う従業員として雇わずに，個人事業主としての委託契約によって労働による成果だけを労働する人間に課すことが可能になる。たとえば，料理配達アプリ企業によるプラットフォームビジネスの中の配達人は個人事業主であってプラットフォーム企業とは別なことが多い。その場合，労働する人間の法的な処遇に関係すること以外に，組織に属さなければ業務で学習して行う知識創造が活かされないという問題を産んでいる。

## 2.4　情報マシンの情報とメディアは多様である

### (1)　製品市場の不確実性への対応と組織への影響

組織の環境として一般に最もなじみのあるのが製品市場である。製品市場において，広告によって顧客が自社製品を認識するイメージを浸透させてブランドを高めるとか，あるいは市場調査によって顧客の行動を理解して新製品をもって対応することもある。さらにまた，営業活動での顧客訪問や受注に先立つ引き合いの内容の検討などの，不確実性削減のための活動が行われてきた。環境への主体的な働きかけをも行うとなると，環境について，環境の不確実性だけでなく環境の解釈の多義性が問題となる。２章では環境への能動的働きかけをイナクトメントとして捉え，組織のいろいろなレベルの意思決定における問題の設定にかかわりを持つ環境の扱い方に影響をあたえることを学習した。

こうした原理によって，身の回りの変化を理解できる。たとえば，大部分の新聞広告がインターネットの検索連動型広告に置き換えられていて，また，電車やバスの中の吊り広告のスペースは空きが多くなっている。スマートフォンのアプリや専用のカードを利用したデジタル決済が幅広く浸透し続けているが，決済のデジタル化はプラットフォームであり，ユーザの行動データを得ることができるので，ユーザーベースと呼ばれる利用ユーザ数を増やすことに熱心にならざるを得ない。ユーザーベースが大きいものが最終的なプラットフォームビジネス上の勝者となるため，デジタル決済企業間の競争は熾烈になる。開始当初は利益を無視し，ポイントを大幅に付与するなどのエンドユーザーに向けた魅力を設定する。デジタル決済企業が巨大なユーザーベースを獲得した後は，当然のように，スーパーマーケットや料理店などの決済システム利用者に対してサービス利用料を値上げするため，決済サービス利用事業者の利益は圧迫されるになる。これらの事例は，環境の情報と情報流通のあり方が，企業にとって重要であることを示している。

環境の不確実性と多義性を扱う過程で，組織内部の情報コミュニケーションに使うメディア自体に慣れて使えるようになる。部門間調整のための知識という経営資源を育成し蓄積することにもつながる。3章でメディアリッチネスの概念を紹介した。組織の業務活動やコミュニケーション全般において，ディジタル・メディアと総称される，メール，SNS，電子掲示板，クラウドのストレージ，テレビ会議システムについて，その活用は，メディアによるのではなく，経験レベルの方が大きく影響するという指摘は重要である。

### (2) サイバーセキュリティ

生活を変えるすばらしい発明品であるはずの情報システムやあるいは暗号技術，メールやインターネットによる取引の技術を使って，様々な悪事を試みる人間がいる。組織的犯罪も少なくないようである。対応策がやっかいな標的型メール攻撃やウイルスという深刻な状況も生まれている。サイバーセキュリティは，コンピュータやネットワークに深くかかわる問題を扱うという技術的な側面と，適切に維持管理するという組織の経営管理上の課題でもある。リスクの考え方，セキュリティポリシー，プライバシーと個人情報の保護，そして，技術的な事柄を10章で学習した。

### (3) 会計情報と公開方法

会計情報は，企業活動のいろいろな金銭的な成果を示す重要なものであり，有価証券報告書としてEDINETを通じて公表される。通常は，企業のホームページからも利用可能である。会計情報としての損益計算書などによる売上とコストと利益がわかり，売上高の何パーセントが営業利益になるか，逆に言えば，コストが売上の何割を占めるのかなどの，ビジネスを運転する効率を知ることができる。さらには，企業がビジネスを行う上で所有し使用している機械や建物などの資産が，どの程度の効率で営業利益をもたらしているかといった，経営の効率をそれらの報告書にある金銭情報によって知ることもできる。12章で学習した。

同じ産業にある同業他社間での比較だけでなく，異なる産業の企業でも比較できる。また，有価証券報告書の財務諸表情報を含む企業活動の総合的な報告としてアニュアル・レポート（年次報告書）も公表されることが多い。いずれの報告書でも，金銭的な成果だけではなく，企業にとってのビジネス環境が，競合他社の状況，技術の状況，市場の状況，国際情勢など，ビジネスにとって及ぼす影響を説明していて，企業がビジネスを行う上でどういう方向を目指し，現状がどのように進んでいるかという，経営戦略の概要説明を含んでいることが多い。

米国ではForm 10-Kとしてアニュアル・レポートが公開されているので，国際化している日本の多くの企業についても知ることができる。

営業利益を分子とし売上高を分母とする指標は売上高営業利益率であり，単に利益率とも呼ばれたりしてよく用いられる経営指標の一つである。グローバルな巨大IT企業では，日本の製造業よりもはるかに高い利益率になっていることが多い。日本企業は高度成長期のモノとしての製品製造に注力し東アジアなどで生産や販売の拠点を設ける直接投資を進めたが，ビジネスの知識創造の空洞化を克服するには至っておらず，また，製造を中心とするとはモデルが異なるような，ビジネスのサービス化やプラットフォームビジネスとしての展開が遅れていることが白書などで指摘されることが多い。情報マシンとしての企業組織が，現在の社会状況を捉えなおして，質的に異なる情報と知識を作り出していくことが期待される。

## 2.5　情報マシンは個人と社会に関わる

(1) IoTの時代になり，管理したり観察したりしたいモノについての，細かい時間的な変化のデータが得られるときに，どのようなことが可能になるのか。さらに，どのような経営的，あるいは人間的な問題状況をもたらす可能性があるのかを14章で論じた。たとえば，病院で診察を受けるという例を見てみよう。自宅から出て病院へ行き，病院内で診療という一種の医療的な加工を受け，自宅に戻る。その行動の流れはIoTの情報技術，患者と介助者の病院内移動の情報によって実現することができる。活動ごとに，手助けしたりする人である「医療加工の実施者＝ワークステーション」を何人かの異なる人が担うことによって行うという仮想的な組織である。組織のプラットフォームに共有したIoTデータを用いて調整をする。社会におけるいろいろな活動において実現可能な一つの姿といえる。

(2) 情報と知識の多様性を持つことは情報マシンとしての組織の複雑

さや可能性となって現れる。13章と14章で学習したように，プラットフォームビジネスが持つロックイン（勝者総取り）の傾向と，プラットフォームの周縁にある取り換え可能な業務を実行する人が，労働者として保護される権利を持たずに，結果に対してのみ報酬を支払われる委託契約形態によって，安易に取り換え可能なビジネス部品として扱われる傾向がある。さらに，業務や仕事についての学習の成果をプラットフォームの中心に活かせず，そのために切り捨て可能なように扱われるという社会問題の原因となりうる。プラットフォームにロックインされたビジネスの場合の，末端のサービスを提供する低付加価値コンポーネントとなる取り換え可能で学習が活かされない労働者が生まれないようにする法的体制も経済的仕組みも未整備であり，制度的な社会デザインが必要とされている。

(3) 人気のあるプラモデルやゲーム機などは，現在も売られている商品でありながら品薄の場合がある。SNSでの世界的な交流で，ずっと人気が衰えないこともあるだろう。製造側からすると，人気がいつまで続くのかは不確実であり，製造工場を増やすのは投資として効果が不確実でもある。また，生産増加によって商品の希少性が薄れて人気に影響するかもしれないといった危惧もあって，品薄が簡単には改善しないことになる。一方では，中古品の販売や，ネットでの転売目的に商品を探すために売れ残りの在庫がありそうな地方の店舗を探す，知っている人や店の情報をSNSや旅行記ブログで探すなどを行う人がいても不思議はない。いろいろな可能性が開けている。

(4) 個人の情報発信がこれほど簡単になってくると，SNSばかりでなく，既存のマスメディアも質的にも経営も変化せざるをえない。しかも，動画の発信もいろいろな楽しさとインタラクション性が付け加えられるなど，より盛んになると想像される。個人がそうした情報の流通に割く時間が増えれば，従来のニュースメディアに使う時間は減っていくことになる。こうした情報流通の変化によって，伝統のある大手新聞社やニュース雑誌はビジネスモデルの変換を迫られた。特に，広告収入の仕組みへの影響が甚大であった。やむなく印刷物発行を停止してディジタル化して，インターネットのサブスクリプション（定期購読）方式にしたりすることがある。また，テレビは番組放送と同時並行して聴取者からの意見を画面に流していることも増えた。画面には，プロのアナウンサーや俳優による従来の番組内容と同時に，タメグチのような言葉がつぶやきとして表示されることに違和感を持つ向きもいるだろうし，また逆に，親近感を持つ人もいるだろう。どういう方向に発展していくかまさに不確実なのだが，テレビというメディアでのオンラインで即時的な情報が流れることは番組内容の共創につながる可能性がある。即時的な世論調査のサンプリングのようにも使えるので政策の方向性を決める新たな方法となるかもしれず，将来的なインパクトを感じさせる。マスメディアであっても，一方的な放送ではなくなってきている。

(5) 個人が情報技術の使い方と情報解釈のリテラシーを高めることを背景に，行政手続きに関わる情報とメディアも変化している。以前の行政サービスの電子化には，住民票の申請書のような書類を，窓口に行かずにネットでダウンロードしてプリントしそれに申請内容を書き込んで，実際に窓口へ出向いて提出できることを意味したこともあった。行政サービス電子化の本格化のために，住民であることの情報と納税関連情報を統合してデジタル化するためには，国民一人一人を，個人ごとの番号を使って識別できるようにする仕組みが基本となる。これ自体は，企業の紙による伝票取引をデータベース管理システムによって機械化する際の最初の必須要件にあたる。たとえばビジネスでの取引の場合，同じ企業名であるが異なる企業からの発注があると混乱するし，大量の衣料商品を品目の番号でなくサイズや色や材質などで間違いなく区別しようとすると，受注から納品，さらに請求まで，熟練者でも初心者でも１円の間違いもなく行うのは，現実的に不可能である。同じことが，行政サービスについても言えるということが，経営情報学の情報システムについての概念で理解できる。マイナンバーのような個人識別データを国民にひろげていくのはこうした方向の基本である上に，将来の新たなサービスへとつながっている。

## 3. 情報マシンとしての組織の組織文化とイノベーション

初期の大規模な商業組織は1670年設立のハドソン・ベイ・カンパニー（HBC）に見ることができる。設立からしばらくの間，北米大陸のビーバーなどの毛皮を，ヨーロッパの商品との物々交換によって大量に狩猟者から買い付けて，本国でビーバーハットなどとして加工販売していた[4]。物流には帆船が使われていた時代なので，年に１度，本社のあるロンドンとカナダのハドソン湾との間を行き来した。本社マネジメントからの指示も年に１度だけであり，動物の状況や取引の状況についての情報は，次の年の営業活動の指示に反映された。

産業革命と呼ばれる18世紀後半の工業化は，蒸気機関による動力で工場の生産能力を向上させた。綿織物の増産や鉄鋼業の発展といった少ない分野の発展にとどまらず，多くの産業の姿を変え，人々の生活を変えていった。機械とそれを使って生産を増やすための技術や知識が会社組織によって生み出されていった。

コンピュータとネットワークが利用されるようになったのは，本書の年表にもあるように第２次大戦後に実際に動くENIACなどのコンピュータが世に出てからしばらくたった1960年代から後のことである。そこからの情報関連のことがらの進歩のスピードは猛烈である。

---

4　Milgrom and Roberts（奥野正寛・伊藤秀史・今井晴雄・西村理・八木甫訳『組織の経済学』NTT出版，1997年）

どんな組織でも，組織によって成果を出すためには，分業と協働の組織構造のもとで，いろいろな情報によって環境適合や部門間調整がなされる必要がある。帆船の時代の企業でも，産業革命のころの機械化された組織でも，大量生産大量消費のころの企業でも，そして現在の組織でも機能的な原理は同じである。環境と組織の不確実性は，組織がビジネスを行う上での常に重大問題であるため，コンピュータとネットワークの利用がある程度広がると，その先はさらに猛烈な勢いで，あらゆる産業でビジネス利用も情報技術も広がった。2000年前後には，たとえば，インターネットによる需要と供給のマッチング機能の可能性が注目され，商社や卸や小売りといった流通業の仕事がなくなるのではないかと危惧する声があった。実際，日本を含めて，世界中でインターネットを使った仲介に関係するビジネスを行うという起業が多く試みられた。しかし，インターネットをどのようにビジネスに結びつけるかは，日本のi-モードが世界に先駆けたビジネスモデルをプラットフォームとして展開して見せるまでは明らかではなかった[5]。現在は，巨大IT企業と呼ばれる世界的プラットフォームや，さらにその発展形の，需要という情報と料理などの実世界の提供物を結びつけるプラットフォームが展開されている。その知識と情報システムもいろいろに応用されていくことが予想される。

これまで学習してきたように，ビジネスへの情報の利用は複雑な要因がある。市場や競合他社，技術の発展と可能性，組織の人の変化と学習，知識創造，社会と人々の変化などと深く関係する。ビジネスは常に発展を目指しているのでイノベーションが望まれるが，そのために情報の利用が注目される傾向が強い。しかし，知識は，ビジネスイノベーションへの視野を狭める効果もあって，新しいものの価値を認識できない世界観として働くこともある。情報マシンとしての組織の認識を基にしてイ

---

5　夏野剛『iモード・ストラテジー』日経BPコンサルティング，2000年。

ノベーションを考え，ビジネスと組織を変えようとする際の最も困難な要因は，組織の中の人の心のあり方や価値観といった組織文化であろう。人は現在の仕事を極めたり効率よく行う方法を工夫したり，困難を克服しようと努力したりする。組織の中で長い時間を過ごすので人間関係も権力も関わる。あるいは，新しい仕事へ挑戦して生きがいを得るといったことを通じて，知識を創造する。長年の仕事は，技能も人間性も磨くのである。だからこそ，簡単に変わらないのは心理的にも感情的にも当然といえる。

知識創造を提唱した野中氏が，多くの革新はむしろ他産業からやってくる場合が多いことを指摘している[6]。実際，そうした例は多い。アマゾン創業者のジェフ・ベゾス氏はウオール街で優秀な金融ビジネスマンとして働いていたが突然に起業し，書籍販売業は素人なので，インターネットで書籍販売を開始する際には書店開業のセミナーに参加したほどである[7]。また，海上コンテナを輸送ビジネスとして確立していき，実質的に発明したといえるマルコム・マクリーン氏は，船社ではなくトラック運送会社の青年社長だった[8]。

情報に関係する環境と組織の動きは，前節で垣間見たように激しく複雑なものがある。それを改めて認識するために，情報マシンとして組織をとらえることは価値があるといえよう。

---

6　野中郁次郎『経営管理』日本経済新聞出版社，1980年。

7　Stone（井口耕二訳『ジェフ・ベゾス　果てなき野望』日経BP社，2014年）

8　Levinson（村井章子訳『コンテナ物語―世界を変えたのは「箱」の発明だった―』日経BP社，2007年）

## 参考文献

Gawer, A., Cusumano, M.A., (2002) *Platform Leadership : How Intel, Microsoft, and Cisco Drive Industry Innovation*, Harvard Business School Press.（小林敏男訳『プラットフォーム・リーダーシップ—イノベーションを導く新しい経営戦略』有斐閣，2005年）

伊丹敬之・加護野忠男（2004）『ゼミナール 経営学入門』（第３版），日本経済新聞社

Levinson, M.（2016）*The Box*, Princeton University Press.（村井彰子訳『コンテナ物語』日経BP，2007年）

Milgrom,P., Roberts, J.（1992）*Economics, Organization, & Management*, Prentice Hall Inc.（奥野正寛，伊藤秀史，今井晴雄，西村理，八木甫 訳『組織の経済学』NTT出版，1997年）

夏野剛『iモード・ストラテジー』（日経BP社，2000年）

野中郁次郎『経営管理』（日本経済新聞社，1983年）

大槻知史『最強囲碁AI アルファ碁　解体新書—深層学習，モンテカルロ木探索，強化学習から見たその仕組み』（翔泳社，2018年）

Stone, B.（2013）*The Everything Store: Jeff Bezos and the Age of Amazon*, Little, Brown and Company.（井口耕二訳『ジェフ・ベゾス　果てなき野望—アマゾンを創った無敵の奇才経営者—』日経BP社，2014年）

## 学習課題

1．自分の身の回りの商品で，昔は買えないほどの高級品だったが，いまはありふれて普及品となっているものはたくさんある。商品は製品もサービスもある。そうした商品を一つ取り上げて，高級品だったころと普及品の時では，生産やあるいは販売において重要な知識はどのように異なるだろうか。
2．コンビニや小売り店でサービスやモノを購入する。ネットで注文したり，購入品の宅配も行われるようになってきている。自分や家族の生活や行動をふりかえりながら，そうした販売が将来的にどのようになると自分自身にとって便利になるだろうか。その際に，その便利な販売を利用するためには，自分の行動についてどのような情報を提供することになるだろうか。

# 索引

●配列は五十音順，アルファベットで始まるものはＡＢＣ順，＊は人名を示す。『　』は書名を示す。

●さ　行

●た　行

**●な　行**



**●は　行**

●ま　行



●や　行



●ら　行

# 分担執筆者紹介

（執筆の章順）

## 伊東　暁人（いとう・あきと）

・執筆章→4・9

1961年　東京都に生まれる
筑波大学大学院経営・政策科学研究科修士課程修了
現在　静岡大学学術院人文社会科学領域経済・経営系列教授
専攻　ソフトウェア産業論・システム開発管理
主な著書　『はじめよう経済学のための情報処理（第5版）―Excelによるデータ処理とシミュレーション』（日本評論社，2022年）
『現代社会と企業』（学術図書出版社，2021年）
『現代の企業倫理』（大学教育出版，2007年）
『情報技術を活かす組織能力　ITケイパビリティの事例研究』（中央経済社，2004年）
『Let's Enjoy Computing 情報処理入門』（学術図書出版社，2001年）
『統計・企業情報データベースと経済分析』（青木書店，1996年）
（いずれも編・共著）

## 妹尾　大（せのお・だい）

・執筆章→5・6

1969年　神奈川県に生まれる
一橋大学大学院商学研究科博士後期課程学位取得満期退学
現在　東京工業大学工学院経営工学系教授・博士（商学）
専攻　経営組織論・戦略論・情報システム


主な著書　『知識経営実践論』（白桃書房，2001年）
『MOT 知識創造経営とイノベーション』（丸善，2006年）
『魔法のようなオフィス革命』（河出書房新社，2007年）
『建築と知的生産性―知恵を創造する建築』（テツアドー出版，2010年）

## 藤井　章博（ふじい・あきひろ）

・執筆章→10・11

1962年　岐阜県に生まれる
東北大学大学院工学研究科，東京大学大学院先端学際工学専攻博士課程単位取得
現在　法政大学理工学部教授
専攻　応用情報工学・博士（工学）


主な著書　ジョー・ティッド／ジョン・ベサント／キース・パビット「イノベーションの経営学」（NTT 出版，2004年）
「Semantic Technology」Lecture Notes on Computer Science（Springer　2015年）

齋藤　正章（さいとう・まさあき）

・執筆章→12

1967年　新潟県に生まれる
1995年　早稲田大学大学院商学研究科博士課程単位取得退学
現在　放送大学准教授
専攻　会計学，管理会計論
主な著書　管理会計（放送大学教育振興会，2018年）
簿記入門（放送大学教育振興会，2022年）
現代の内部監査（共著，放送大学教育振興会，2021年）
株主価値を高めるEVA経営第2版（共著，中央経済社，2008年）
新・中級商業簿記（共著，創成社，2019年）他

出口　弘（でぐち・ひろし）

・執筆章→13・14

1986年　東京工業大学総合理工学研究科システム科学博士課程修了。福島大学助手，国際大学助教授，中央大学商学部助教授，京都大学経済学部助教授，東京工業大学総合理工学研究科教授，同情報理工学院教授を経て，2001年より現職。

現在　千葉商科大学商経学部　教授・理学博士，博士（経済学）
社会経済システム学会　理事　元会長
日本シミュレーション＆ゲーミング学会　理事　元会長
科学基礎論学会　理事

専攻　主体を含む複雑系，エージェントベース，科学基礎論，実物簿記による生産会計とその情報システム構築を現在の主たる研究テーマとする。

主な著書　H. Deguchi, Economics as an Agent Based Complex System, Springer-Verlag, 2004

# 編著者紹介

## 岸　眞理子（きし・まりこ）

・執筆章→1・2・3

東京都に生まれる
早稲田大学大学院商学研究科商学専攻博士後期課程単位取得

現在　法政大学経営学部教授，法政大学大学院経営学研究科教授，放送大学客員教授，博士（商学）

専攻　経営情報論，経営組織論

主な著書
『経済情報学―理論と現象をつなぐ論理―』（共著，有斐閣，2023年）
『経済情報学入門』（共編著，放送大学教育振興会，2019年）
『経営情報論（新版補訂）』（共著，有斐閣，2015年）
『メディア・リッチネス理論の再構想』（単著，中央経済社，2014年）
『営利と非営利のネットワークシップ』（共著，同友館，2007年）
『情報技術を活かす組織能力―ITケイパビリティの事例研究―』（共編著，中央経済社，2004年）
『組織能力革命―持続的競争優位の戦略モデル―』（共著，同友館，2004年）
『情報技術と企業経営』（共著，学文社，2003年）

佐藤　亮（さとう・りょう）　・執筆章→7・8・15

1954年　青森県に生まれる
東京工業大学総合理工学研究科博士後期課程システム科学専攻単位取得退学
現在　東京理科大学嘱託教授・筑波大学名誉教授・横浜国立大学名誉教授・理学博士
専攻　経営戦略，デザイン経営，経営情報
主な著書　『経営情報システム』（共編著，日刊工業新聞社，1991年）
『システム知の探究２』（共編著，日科技連出版，1997年）
『Applied General Systems Research on Organizations』（共編著，Springer, 2004年）
ヒュウゴ・チルキー＆ティム・ザオバー『イノベーション・アーキテクチャ―イノベーションの戦略策定の方法論―』（共訳，同友館，2009年）
『Systems Research Ⅰ』，『Systems Research Ⅱ』（共編，Springer，2022）

放送大学教材　1539540-1-2311（テレビ）

新訂　経営情報学入門

発　行　　2023年3月20日　第1刷
編著者　　岸　眞理子・佐藤　亮
発行所　　一般財団法人　放送大学教育振興会
　　　　　〒105-0001　東京都港区虎ノ門1-14-1　郵政福祉琴平ビル
　　　　　電話 03（3502）2750

市販用は放送大学教材と同じ内容です。定価はカバーに表示してあります。
落丁本・乱丁本はお取り替えいたします。

Printed in Japan　ISBN978-4-595-32410-9　C1334